教科書の公式ガイドブック

教科書ガイド

三省堂 版

ニュークラウン

完全準拠

中学英語

2年

教科書

よくわかる

三省堂

この本の構成と使い方

この本は，三省堂版教科書 NEW CROWN ENGLISH SERIES を使って英語の勉強をしているみなさんが，授業の予習や復習をするときに役立つように作りました。みなさんのたよりになる家庭教師というわけです。

この本は，レッスンごと，また，レッスン中のセクションごとに学習が進められるように構成しています。おもな項目は，次のとおりです。

POINT 各レッスンの **GET** のセクションで押さえなければいけない文法や文型を，わかりやすく解説しています。

● 声を出して読んでみよう

教科書の本文にあたります。カナ発音を参考にしながら，繰り返し音読してみましょう。本文横の囲みの中に，本文の内容を理解するうえで役立つ解説が書かれていますから，予習や復習の参考にしましょう。

● 語句を確かめよう

そのセクションに出てくる単語や表現などの意味をとりあげました。覚えたら，☑印をチェックしましょう。なお，教科書 Words 欄の点線の下にある単語は，チェックボックスを黒色（☑）にしています。
品詞は，次の略語で示しました。

冠→冠詞　名→名詞　代→代名詞　動→動詞　助→助動詞
形→形容詞　副→副詞　前→前置詞　接→接続詞　間→間投詞

確認しよう

小学校で聞いたり話したりした重要な語句です。

ここがポイント！

GET のセクションで，とくに押さえておきたい文法項目が含まれている文を解説しています。

● 本文の意味をつかもう

教科書本文の日本語訳です。文番号は，● 声を出して読んでみよう と同じです。

Drill 音声スクリプトを掲載しています。

USE Write　**USE** Speak　**USE** Read など

各セクションの学習のまとめとして，教科書の問題などの解答例などを示しています。（一部，本文や解答の掲載を省略した箇所があります。）

文法のまとめ

各レッスンの文法のまとめを掲載しています。**Drill** を解いて文法の定着を図りましょう。（解答は巻末）

定期テスト対策

いくつかのレッスンごとに，定期テスト対策の問題を掲載しています。中間・期末テスト対策に活用してください。（解答は巻末）

※下記 QR コードまたは URL より，音声サイトをご利用いただけます。音声が収録されている箇所や問題については♪，動画が収録されている箇所については▶がついています。なお，リスニング問題については，音声による学習の妨げにならないよう，Drill と Take Action! の Audio Scripts や Bonus Stage（巻末）を除きスクリプトや正解を掲載しておりません。

音声サイト　https://tbqr.sanseido-publ.co.jp/03nc2/guide/

カナ発音の音

英語の音には母音と子音があります。母音とは，日本語の「ア・イ・ウ・エ・オ」のように，口の中で舌や歯などが自然な位置にあり，声をともなった音のことです。子音とは，のどから出てくる息や声が，口内のどこかでじゃまされて出てくる音のことです。たとえば，野球の「バット」やヘルメットの「ト」は，日本語では「ト（to）」のように子音と母音で発音しますが，英語では「ト（t）」のように子音だけで発音します。太字はほかよりも強く発音する部分です。カナ発音といっしょに，できるだけ実際の英語を聞き，何度も発音して，正しい音を身につけましょう。

1. 母音

i: イー　meat / mí:t ミート /
i イ　big / bíg ビグ /
e エ　bed / béd ベド /
æ ア　map / mǽp マプ /
ɑ: アー　father / fɑ́:ðə*r* ファーザ /
ɑ ア|ɔ オ　hot / hɑ́t ハト /
ʌ ア　cut / kʌ́t カト /
ɔ: オー　fall / fɔ́:l フォール /
ɔ: オー|ɔ オ　soft / sɔ́:ft ソーフト /
u: ウー　school / skú:l スクール /
u ウ　book / búk ブク /
ə:*r* アー　hurt / hə́:*r*t ハート /
ə*r* ア　over / óuvə*r* オウヴァ /
ə ア　about / əbáut アバウト /
ei エイ　take / téik テイク /
ai アイ　high / hái ハイ /
ɔi オイ　voice / vɔ́is ヴォイス /
ou オウ　note / nóut ノウト /
au アウ　how / háu ハウ /
iə*r* イア　ear / íə*r* イア /
eə*r* エア　fair / féə*r* フェア /
uə*r* ウア　poor / púə*r* プア /
aiə*r* アイア　fire / fáiə*r* ファイア /
auə*r* アウア　tower / táuə*r* タウア /

2. 子音

p プ　pen / pén ペン /
b ブ　busy / bízi ビズィ /
t ト　ten / tén テン /
d ド　day / déi デイ /
k ク　kitchen / kítʃən キチン /
g グ　game / géim ゲイム /
ts ツ　cats / kǽts キャツ /
dz ヅ　goods / gúdz グヅ /
f フ　food / fú:d フード /
v ヴ　have / hǽv ハヴ /
θ ス　thin / θín スィン /
ð ズ　this / ðís ズィス /
s ス　sea / sí: スィー /
z ズ　zoo / zú: ズー /
ʃ シュ　push / púʃ プシュ /
ʒ ジュ　television / téləvìʒən テレヴィジョン /
h フ　hat / hǽt ハト /
tʃ チ　chair / tʃéə*r* チェア /
dʒ ヂ　just / dʒʌ́st ヂャスト /
m ム，ン　meet / mí:t ミート /
n ヌ，ン　noon / nú:n ヌーン /
ŋ ング　sing / síŋ スィング /
l ル　leg / lég レグ /
r ル　red / réd レド /
j イ　yesterday / jéstərdi イェスタディ /
w ウ　west / wést ウェスト /

もくじ CONTENTS

Fun with Books

教科書 5~7ページ

図書室の掲示板に，ブラウン先生がおすすめする英語の本の紹介記事があります。

声を出して読んでみよう ♪

This month's books:
Peter Rabbit

❶ [Story]

1 ❷ Peter Rabbit is the main character (おもな登場人物) of this book. ❸ He lives (暮らす) with his (彼の(he の所有格)) mother and three sisters, Flopsy (フラプスィ), Mopsy (マプスィ), and Cotton-tail (カトンテイル).

❹ Peter is a naughty (ノーティ) rabbit. ❺ He often gets into trouble (トラブル) (やっかいな事態に巻き込まれる).

THE TALE OF PETER RABBIT のこと。

「わんぱくな，いたずら好きな」の意味。[nɔ́:ti/ ノーティ]と発音する。

❻ [Author] (オーサ)

2 ❼ The author of *Peter Rabbit* is Beatrix (ビアトリクス) Potter (パタ).

❽ She wrote (ロウト) (write(書く)の過去形) a story (ストーリ) in a letter to a sick (スィク) boy.

❾ This letter is the origin (オーリヂン) of the popular *Peter Rabbit* book series. ❿ All (すべての，全部の) the stories in the series have many animal characters.

❽のポターさんが病気の男の子に送った手紙を指す。

このシリーズにはほかに「ベンジャミンバニーのおはなし」「ジンジャーとピクルズやのおはなし」などがある。

語句を確かめよう (p. 6)

☐ naughty [nɔ́ːti / ノーティ]
形 いたずら好きな
☐ *get into* ... …になる
重要 ☐ trouble [trʌ́bl / トラブル]
名 やっかいな事態
☐ author [ɔ́ːθər / オーサ] 名 作者
重要 ☐ wrote [róut / ロウト]
動 write (書く) の過去形
重要 ☐ story [stɔ́ːri / ストーリ] 名 物語
重要 ☐ sick [sík / スィク] 形 病気の

☐ origin [ɔ́ːrədʒən / オーリヂン]
名 はじまり
☐ Flopsy [flápsi / フラプスィ]
名 フロプシー (名前)
☐ Mopsy [mápsi / マプスィ]
名 モプシー (名前)
☐ Cotton-tail [kátnteil / カトンテイル]
名 カトンテール (名前)
☐ Beatrix Potter [bíətriks pátər / ビアトリクス パタ]
名 ビアトリクス・ポター

Notes

● Beatrix Potter (1866-1943)

ロンドン生まれ。小さい頃は生き物を観察するのが好きで，虫や動物をよくスケッチしていた。動物を主人公にした作品は，世界中の人々から愛されている。

本文の意味をつかもう

❶[ストーリー]

1 ❷ピーターラビットは，この本のおもな登場人物です。❸お母さんや3匹の姉妹，フロプシー，モプシー，カトンテールと一緒に暮らしています。❹ピーターはいたずら好きなうさぎです。❺彼はよくやっかいな事態に巻き込まれます。

❻[作者]

2 ❼『ピーターラビットのおはなし』の作者はビアトリクス・ポターです。❽彼女は病気の少年に宛てた手紙の中で物語を書きました。❾この手紙が人気のある『ピーターラビットのおはなし』シリーズのはじまりです。❿シリーズのすべての物語には，たくさんの動物の登場人物がいます。

1．読んだことをメモにまとめよう。

(1) *Peter Rabbit* のあらすじと作者について，わかったことをメモにまとめよう。

NOTES : *Peter Rabbit*

解答例
・主人公のピーターラビットは，母親や3匹の姉妹と住んでいる。ピーターはいたずら好きで，よくやっかいな事態に巻き込まれる。
・作者はビアトリクス・ポター。ポターは病気の少年に宛てて手紙を書いたが，その中の物語が『ピーターラビットのおはなし』になった。

Starter

声を出して読んでみよう ♪

Sherlock Holmes

❶ [Story]

3 ❷ Sherlock Holmes is a clever detective in this book. ❸ Anyone can come to him with a problem. ❹ In one story, Holmes meets a man with red hair. ❺ The man's job is very strange. ❻ Holmes investigates the man's situation.

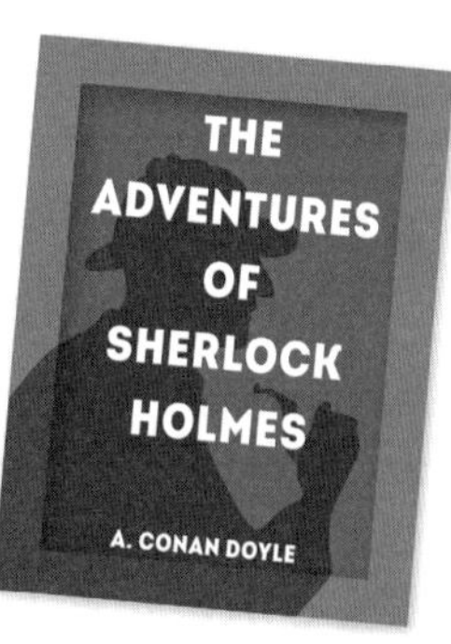

❼ [Author]

4 ❽ Sir Arthur Conan Doyle wrote the *Sherlock Holmes* stories. ❾ They are famous around the world. ❿ In fact, the name of a Japanese manga detective comes from Doyle's middle name.

シャーラク ホウムズ クレヴァ ディテクティヴ エニワン マン ヂャブ ストレインヂ インヴェスティゲイツ サー アーサ コウナン ドイル ファクト ミドル

with a problem: 問題をかかえて
with red hair: 赤い髪をした
around the world: 世界中で
comes from: …に由来する

this book: THE ADVENTURES OF SHERLOCK HOLMESのこと。

Anyone: anyoneが肯定文で使われるときは「だれでも」の意味になる。

Sir: 名前の前につける敬称。

They: ❽のthe *Sherlock Holmes* storiesを指す。

❿: 『名探偵コナン』の名前は「コナン・ドイル」の「コナン」に由来するということ。

middle name: first nameとlast nameの間に入る名前。ここではConanを指す。

語句を確かめよう (p. 8) ♪

- ☐ clever [klévər / クレヴァ] 形 頭のいい
- ☐ detective [ditéktiv / ディテクティヴ] 名 探偵
- 重要 ☐ anyone [éniwʌ̀n / エニワン] 代 だれでも
- 重要 ☐ man [mǽn / マン] 名 男性
- 重要 ☐ men [mén / メン] 名 man (男性) の複数形
- 重要 ☐ job [dʒáb / ヂャブ] 名 仕事
- ☐ strange [stréindʒ / ストレインヂ] 形 奇妙な
- ☐ investigate(s) [invéstəgèit(s) / インヴェスティゲイト〔ツ〕] 動 調べる
- 重要 ☐ fact [fǽkt / ファクト] 名 事実
- ☐ *in fact* 実は
- 重要 ☐ middle [mídl / ミドル] 形 真ん中の
- ☐ Sherlock Holmes [ʃə́ːrlɑk hóumz / シャーラク ホウムズ] 名 シャーロック・ホームズ
- ☐ Sir [sə́ːr / サー] 名 卿(きょう)《名前につける敬称》
- ☐ Arthur Conan Doyle [ɑ́ːrθər kóunən dɔ́il / アーサ コウナン ドイル] 名 アーサー・コナン・ドイル

Notes

● Sir Arthur Conan Doyle (1859-1930)

エジンバラ生まれ。はじめは医師をしながら小説を執筆していた。シャーロック・ホームズなどの推理小説以外にも，SF，歴史などさまざまなジャンルの作品がある。

本文の意味をつかもう

❶ [ストーリー]

3 ❷シャーロック・ホームズは，この本の中の頭のいい探偵です。❸だれでも，問題をかかえて，彼のもとを訪れることができます。❹ある物語で，ホームズは赤毛の男性に会います。❺その男性の仕事はとても奇妙です。❻ホームズはその男性の状況を調べます。

❼ [作者]

4 ❽アーサー・コナン・ドイル卿は，シャーロック・ホームズの物語を書きました。❾それらは世界中で有名です。❿実際，日本の漫画の探偵の名前は，ドイルのミドルネームから来ています。

1．読んだことをメモにまとめよう。
(2) *Sherlock Holmes*のあらすじと作者について，わかったことをメモにまとめよう。

NOTES : *Sherlock Holmes*

解答例 ・シャーロック・ホームズは頭のいい探偵。ある物語で，彼は赤毛の男に会う。
・作者はアーサー・コナン・ドイル。彼が書いたシャーロック・ホームズの物語は世界中で有名である。

2．どちらの本を読みたいと思いますか。話し合おう。
解答例 (略)

教科書 8〜9ページ

GET Part 1 Peter Rabbit

● 接続詞when「…(する/した)とき」やif「もし…ならば」の表し方をマスターしよう。

● 声を出して読んでみよう ♪

●陸とブラウン先生が最近のできごとについて話しています。

Riku : ❶ Recently, I read a book in English for the first time. ❷ It was *Peter Rabbit*.

（リースントリ／レド／英語の本／初めて）

Ms. Brown : ❸ Wonderful. ❹ I read it when I was a child.

（ワンダフル）

Riku : ❺ Did you like it?

Ms. Brown : ❻ Yes. ❼ If you want another English book, I'll lend one to you.

（イフ／レンド）

Riku : ❽ Thank you.

readの過去形。現在形と同じつづりだが，現在形は[riːd / リード]，過去形は[red / レド]と発音する。

本や映画などの題名や，新聞・雑誌などの名は斜体(イタリック)にするのがふつう。

❷の*Peter Rabbit*を指す。

「別の英語の本」を指す。

I willの短縮形。

anotherと同様に不特定の英語の本を指す。

POINT ♪

「…(する)とき，…(した)とき」(when ...)

❶ *I was watching TV.* (私はテレビを見ていました。)

（アイ ワズ ワチング ティーヴィー）

❷ **When my mother came home, I was watching TV.**

（(ホ)ウェン マイ マザ ケイム ホウム）

(母が家に帰ってきたとき，私はテレビを見ていました。)

- 「…(する)とき」「…(した)とき」は，〈**when＋主語＋動詞 …**〉で表します。whenのように，文と文をつなぐことばを**接続詞**と言います。
- 〈**when＋主語＋動詞 …**〉を文の最初に置くときは，そのあとにコンマ(,)を入れます。
- 〈**when＋主語＋動詞 …**〉は文の後ろに置くこともできます。その場合，コンマは必要ありません。

「もし…ならば」(if ...)

❸ We will play baseball.（私たちは野球をするつもりです。）

❹ **If it is clear, we will play baseball.**
（もし天気がよければ，私たちは野球をするつもりです。）

- 「もし…ならば」という条件や仮定を表すときは，〈**if＋主語＋動詞 ...**〉で表します。
- whenと同様に，〈**if＋主語＋動詞 ...**〉を文の最初に置くときは，そのあとにコンマ(,)を入れます。文の後ろに置くときは，コンマは必要ありません。

ここがポイント！

❹ I read it when I was a child.

- when ...は「…とき」という意味の接続詞です。文の後ろにきているので，〈**when＋主語＋動詞**〉の前にコンマ(,)は必要ありません。

❼ If you want another English book, I'll lend one to you.

- if ...は「もし…ならば」という意味の接続詞です。文の最初にきているので，〈**if＋主語＋動詞 ...**〉のあとにコンマ(,)を入れます。

本文の意味をつかもう

陸：❶最近，初めて英語の本を読みました。❷それは，『ピーターラビットのおはなし』でした。
ブラウン先生：❸すばらしいですね。❹私は子どものときにそれを読みました。
陸：❺気に入りましたか。
ブラウン先生：❻ええ。❼もし別の英語の本が読みたかったら，一冊お貸ししますよ。
陸：❽ありがとうございます。

Q&A

Did Riku read *Peter Rabbit* in English?（陸は『ピーター・ラビットのおはなし』を英語で読みましたか。）

解答例 Yes, he did.（はい，読みました。）
Yes, he did. He read *Peter Rabbit* in English.
（はい，読みました。彼は英語で『ピーター・ラビットのおはなし』を読みました。）

Listen ♪

ブラウン先生が，来月の林間学校の持ち物について話しています。晴れ，曇り，雨のときに，持っていく必要があるものを，それぞれA～Jから選ぼう。

① Day1（1日目）

天気	晴れ	曇り	雨
持ち物			

② Day2（2日目）

天気	晴れ	曇り	雨
持ち物			

- Ⓐ eraser（消しゴム）
- Ⓑ gym shoes（体育館用のくつ）
- Ⓒ marker（マーカー）
- Ⓓ P.E. shirt（体育着）
- Ⓔ plastic bottle（ペットボトル）
- Ⓕ plastic cup（プラスチック製カップ）
- Ⓖ rice（米）
- Ⓗ ruler（定規）
- Ⓘ vegetable（野菜）
- Ⓙ water bottle（水筒）

Speak & Write

(1) どんなときに次のような気持ちになるか説明しよう。

㊀ — I'm happy when the school lunch is curry.
（給食がカレーのとき，私は幸せです。）
— I'm depressed when I don't do well on a test.
（テストでうまくいかないとき，私はがっかりします。）

happy
（幸せな）

excited
（興奮した）

angry
（怒った）

depressed
（がっかりした）

Word Bank

excited　興奮した
nervous　心配して
tired　疲れて
frustrated　不満を持っている
be scared of ...　…を恐れる
lonely　さびしい
worried　不安で
feel comfortable　気持ちがよい

(2) (1)で話したことを書こう。

解答例 I'm excited when I watch a soccer game on TV.
（テレビでサッカーの試合を見るとき，私は興奮します。）
I'm angry when my brother uses my video game.
（兄［弟］が私のテレビゲームを使うとき，私は怒ります。）

語句を確かめよう (p. 10)

重要 ☐ recently [rí:sәntli / リースントリ]
副 近ごろ，最近

重要 ☐ read [réd / レド]
動 read [rí:d]（読む）の過去形・過去分詞

重要 ☐ if [íf / イフ] 接 もし…ならば

☐ lend [lénd / レンド]
動 貸す，貸し出す

重要 ☐ came [kéim / ケイム]
動 come（来る）の過去形

重要 ☐ clear [klíәr / クリア] 形 晴れた

確認しよう

☐ wonderful [wʌ́ndәrfәl / ワンダフル] 形 すばらしい，とてもすてきな

語句を確かめよう (p. 12～13)

☐ *do well*　うまくいく，成功する

重要 ☐ test [tést / テスト] 名 試験；検査，テスト

☐ frustrated [frʌ́streitәd / フラストレイテド]
形 不満を持っている

☐ scared [skéәrd / スケアド]
形 おびえた

☐ lonely [lóunli / ロウンリ]
形 孤独な，ひとりぼっちの，さびしい

重要 ☐ worried [wә́:rid / ワーリド]
形 不安で，心配して

☐ comfortable [kʌ́mfәrtәbl / カンフォタブル]
形 ここちよい

重要 ☐ spoke [spóuk / スポウク]
動 speak（話す）の過去形

Drill **POINTの文を練習しよう。1 Listen / 2 Repeat / 3 Say**

POINT ❷

Ⓐ

call me
(私に電話をする)

Ⓑ

leave home
(left)
(家を出る)

Ⓒ

come home
(came)
(家に帰る)

Ⓓ

speak to me
(spoke)
(私に話しかける)

POINT ❹

Ⓔ

go on a picnic
(ピクニックに行く)

Ⓕ

go to a pool
(プールに行く)

Ⓖ

go to a park
(公園に行く)

Ⓗ

stay at home
(家にいる)

〈Repeatする英文〉

❷ Ⓐ When my mother called me, I was watching TV.
(母が私に電話をしてきたとき，私はテレビを見ていました。)

Ⓑ When my mother left home, I was watching TV.
(母が家を出たとき，私はテレビを見ていました。)

Ⓒ When my mother came home, I was watching TV.
(母が家に帰ってきたとき，私はテレビを見ていました。)

Ⓓ When my mother spoke to me, I was watching TV.
(母が私に話しかけてきたとき，私はテレビを見ていました。)

❹ Ⓔ If it is warm, we will go on a picnic.
(もし暖かければ，私たちはピクニックに行きます。)

Ⓕ If it is hot, we will go to a pool.
(もし暑ければ，私たちはプールに行きます。)

Ⓖ If it is cool, we will go to a park.
(もし涼しければ，私たちは公園に行きます。)

Ⓗ If it is cold, we will stay at home.
(もし寒ければ，私たちは家にいます。)

・扉ページ(教科書p. 5)

① What animals do you see in this picture? (この絵の中に何の動物が見えますか。)

② What is your favorite book? (あなたのお気に入りの本は何ですか。)

解答例 ① I see a rabbit and a bird. (1匹のうさぎと1羽の鳥が見えます。)

② My favorite book is *The Adventures of Tom Sawyer*.
(私のお気に入りの本は『トム・ソーヤーの冒険』です。)

Lesson 1 GET Part 2 Peter Rabbit

接続詞that「…ということ」の表し方をマスターしよう。

声を出して読んでみよう

●陸が『ピーターラビットのおはなし』を読んだ感想を話しています。

❶ I enjoyed the story of Peter Rabbit. ❷ I think that his adventures (アドヴェンチャズ) are thrilling (スリリング). ❸ I also like the pictures. ❹ They show that Ms. Potter loved the beautiful Lake (レイク) District (ディストリクト). ❺ I hope (ホウプ) that I can go there someday (サムデイ／いつか).

このofは前の語句と後ろの語句が同格関係（後ろの語句が前の語句に対して説明を加えている）にあることを表す。「ピーターラビットという物語」という意味。

excitingと同様「興奮させる」という意味を持つが，thrillingは「ぞくぞくさせる」というニュアンスを持っている。

*Peter Rabbit*の本の中にあった挿絵を指す。

❸のthe picturesを指す。

❹のLake Districtを指す。

POINT

「…ということ」(that ...)

❶ *The (ザ) book (ブク) is (イズ) interesting (インタレスティング).* （その本はおもしろいです。）

❷ **I (アイ) think (スィンク) (that (ザト)) the book is interesting.**
（私はその本がおもしろいと思います。）

- thatは接続詞の働きをすることがあります。〈**that＋主語＋動詞 ...**〉の形でひとまとまりになって，「…ということ」という意味を表します。that the book is interesting「その本がおもしろいということ」が，前の動詞thinkの目的語になっています。
- 会話では，I think that ...のthatはよく省略されます。

注意

・that ... を目的語にとる動詞：think(思う), show(示す), hope(望む), know(知っている)など

I think **that** she is kind.

(私は彼女が親切だと思います。)

The picture shows **that** he likes baseball very much.

(その写真は彼が野球を大好きだということを示しています。)

I hope **that** you will get well soon. (私はあなたが早くよくなるといいと思います。)

I know **that** Jim can swim fast. (私はジムが速く泳げることを知っています。)

ここがポイント！

❷ I think that his adventures are thrilling.

・I think that ... で「私は…と思います」という意味を表しています。

❹ They show that Ms. Potter loved the beautiful Lake District.

・They show that ... で「それらは…ということを示しています」という意味を表しています。

❺ I hope that I can go there someday.

・I hope that ... で「私は…ということを望みます」という意味を表しています。

本文の意味をつかもう

❶ピーターラビットの物語は楽しかったです。❷彼の冒険はスリル満点だと思います。❸絵も好きです。❹それらは，ポターさんが美しい湖水地方を愛していたということを示しています。❺いつかそこに行けることを望みます。

Q&A Why does Riku like the story? (なぜ，陸はその物語が好きなのですか。)

解答例 Because Peter Rabbit's adventures are thrilling.

(なぜならば，ピーターラビットの冒険はスリル満点だからです。)

Listen ♪

陸がおすすめの本を３冊紹介しています。陸はそれぞれの本の何がよいと思っているか，キャラクター，ストーリー，作者のうちあてはまるものに○を付けよう。

おすすめの本	① *Daddy-Long-Legs* (あしながおじさん)	② *I Am a Cat* (吾輩は猫である)	③ *Alice's Adventures in Wonderland* (不思議の国のアリス)
キャラクター			
ストーリー			
作者			

Speak & Write

(1) おすすめの本や漫画，映画などを紹介しよう。

㊞ — I like *Dragon Ball*. I think the characters are cool.

(私は『ドラゴンボール』が好きです。私はその登場人物たちはかっこいいと思います。)

— I like *Back to the Future*. I think it is the perfect movie for science fiction fans.

(私は『バック・トゥ・ザ・フューチャー』が好きです。私はそれは SF ファンのための申し分ない映画だと思います。)

解答例 I like *Anpanman*. I think (that) he is a hero for children.

(私は『アンパンマン』が好きです。私は，彼は子どもたちにとってのヒーローだと思います。)

(2) (1)で話したことを書こう。

㊞ I like *Dragon Ball*. I think that the characters are cool.

(私は『ドラゴンボール』が好きです。私はその登場人物たちはかっこいいと思います。)

解答例 I like *Anpanman*. I think that he is a hero for children.

(私は『アンパンマン』が好きです。私は，彼は子どもたちにとってヒーローだと思います。)

Word Bank

wonderful すばらしい
important 重要な
useful 役に立つ

語句を確かめよう (p. 14)

- adventure(s) [ədvéntʃər(z) / アドヴェンチャ(ズ)] 名 冒険；わくわくするような体験
- thrilling [θríliŋ / スリリング] 形 スリル満点の，ぞくぞくさせる
- district [dístrikt / ディストリクト] 名 地方，地域
- 重要 hope [hóup / ホウプ] 動 希望する，望む
- someday [sʌ́mdèi / サムデイ] 副 (未来の) いつか，そのうち
- Lake District [léik dìstrikt / レイク ディストリクト] 名 〔theをつけて〕(英国の) 湖水地方

語句を確かめよう (p. 16)

- 重要 important [impɔ́:rtənt / インポータント] 形 重要な，重大な；大切な
- 重要 useful [jú:sfəl / ユースフル] 形 役に立つ，便利な
- Back to the Future [bǽk tə ðə fjú:tʃər / バク トゥ ザ フューチャ] 名 バック・トゥ・ザ・フューチャー《映画》

語句を確かめよう (p. 17)

☐ article [ɑ́ːrtikəl / アーティクル]
名 記事

☐ surprising [sərpráiziŋ / サプライズィング]
形 驚くべき，意外な

Drill **POINT の文を練習しよう。1 Listen / 2 Repeat / 3 Say**

〈Repeatする英文〉

Ⓐ I think that the book is amazing. (私はその本はみごとだと思います。)
Ⓑ I think that the book is boring. (私はその本は退屈だと思います。)
Ⓒ I think that the book is funny. (私はその本はおかしいと思います。)
Ⓓ I think that the book is exciting. (私はその本はとてもおもしろいと思います。)
Ⓔ I think that the article is surprising. (私はその記事は驚くべきだと思います。)
Ⓕ I think that the article is wonderful. (私はその記事はすばらしいと思います。)
Ⓖ I think that the article is useful. (私はその記事は役に立つと思います。)
Ⓗ I think that the article is interesting. (私はその記事は興味深いと思います。)

教科書 12~13ページ

SETTING 図書室の掲示板にあったブラウン先生のおすすめの本の紹介記事を見て，陸はピーターラビットの本を借りました。

声を出して読んでみよう

❶ THE TALE OF PETER RABBIT

1 ❷ Once upon a time (ワンス アパン), Peter Rabbit lived with his mother and sisters.

2 ❸ One day their mother said, "When you go outside (アウトサイド), never (ネヴァ) go into (…に入る) Mr. McGregor's (マグレガズ) garden. ❹ When your father went there, Mr. McGregor caught (コート) him and put him in a pie (…を～に入れた)."

3 ❺ Peter's sisters were good rabbits, but Peter was naughty. ❻ He went straight to (まっすぐ…に行った) the garden. ❼ He ate some radishes.

4 ❽ When Peter was looking for parsley (パースリ), he saw Mr. McGregor. ❾ Peter turned and rushed (ラシュト) away (アウェイ). ❿ Mr. McGregor saw him and shouted (シャウテド), "Stop! Stop!"

- Once upon a time：「昔々」(おとぎ話を始めるときの決まり文句。)
- When：「…するとき」の意味の接続詞。
- never：neverを使った否定の命令文。「決して…してはいけない」という強い禁止を表す。
- there：there「そこに」は，ここでは❸のMr. McGregor's gardenを指す。
- put：putの過去形。現在形も過去形も同じつづりで，発音も同じ。
- but：「しかし」の意味の接続詞で，前の文の内容と対照的な内容の文をつなげる。
- ate：eatの過去形で[éit / エイト]と発音。
- When Peter was looking for parsley：When ...の中に過去進行形が使われていて，「…していたときに」という意味を表す。

語句を確かめよう (p. 18)

- 重要 ☐ once [wʌ́ns / ワンス] 副 かつて，昔
- ☐ upon [əpɑ́n / アパン] 前 (基本的な意味はonとほぼ同じ)
- ☐ *once upon a time* 昔々
- ☐ *one day* ある日
- 重要 ☐ outside [àutsáid / アウトサイド] 副 外へ
- 重要 ☐ never [névər / ネヴァ] 副 決して…ない
- 重要 ☐ caught [kɔ́:t / コート] 動 catch (つかまえる) の過去形
- ☐ parsley [pɑ́:rsli / パースリ] 名 パセリ
- ☐ rush(ed) [rʌ́ʃ(t) / ラシュ(ト)] 動 勢いよく走る
- 重要 ☐ away [əwéi / アウェイ] 副 去って
- ☐ shout(ed) [ʃáut(əd) / シャウト〔テド〕] 動 叫ぶ
- ☐ McGregor [məkgrégər / マグレガ] 名 マグレガー (姓)

声を出して読んでみよう ♪

5 ⑪ Peter ran and ran. ⑫ He lost one shoe among the cabbages and the other shoe among the potatoes.

6 ⑬ Then Peter hid in a watering can. ⑭ He thought that he was safe. ⑮ He was not. ⑯ Mr. McGregor found him. ⑰ Peter jumped out and ran some more.

7 ⑱ At last Peter got home. ⑲ He didn't say anything because he was too tired. ⑳ His mother wondered, "What happened?" ㉑ She didn't ask. ㉒ She just put Peter to bed and made chamomile tea for him.

㉓ "Good night, Peter."

（ルビ：among アマング／hid ヒド／watering ウォータリング／can キャン／safe セイフ／found ファウンド／more モー／anything エニスィング／because ビコーズ／wondered ワンダド／happened ハプンド／just ヂャスト／chamomile カママイル）

（注：jumped out とび出した／At last ついに／got home 家に着いた／too あまりにも／put Peter to bed ピーターを寝かしつけた／chamomile tea カモミール茶）

andの前後に同じ語を置くと,「どんどん…する」など反復や継続の意味になる。

one shoeは「片方のくつ」, the other shoeは「もう片方のくつ」という意味で, 対になっている。

thoughtはthinkの過去形で[θɔ́:t / ソート]と発音する。「彼は…だと思った」という意味。

notの後ろにsafeが省略されている。

not ... anythingで「何も…ない」の意味。

whatが主語の疑問文で,「何が起こったのですか」という意味。

「なぜなら」という意味の接続詞。

語句を確かめよう (p. 19) ♪

- ☐ among [əmʌ́ŋ / アマング] 前 …の中に
- ☐ hid [híd / ヒド] 動 hide (隠れる) の過去形
- ☐ hide [háid / ハイド] 動 隠れる
- ☐ safe [séif / セイフ] 形 安全な
- 重要 ☐ found [fáund / ファウンド] 動 find (見つける) の過去形
- 重要 ☐ find [fáind / ファインド] 動 見つける
- 重要 ☐ more [mɔ́:r / モー] 副 もっと
- ☐ *at last* ついに
- 重要 ☐ anything [éniθìŋ / エニスィング] 代 何も
- 重要 ☐ because [bikɔ́:z / ビコーズ] 接 …なので
- 重要 ☐ wonder(ed) [wʌ́ndər(d) / ワンダ(ド)] 動 …かしらと思う
- 重要 ☐ happen(ed) [hǽpən(d) / ハプン(ド)] 動 起こる
- 重要 ☐ just [dʒʌ́st / ヂャスト] 副 ただ
- ☐ chamomile [kǽməmàil / カママイル] 名 カモミール《花》
- ☐ watering [wɔ́:təriŋ / ウォータリング] 形 水まき(用)の
- ☐ watering can [wɔ́:təriŋ kæ̀n / ウォータリング キャン] 名 じょうろ

本文の意味をつかもう

❶「ピーターラビットのおはなし」

[1] ❷昔々，ピーターラビットはお母さんや姉妹たちと一緒に暮らしていました。

[2] ❸ある日，お母さんは言いました。「外に行くときは，決してマグレガーさんの畑の中に入ってはいけませんよ。❹あなたたちのお父さんがそこに行ったときに，マグレガーさんがお父さんを捕まえて，パイに入れてしまったのですよ。」

[3] ❺ピーターの姉妹たちはいい子でしたが，ピーターはいたずら好きでした。❻彼はまっすぐにマグレガーさんの畑に行きました。❼彼は何本かハツカダイコンを食べました。

[4] ❽ピーターがパセリを探していたときに，彼はマグレガーさんを見かけました。❾ピーターは向きを変えて，大急ぎで走り去りました。❿マグレガーさんはピーターを見つけて，「止まれ！止まるんだ！」と叫びました。

[5] ⓫ピーターは走りに走りました。⓬彼は片方のくつをキャベツ畑で，もう片方をジャガイモ畑の中でなくしてしまいました。

[6] ⓭そしてピーターは，じょうろの中に隠れました。⓮ピーターはもう大丈夫だと思いました。⓯そうではありませんでした。⓰マグレガーさんがピーターを見つけたのです。⓱ピーターは（じょうろから）とび出して，さらに走って逃げました。

[7] ⓲やっとのことで，ピーターは家にたどり着きました。⓳あまりに疲れていたので，何も言いませんでした。⓴お母さんは「何があったのかしら。」と思いましたが，㉑何も質問しませんでした。㉒彼女はただピーターを寝かせて，カモミール茶をいれました。

㉓「おやすみ，ピーター。」

STAGE 1 Get Ready 物語を読む前に確認しよう。

(1) ピーターラビットについて知っていることを話そう。
(2) どんな物語か想像しよう。

解答例 (1) うさぎの物語，作者はビアトリクス・ポター，主人公はピーターラビット，など
(2) 主人公のうさぎの冒険物語，はらはら・どきどきする展開，うさぎと人間のお話，など

STAGE 2 Read 物語の概要をとらえよう。

Guide 1

この物語の登場人物は誰ですか。

解答例

ピーターラビット，ピーターのお母さん，ピーターの姉妹たち（フロプシー，モプシー，カトンテール），マグレガーさん

Guide 2

(1) ピーターのお母さんは，何をしてはいけないと言いましたか。
(2) ピーターはどこへ行きましたか。
(3) マグレガーさんは，なぜピーターを追いかけたのですか。
(4) ピーターはどこでくつをなくしましたか。
(5) ピーターはどこに隠れましたか。
(6) 家に帰ってきたピーターに，お母さんは何をしましたか。

解答例

(1) マグレガーさんの畑に入ってはいけない。
(2) マグレガーさんの畑。
(3) 畑の中をうろうろしていたから。（畑の野菜を食べたから。）
(4) キャベツ畑とジャガイモ畑。
(5) じょうろの中。
(6) 何も聞かずベッドで寝かせて，カモミール茶をいれた。

Goal 物語の概要をまとめよう。

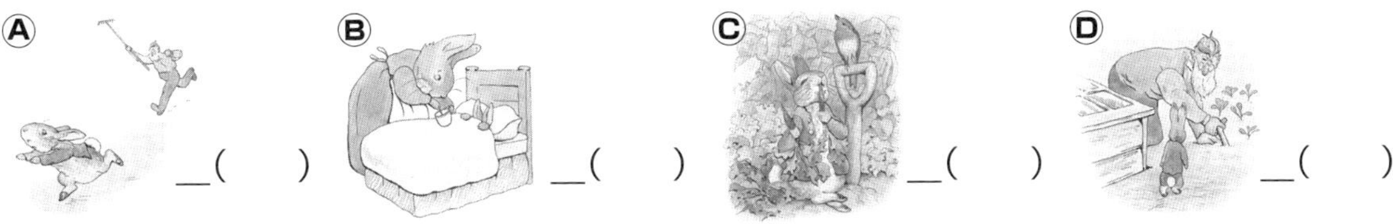

(1) 物語の順になるように，下線に番号を書こう。
(2) ピーターの気持ちの移り変わりを想像して，A～Dの場面に合うものを，(a)～(d)から選んで（　）に書こう。
(a) へとへと　(b) わくわく　(c) どきどき　(d) ぎょっ

解答

Ⓐ 3 (c)　Ⓑ 4 (a)　Ⓒ 1 (b)　Ⓓ 2 (d)

いたずら好きのうさぎのピーターは，お母さんに絶対行ってはいけないと言われたマグレガーさんの畑に行ってしまいました。→ピーターはマグレガーさんの畑でマグレガーさんと会ってしまいました。→ピーターは大急ぎで逃げましたが，マグレガーさんが追いかけてきました。→ピーターは家に帰りつきましたが，とても疲れていました。

STAGE 3 Think & Write

●ブラウン先生に物語の感想を伝える手紙を書こう。

解答例

Dear Ms. Brown,
I read the story of Peter Rabbit. It's fun. The story is very thrilling and interesting.
I like Peter.
Regards,
Miki
(親愛なるブラウン先生。私は『ピーターラビットのおはなし』を読みました。それはおもしろいです。その話はとてもスリル満点でおもしろいです。私はピーターが好きです。敬意を込めて，美紀)

Tips for Reading

- 5W1H（いつ，どこで，だれが，何をした，なぜ，どのように）に注意しよう。
- 登場人物の気持ちを考えながら読んでみよう。

☑ Check

①次の語句は何を指していますか。　him (⑩)
②文の最初にある「時を表す表現」に下線を引こう。

解答

① him (⑩)：Peter（ピーター）(⑨)
② Once upon a time (❷) ／ One day (❸) ／ When (❸，❹，❽) ／ Then (⓭) ／ At last (⓲)

物語を朗読しよう

わかば小学校の児童たちに向けて，*The Tale of Peter Rabbit* を朗読することになりました。
物語の場面や登場人物の気持ちが伝わるように読もう。

1. Listen 陸の朗読を聞いて考えよう。

Once upon a time, Peter Rabbit lived with his mother and sisters.

One day / their mother said, / "When you go outside, / never go into Mr. McGregor's garden. / When your father went there, / Mr. McGregor caught him / and put him in a pie."

（Mr. McGregor caught him：ゆっくり）

Peter's sisters were good rabbits, but Peter was naughty. / He went straight to the garden. / He ate some radishes. /

When Peter was looking for parsley, / he saw Mr. McGregor. / Peter turned and rushed away. / Mr. McGregor saw him and shouted, / "Stop! Stop!"

（rushed away：速く読む）（saw him and shouted：低い声で）

(1) 朗読を聞いて，陸が，臨場感を出すためにどんな工夫をしていたか話し合おう。

(2) 朗読原稿と陸が書き加えたメモを見て，どんな工夫をしているか考えよう。

解答例 (1) (略)

(2) · Mr. McGregor caught him はゆっくりと，and put him in a pie は驚くべきことが起こったと伝えるように少し高めに発音している。

· "Stop! Stop!" は，「待て，止まれ」という気持ちを込めて大きな声で叫ぶように読んでいる。

2. Read Aloud 次はあなたの番です。

Peter ran and ran. He lost one shoe among the cabbages and the other shoe among the potatoes.

Then Peter hid in a watering can. He thought that he was safe. He was not. Mr. McGregor found him. Peter jumped out and ran some more.

At last Peter got home. He didn't say anything because he was too tired. His mother wondered, "What happened?" She didn't ask. She just put Peter to bed and made chamomile tea for him.

"Good night, Peter."

いろいろな記号を使い分けて，読みやすい発表メモにしよう。
・意味のかたまりごとに，英文を / で区切ってみよう。
・長い語句はリズムよく言えるように，⌒ で印をしよう。
・強く読む単語や文字にマーカーを引こう。

(1) 声に出して英文を読んでみよう。
(2) 陸のメモを参考に，読みやすくなるようなメモを書き加えよう。
(3) 物語の場面や登場人物の気持ちが伝わるように朗読しよう。

解答例 (1) (3) (略)

(2)
Peter ran and ran. / He lost one shoe among the cabbages / and the other shoe among the potatoes. (速く読む →)

Then Peter hid in a watering can. / He thought that he was safe. / He was not. / Mr. McGregor found him. / Peter jumped out and ran some more. (速く読む →)

At last Peter got home. (ここでいったん切る) / He didn't say anything because he was too tired. / His mother wondered, "What happened?" (心配した様子で下降調で読む →) / She didn't ask. / She just put Peter to bed and made chamomile tea for him.

"Good night, Peter." (優しい気持ちを込めてゆっくり →)

Take Action! Listen 1 図書館の案内

聞き手が必要な情報を聞き取る

夏海は，趣味の登山についての特集が載っている雑誌と登山のDVDを借りるために，新しくできた図書館を訪れました。

Expressions

closed 閉じた
borrow 借りる
bring ... back …を返却する
magazine 雑誌
pay a fine 罰金を払う
machine 機械
scan your card カードを読み取る
press the button ボタンを押す

STAGE 1 Get Ready

1. 初めて図書館を利用するとき，あなたはどんなことを知りたいですか。

解答例 利用するにはまず何をすればよいのか，開館時間と閉館時間，休館日，利用料金がかかるか，本の借り方，利用期間，など。

2. 右のExpressionsを参考に，図書館の利用案内で使われる表現を確認しよう。

解答例（略）

STAGE 2 Listen

1st Listening 図書館の利用案内を聞いて，メモにまとめよう。

開館時間：

休館日：

貸出期間

• Books（書籍）：
• CDs, DVDs（CD，DVD）：
• Magazines（雑誌）：

延滞金：1日につき

貸出機の使い方（数字の順に操作する）：

カードリーダー（　）
ボタン（　）
スキャナー（　）

2nd Listening 聞き取れなかった部分に注意しながら，もう一度聞いてみよう。

3rd Listening 巻末の**Audio Scripts**を見ながら音声を確認しよう。（スクリプトはp. 218）

STAGE 3 Think & Act

夏海は，書籍を2冊，雑誌を1冊借りました。それぞれいつまでに返却すればよいですか。

BONUS STAGE

別の図書館の利用案内を聞いてみよう。（スクリプトはp. 221）

語句を確かめよう (p. 24)

- ☐ closed [klóuzd / クロウズド] 形 閉じた
- ☐ borrow [bárou / バロウ] 動 借りる
- 重要 ☐ back [bǽk / バク] 副 もとのところに，帰って
- ☐ magazine [mǽgəzìːn / マガズィーン] 名 雑誌，定期刊行物
- 重要 ☐ pay [péi / ペイ] 動 払う
- ☐ fine [fáin / ファイン] 名 罰金
- 重要 ☐ machine [məʃíːn / マシーン] 名 機械
- ☐ scan [skǽn / スキャン] 動 細かく調べる；スキャンする
- ☐ press [prés / プレス] 動 押す
- ☐ button [bʌ́tn / バトン] 名 押しボタン

Take Action! 

どんなストーリーなの？

質問する
情報を付け加える

 帰り道，ゴールデンウィークの予定について陸とジンが話しています。 

Jing

Riku

Jing: ❶ "Golden Week" starts tomorrow.

Riku: ❷ I know. ❸ What's your plan?

Jing: ❹ I'm going to see the movie, *Fire Fighters*.

話している時点（現在）で，すでに予定されていることは，〈be going to ...〉で表す。

Riku: ❺ Sounds good! ❻ What's the story about?

相手の提案やアイデアなどに対して，「いいじゃない！」と同意したり共感したりするときに使う表現。

Jing: ❼ It's a true（トルー） story about a big forest（フォーレスト） fire. ❽ It got a big award（アウォード）.

ジン：❶明日からゴールデンウィークが始まるね。
陸：❷そうだね。❸君の予定は何？
ジン：❹『ファイアー・ファイターズ』という映画を見るつもり。
陸：❺いいじゃない！❻どんな話なの？
ジン：❼大きな森林火災についての実話だよ。❽大きな賞をとったんだ。

Expressions

質問する
What's the story about?
その話は何についてなの？
Where are you going to see it?
あなたはそれをどこに見に行くつもりなの？
Who's in the movie?
だれが映画に出演しているの？

情報を付け加える
It got a big award.
それは大きな賞を受賞したよ。
Michael Harris is in it.
マイケル・ハリスがそれに出演しているよ。
I'm going to see it at home.
私はそれを家で見るつもりだよ。

Work in Pairs

1. 上のスキットをペアで演じてみよう。
2. A・Bの役割を決め，週末の予定について話そう。
   A：Bの週末の予定をたずねよう。Bが答えたら，さらに質問しよう。
   B：Aの質問に，情報を付け加えながら答え，会話を進めよう。

解答例
A: What's your plan this weekend?
（あなたの今週末の予定は何ですか。）
B: I'm going to visit my grandparents.
（私は祖父母を訪れるつもりです。）
A: Good. Where do they live?（いいですね。彼らはどこに住んでいるのですか。）
B: They live in Aomori.（彼らは青森に住んでいます。）

語句を確かめよう (p. 25)

- ☐ *Sounds good!* いいじゃない
- 重要 ☐ true [trúː / トルー] 形 本当の
- ☐ forest [fɔ́ːrəst / フォーレスト] 名 森林
- ☐ award [əwɔ́ːrd / アウォード] 名 賞
- ☐ Michael Harris [máikəl hǽris / マイケル ハリス] 名 マイケル・ハリス《名前》

GET Plus 1 試着してもいいですか

Dialog お店に買いものに来たジンが，店員と話しています。

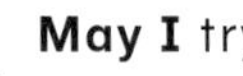

SALE
May I try on this shirt?

Sure.

ジン：このシャツを試着してもいいですか。
店員：もちろんです。

「…してもいいですか。」と許可を求めるときは，May［Can］I ...? を使います。

Exercise 1 ジンになったつもりで，次のことをしてもよいか，お店の人にたずねよう。

❶

解答例 May I see that bag?
（あのバッグを見てもいいですか。）

❷

解答例 May I have two paper bags?
（紙袋を2ついただいてもいいですか。）

❸

解答例 May I use that pen?
（あのペンを使ってもいいですか。）

Exercise 2 Dialogと例を参考にペアで会話しよう。（➡Word Bank p. 27）

次の□から施設を１つ選んで，その施設の人にしてもよいか許可を求めたり，施設の人になったつもりで応じたりしよう。

restaurant（レストラン）	school（学校）	museum（博物館）

例 *A:* May I sit here?（ここに座ってもいいですか。）
B: I'm afraid you may not.（すみませんが，いけません。）

解答例 · school（学校）
A: May I ask a question?（質問してもいいですか。）
B: Sure. Go ahead.（もちろんです。どうぞ。）

Write 上で許可を求めた文を書こう。

解答例（略）

Try ペアで，してもよいか許可を求めたり，応じたりして，自由に会話しよう。

解答例（略）

Word Bank いろいろな動作

sit here
（ここに座る）

have a menu
（メニューをもらう）

have a knife
（ナイフをもらう）

have some water
（水をもらう）

ask a question
（質問をする）

use your dictionary
（あなたの辞書を使う）

come in
（入る）

go to the nurse's office
（保健室に行く）

speak to
（…と話す）

leave a message
（伝言を残す）

call again later
（折り返し電話をする）

leave my number
（私の番号を残す）

いろいろな場面で May I ...? を使ってみよう。

例 1

Jing: **May I** go to the bathroom, please?　　ジン：トイレに行ってもいいですか。
Mr. Oka: Sure, go ahead.　　丘先生：もちろん，どうぞ。
Jing: Thank you.　　ジン：ありがとうございます。

例 2

Kate: **Can I** borrow your dictionary?　　ケイト：あなたの辞書を借りてもいいかしら。
Riku: Sorry, I'm using it right now.　　陸：ごめん，今使っているんだ。
Kate: OK, I'll ask Hana.　　ケイト：わかった，花に聞いてみるね。

• Can I ...? は親しい人に許可を求めるときに使うことが多い。

〔go ahead どうぞ〕

語句を確かめよう (p. 26 ～ 27) 

☑ *try on* 試着してみる

 重要 ☑ afraid [əfréid / アフレイド] 形 〔be afraid (that) ...〕…ではないかと心配している

☑ *be afraid (that)* ... …ではないかと心配している

☑ menu [ménju: / メニュー] 名 献立表，メニュー

教科書 20ページ

文法のまとめ ❶

接続詞の用法を確認しよう。

接続詞 文と文，語句と語句をつなぎます。

when

→ Lesson 1 GET Part 1

◆「…(する)とき」「…(した)とき」は，〈**when＋主語＋動詞 …**〉で表します。

When my mother came home, I was watching TV.
コンマを入れる
(母が家に帰ってきたとき，私はテレビを見ていました。)

• 〈**when …**〉が後ろに来るときは，whenの前にコンマ(,)はいりません。
I was watching TV **when** my mother came home.

・時を表す接続詞
before (…する前に)
after (…した後で)
while (…する間に)
until (…するまで)

if

→ Lesson 1 GET Part 1

◆「もし…ならば」と条件や仮定を加えて言うときは，〈**if＋主語＋動詞 …**〉で表します。

If it is clear, we will play baseball. (もし天気がよければ，私たちは野球をするつもりです。)

• 〈**if …**〉が後ろに来るときは，コンマ(,)はいりません。
We will play baseball **if** it is clear.

because

→ Lesson 1 USE Read

◆「…なので」と理由や原因を加えて言うときは，〈**because＋主語＋動詞 …**〉で表します。

He didn't say anything **because** he was too tired.
(彼はあまりに疲れていたので，何も言いませんでした。)

• 〈**Why …?**〉の質問に対して，Becauseを使って答えることができます。
Why did you go there? (なぜそこへ行ったのですか。)
— **Because** I wanted to meet my grandmother. (祖母に会いたかったからです。)

Drill 1 各文のあとに[　]内の語句を足して，日本語の意味に合う文を作りましょう。

1. John was studying math. [when his brother came home]
(お兄さんが帰宅したとき，ジョンは数学を勉強していました。)
2. I was playing the guitar. [when Kumi visited me]
(久美が私を訪ねてきたとき，私はギターをひいていました。)
3. I will go shopping. [if it rains]
(もし雨が降ったら，私は買い物に行くつもりです。)
4. Tom is sick. [because he ate too much]
(トムは食べすぎたので，具合が悪いです。)

that

→ Lesson 1 GET Part 2

◆〈**that＋主語＋動詞 ...**〉の形でひとまとまりになって，「…ということ」という意味を表し，that以下が前の動詞の目的語になります。I think that ...は，「私は…と思います」という意味です。

I think (**that**) the book is interesting.（私はその本がおもしろいと思います。）
動詞 think の目的語になっている

- 接続詞thatは会話では省略されることがよくあります。
  I think the book is interesting.

1

Drill 2　下の文にthatを補うとしたら①～④のどこに入れるのがよいか，番号で答えましょう。

I ① think ② my father ③ is ④ busy now.（私の父は今忙しいと思います。）

英語のしくみ

and / or / but　対等な関係の語句や文と文をつなぎます。

これまでに学んだ接続詞を確認しましょう。

cook **and** eat
（料理して食べる）

on the ice **and** in the water
（氷の上と水の中）

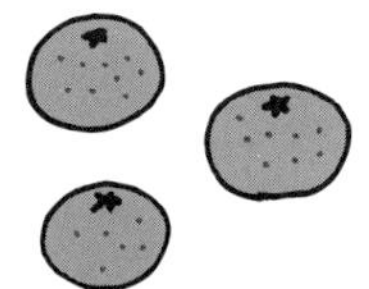

apples **or** oranges
（リンゴかオレンジ）

Yuki likes cats, **but** she has a dog.
（由紀はネコが好きだが，イヌを飼っている。）

注意　対等でない語句や文をつなげないように気をつけましょう。
× I eat green apples **and** on the ice.

GET Part 1 My Dream

● 不定詞「～すること」(名詞用法)をマスターしよう。

声を出して読んでみよう 

●マークと花が職場体験プログラムについて話しています。

Mark : ❶ The day-at-work program (職業体験プログラム) is coming soon.

Hana : ❷ That's right. ❸ I want to work at (…で働く) a farm.

Mark : ❹ A farm? ❺ Why (なぜ)?

Hana : ❻ Well, my grandparents have a restaurant.

❼ They use organic fruits (果物) and vegetables (野菜).

❽ My plan is to learn about farming (農業，農場経営).

Mark : ❾ I see. ❿ That's a good plan. ⓫ I want to go with you.

- is comingは現在進行形だが，確実に起こりそうなことや決まった予定などを表すために使うこともできる。
- 現在進行形が未来を表す場合は，未来を表す語(句)をいっしょに使うのがふつう。(soon)
- my grandparents を指す。(They)
- 「有機栽培の」の意味で fruits と vegetables の両方にかかっている。(organic)
- ❽の文の内容を指す。(That)

名詞用法「…すること」(目的語)

Koji wants to read the book. (耕司はその本が読みたいです。)

- 〈**to＋動詞の原形**〉を不定詞(またはto不定詞)と言います。
- 不定詞は「…すること」の意味で名詞のはたらきをすることがあります。これを，**不定詞の名詞用法**と言います。
- 名詞用法の不定詞は文中で，目的語，主語，補語になります。

目的語　Koji wants **to read** the book.
　　「読むこと」という意味。動詞 want の目的語になる。

名詞用法「…すること」(補語)

マイ　ドリーム　イズ　ビー　ア　ティーチャ
My dream is to be a teacher.（私の夢は教師になることです。）

- 〈**to＋動詞の原形**〉がbe動詞のあとにきて，「～は…することです」の意味で，主語を説明する補語になることもあります。

補語　My dream is **to be** a teacher.
　「…になること」という意味。この文の補語になる。

ここがポイント!

③ I want to work at a farm.

- to workは名詞用法の不定詞で，動詞wantの目的語になっています。
- 〈want＋不定詞〉で，「…することを望む」→「…したい」という意味になります。

⑧ My plan is to learn about farming.

- to learnは名詞用法の不定詞で，この文の補語になっています。
- My plan＝to learn about farmingの関係が成り立ちます。

⑪ I want to go with you.

- to goは名詞用法の不定詞で，動詞wantの目的語になっています。

本文の意味をつかもう

マーク：①職業体験プログラムがもうすぐくるね。
花：②そうね。③私は農場で働きたい。
マーク：④農場？⑤どうして？
花：⑥えーと，私の祖父母がレストランをやっているの。⑦有機栽培の果物や野菜を使っているのよ。⑧私の計画は農業について学ぶことなの。
マーク：⑨なるほど。⑩それはいい考えだね。⑪君と一緒に行きたいな。

Q&A

What is Hana interested in?（花は何に興味がありますか。）

解答例 She is interested in farming.（彼女は農業に興味があります。）

Listen

ジン，ディヌー，ケイトが，職場体験プログラムについて話しています。ジン，ディヌー，ケイトが職場体験に行きたい場所をA～Cから選ぼう。

① Jing（　　）（ジン）　② Dinu（　　）（ディヌー）　③ Kate（　　）（ケイト）

A

B

C

Talk & Write

(1) 将来の夢やしてみたいことについてペアで話そう。

例 *A :* What's your dream?（あなたの夢は何ですか。）

B : My dream is to travel around the world. How about you?

（私の夢は世界中を旅行することです。あなたはどうですか？）

A : I want to be a vet and save sick animals.

（私は獣医になって病気の動物を救いたいです。）

(2) (1)で話したことをまとめて書こう。

例 My dream is to travel around the world.

（私の夢は世界中を旅行することです。）

Taku wants to be a vet and save sick animals.

（タクは獣医になって病気の動物を救いたいです。）

Word Bank

doctor 医者
engineer エンジニア
voice actor 声優
interpreter 通訳者
do something for others 他人のために何かをする

解答例 My dream is to make a robot with AI.

（私の夢はAIを備えたロボットを作ることです。）

I want to be a pilot and travel around the world.

（私はパイロットになって世界中を旅行したいです。）

語句を確かめよう (p. 30) 

重要 ☐ soon [súːn / スーン] 副 すぐに，まもなく

☐ *That's right.* そのとおり

☐ organic [ɔːrgǽnik / オーギャニク] 形（野菜や果物などが）有機栽培の

☐ farming [fáːrmiŋ / ファーミング] 名 農業，農場経営

☐ day-at-work program [déi ət wə́ːrk próugræm / デイ アト ワーク プロウグラム] 名 職業体験プログラム

確認しよう

☐ why [hwái / (ホ)ワイ] 副 なぜ，どうして

語句を確かめよう (p.32〜33) 

☐ travel [trǽvl / トラヴル] 動 旅行する，旅をする

☐ engineer [èndʒəníər / エンヂニア] 名 技師，エンジニア

☐ voice [vɔ́is / ヴォイス] 名 声

☐ interpreter [intə́ːrprətər / インタープリタ] 名 通訳者

重要 ☐ something [sʌ́mθiŋ / サムスィング] 代 何か，あるもの

☐ abroad [əbrɔ́ːd / アブロード] 副 外国へ〔に，で〕，海外へ〔に〕

重要 ☐ pass [pǽs / パス] 動 通る；合格する

☐ overseas [òuvərsíːz / オウヴァスィーズ] 副 海の向こうに，海外へ

☐ painter [péintər / ペインタ] 名 画家，絵をかく人

確認しよう

☐ doctor [dáktər / ダクタ] 名 医者

Drill **POINTの文を練習しよう。1 Listen / 2 Repeat / 3 Say**

Ⓐ

study abroad
(留学する)

Ⓑ

pass the exam
(試験に合格する)

Ⓒ

play soccer
(サッカーをする)

Ⓓ

travel overseas
(海外を旅行する)

Ⓔ

a painter
(画家)

Ⓕ

a vet
(獣医)

Ⓖ

an engineer
(エンジニア)

Ⓗ

an actor
(俳優)

〈Repeat する英文〉

❶ Ⓐ Koji wants to study abroad. (耕司は留学したいです。)
Ⓑ Koji wants to pass the exam. (耕司は試験に合格したいです。)
Ⓒ Koji wants to play soccer in Brazil. (耕司はブラジルでサッカーをしたいです。)
Ⓓ Koji wants to travel overseas. (耕司は海外旅行をしたいです。)
Ⓔ Amy wants to be a painter. (エイミーは画家になりたいです。)
Ⓕ Amy wants to be a vet. (エイミーは獣医になりたいです。)
Ⓖ Amy wants to be an engineer. (エイミーはエンジニアになりたいです。)
Ⓗ Amy wants to be an actor. (エイミーは俳優になりたいです。)

❷ Ⓐ My dream is to study abroad. (私の夢は留学することです。)
Ⓑ My dream is to pass the exam. (私の夢は試験に合格することです。)
Ⓒ My dream is to play soccer in Brazil. (私の夢はブラジルでサッカーをすることです。)
Ⓓ My dream is to travel overseas. (私の夢は海外を旅行することです。)
Ⓔ My dream is to be a painter. (私の夢は画家になることです。)
Ⓕ My dream is to be a vet. (私の夢は獣医になることです。)
Ⓖ My dream is to be an engineer. (私の夢はエンジニアになることです。)
Ⓗ My dream is to be an actor. (私の夢は俳優になることです。)

・扉ページ(教科書p. 21)

① What do you see in these pictures? (これらの写真の中に何が見えますか。)
② What kind of work do you like? (あなたはどんな種類の仕事が好きですか。)

解答例 ① I see a dress designer [cook / taxi driver].
(服飾デザイナー[コック/タクシーの運転手]が見えます。)
② I like to make something [to talk with people / to help other people].
(私は何かを作ること[人々と話すこと/ほかの人々を助けること]が好きです。)

GET Part 2 My Dream

● 不定詞「…するために」(副詞用法),「…するための」(形容詞用法)をマスターしよう。

声を出して読んでみよう 

●農場に職場体験に行った花とマークが,そこで働く彩(あや)さんの話を聞いています。

❶ I go to a farmers' market (マーケト) to sell (セル) my vegetables. ❷ When (…するとき) people eat them, they're happy with (…に満足して) the fresh taste (味). ❸ I want to grow (グロウ) better (ベタ) vegetables and (それで) bring more (もっと多くの) happiness (ハピネス) to people (…に～をもたらす). ❹ To achieve (アチーヴ) my goals as (…として) a farmer, I still (まだ) have ((仕事などが)ある) many things to learn.

sで終わる複数名詞を所有格にするときはふつうアポストロフィ(')だけをつける。

❶のmy vegetablesを指す。

同じ文中のpeopleを指す。

「新鮮な」の意味で後ろのtasteを修飾している。

❸のgrow better vegetablesとbring more happiness to peopleを指す。

andがgrow better vegetablesとbring more happiness to peopleを結んでいる。grow, bringともに不定詞で,want to「…したい」につながっている。

POINT 

副詞用法「…するために」

❶ *Tom (タム) went (ウェント) to (トゥ) the (ザ) park (パーク).* (トムは公園に行きました。)

❷ **Tom went to the park to play (プレイ) volleyball (ヴァリボール).**

(トムはバレーボールをするために公園に行きました。)

- 不定詞〈**to ＋動詞の原形**〉は,「…するために」と目的を表すことがあります。
- この用法の不定詞は,動詞や文全体を修飾する副詞のはたらきをするので,**副詞用法**と言います。

副詞用法 …するために　Tom went to the park **to play** volleyball.

「バレーボールをするために」と公園へ行った目的を表す。動詞 went を修飾する副詞のはたらきをしている。

形容詞用法「…するための～」

❸ *Miki has something.*（美紀は何か持っています。）

❹ **Miki has something to eat.**（美紀は何か食べるためのもの［食べもの］を持っています。）

- 不定詞は，（代）名詞のあとに置かれて，「…するための」「…するべき」という意味を表すこともできます。
- この用法は，直前の（代）名詞を修飾する形容詞のはたらきをするので，**形容詞用法**と言います。

形容詞用法　Miki has something **to eat**.
…するための

このto eatは「食べるための～」となる。直前の代名詞somethingを修飾する形容詞のはたらきをしている。

ここがポイント！

❶ I go to a farmers' market to sell my vegetables.
- to sellは副詞用法の不定詞です。「売るために」と目的を表し，動詞goを修飾しています。

❹ To achieve my goals as a farmer, I still have many things to learn.
- To achieveは副詞用法の不定詞です。「達成するために」と目的を表し，動詞haveを修飾しています。
- to learnは直前のthingsを修飾する形容詞用法の不定詞です。
- many things to learnで，「学ぶべきたくさんのこと」という意味になります。

本文の意味をつかもう

❶私は自分の野菜を売るために（農業をする人の）市場へ行きます。❷人々がそれらを食べると，その新鮮な味にみなうれしくなります。❸私はもっといい野菜を育て，人々にもっと幸せをもたらしたいと思います。❹農場主としての私の目標を達成するためには，まだ学ぶべきことがたくさんあります。

Q&A

What are Aya's goals as a farmer?（彩さんの農場主としての目標は何ですか。）

解答例 Her goals are to grow better vegetables and bring more happiness to people.
（彼女の目標はもっといい野菜を育て，人々にもっと幸せをもたらすことです。）

Listen ♪

3つの職場体験先での話を聞いて，①～③の人物がどんなことを何のためにしているか線で結ぼう。

①

 ・　　・  ・　　・ 

②

 ・　　・  ・　　・ 

③

 ・　　・  ・　　・ 

Speak & Write

(1) 何のために①～③のことをするか説明しよう。

① read books（本を読む）	② use a computer（コンピューターを使う）	③ study English（英語を勉強する）

例 I read books to study about space.

（私は宇宙について勉強するために本を読みます。）

Word Bank

forget about the daily life
日常生活のことを忘れる
search online
インターネットで調べる
watch movies without subtitles
字幕なしで映画を見る

(2) (1)で話したことを書こう。

解答例 ① I read books to feel relaxed.
（私はくつろぐために本を読みます。）

② I use a computer to write a story.
（私は物語を書くためにコンピューターを使います。）

③ I study English to talk with people around the world.
（私は世界の人々と話すために英語を勉強します。）

語句を確かめよう (p. 34) 

重要 ☐ market [máːrkət / マーケト]
名 市；市場

重要 ☐ sell [sél / セル]
動 売る，売っている

重要 ☐ grow [gróu / グロウ]
動 (植物が)育つ；栽培する

重要 ☐ better [bétər / ベタ]
形 (品質・技量などが)もっとよい，もっとじょうずな《good (よい) の比較級》

☐ happiness [hǽpinəs / ハピネス]
名 幸福

☐ achieve [ətʃíːv / アチーヴ]
動 (地位・名声などを)手に入れる，(目的・目標を)達成する

語句を確かめよう (p. 36)

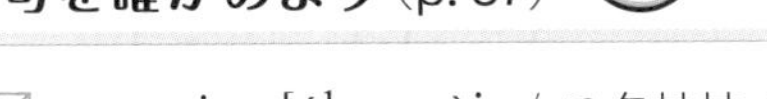

- 重要 ☐ space [spéis / スペイス]
  - 名 宇宙
- 重要 ☐ forget [fərgét / フォゲト]
  - 動 忘れる
- ☐ daily [déili / デイリ]
  - 形 毎日の；日常の
- ☐ search [sə́ːrtʃ / サーチ]
  - 動 さがす，調べる
- ☐ online [ànláin / アンライン]
  - 副〔コンピューター〕オンラインで
- 重要 ☐ without [wiðáut / ウィザウト]
  - 前 …なしで；…のない
- ☐ subtitle(s) [sʌ́btàitl(z) / サブタイトル(ズ)]
  - 名〔複数形で〕(映画やテレビの)字幕，スーパー

語句を確かめよう (p. 37)

- ☐ exercise [éksərsàiz / エクササイズ]
  - 名 練習(問題)；運動
- ☐ return [ritə́ːrn / リターン]
  - 動 帰る；返す
- ☐ report [ripɔ́ːrt / リポート]
  - 名 報告，報告書

Drill POINT の文を練習しよう。1 Listen / 2 Repeat / 3 Say

POINT ❷

Ⓐ

do exercise
(運動をする)

Ⓑ

meet Koji
(耕司に会う)

Ⓒ

return the books
(本を返す)

Ⓔ

draw a picture
(絵をかく)

Ⓕ

buy a ticket
(切符を買う)

Ⓖ

write a report
(報告書を書く)

❹

Ⓓ

drink
(飲む)

Ⓗ

read
(読む)

〈Repeatする英文〉

Ⓐ Tom went to the park to do exercise. (トムは運動をするために公園へ行きました。)
Ⓑ Tom went to the station to meet Koji. (トムは耕司に会うために駅へ行きました。)
Ⓒ Tom went to the library to return the books. (トムは本を返すために図書館へ行きました。)
Ⓓ Miki has something to drink. (美紀は何か飲むものを持っています。)
Ⓔ Tom went to the park to draw a picture. (トムは絵をかくために公園へ行きました。)
Ⓕ Tom went to the station to buy a ticket. (トムは切符を買うために駅へ行きました。)
Ⓖ Tom went to the library to write a report. (トムは報告書を書くために図書館へ行きました。)
Ⓗ Miki has something to read. (美紀は何か読むものを持っています。)

SETTING 「My Dream」のスピーチコンテストで賞をとった花のスピーチ原稿が，学校のウェブサイトに掲載されています。

声を出して読んでみよう 

❶ **My Dream**

❷ Tanaka Hana

1 ❸ I want to be a farmer. ❹ I have three reasons.

2 ❺ First, I like fresh vegetables. ❻ Fresh food is important for our everyday lives and health. ❼ I want to grow healthy and organic vegetables for everyone.

3 ❽ Second, I am interested in technology. ❾ Farmers use technology to do many things. ❿ For example, they use drones to monitor crops and sensors to collect data twenty-four hours a day. ⓫ I want to learn technology to improve farming.

注：
- 花がなぜ農場主になりたいか，これからその理由を3つ述べることを表す。
- 不定詞の名詞用法。to be が動詞 want の目的語になっている。
- reasons：リーズンズ
- have：(思い，考えなどを)心に持っている
- ❹で「3つの理由があります」と言ったのを受けて，最初の理由を述べることを示す。
- everyday：エヴリデイ
- lives：life「生活」の複数形
- health：ヘルス
- healthy：ヘルスィ
- to grow：不定詞の名詞用法
- ともに vegetables にかかっている。
- ❺の First を受けて「二番目に」と言っている。
- am interested in：…に興味がある
- 不定詞の副詞用法。「…するために」という目的を表す。
- drones：ドロウンズ
- monitor：マニタ
- ❾の文を受けて，具体的な例をあげることを示す。
- crops：クラプス
- sensors：センサズ
- collect：コレクト
- data：デイタ
- to collect：不定詞の副詞用法
- twenty-four hours a day：1日24時間
- to learn：不定詞の名詞用法
- improve：インプルーヴ
- to improve：不定詞の副詞用法

語句を確かめよう (p. 38) 

- 重要 ☐ reason(s) [rí:zən(z) / リーズン(ズ)] 名 理由
- ☐ everyday [évridèi / エヴリデイ] 形 毎日の
- 重要 ☐ health [hélθ / ヘルス] 名 健康
- ☐ healthy [hélθi / ヘルスィ] 形 健康によい
- ☐ monitor [mánətər / マニタ] 動 監視する
- ☐ crop(s) [kráp(s) / クラプ(ス)] 名 作物
- ☐ sensor(s) [sénsər(z) / センサ(ズ)] 名 センサー
- 重要 ☐ collect [kəlékt / コレクト] 動 集める
- ☐ data [déitə / デイタ] 名 データ
- ☐ improve [imprú:v / インプルーヴ] 動 よりよくする
- ☐ drone(s) [dróun(z) / ドロウン(ズ)] 名 ドローン(無人航空機)

本文の意味をつかもう

❶私の夢　❷田中花

1❸私は農場主になりたいと思っています。❹私には理由が3つあります。

2❺第1に，私は新鮮な野菜が好きです。❻新鮮な食べ物は私たちの毎日の生活と健康にとって大切です。❼私は健康によい有機栽培の野菜をみんなのために育てたいのです。

3❽第2に，私は科学技術に興味があります。❾農場主は多くのことをするために科学技術を使います。❿例えば，ドローンを使って農作物を監視したり，センサーを使って1日24時間データを集めています。⓫私は農業を改善するために科学技術について学びたいと思っています。

声を出して読んでみよう

4 ⑫ Third, I think that farming is a way to bring people together. ⑬ One day, I worked at a farm with other visitors from near and far, such as families, students, and tourists. ⑭ We harvested some vegetables together. ⑮ Later, we cooked them to make lunch. ⑯ Over lunch, we talked about the day's experiences and became friends. ⑰ This is important to me.

5 ⑱ In short, with farming I can combine my love of good food, my interest in technology, and my wish to connect people. ⑲ Farming is an ideal job for me.

(Third：⑤のFirst，⑧のSecondを受けて「三番目に」と言っている。)
(I think that：…であると思う)
(to bring：不定詞の形容詞用法。「…するための」の意味で直前のa wayを修飾している。)
(bring … together：集める)
(One day：ある日)
(other：ほかの)
(from near and far：さまざまなところから)
(such as：…のような)
(Later：あとで)
(them：⑭のsome vegetablesを指している。)
(to make：不定詞の副詞用法)
(Over：…しながら)
(This：いろいろな人と農作業をして，友達になった体験を指す。)
(In short：要約すると)
(with farming：withは手段を表し，「農業で」という意味。)
(love：愛，愛する気持ち)
(my wish to connect：「A（もの）to ...」で「…するというA」のように説明を加えて言うことがある。)
(ideal job：理想的な仕事)
(for：…にとって)

語句を確かめよう (p. 39)

- 重要 ☐ way [wéi / ウェイ] 名 方法
- ☐ *bring together* 集める
- ☐ visitor(s) [vízətər(z) / ヴィズィタ(ズ)] 名 訪問者
- 重要 ☐ near [níər / ニア] 副 近く
- 重要 ☐ such [sʌ́tʃ / サチ] 形 そのような
- ☐ *such as ...* …のような
- ☐ tourist(s) [túərist(s) / トゥアリスト〔ツ〕] 名 旅行者
- ☐ harvest(ed) [hɑ́ːrvəst(əd) / ハーヴェスト〔テド〕] 動 収穫する
- 重要 ☐ over [óuvər / オウヴァ] 前 …しながら
- 重要 ☐ became [bikéim / ビケイム] 動 become (…になる) の過去形
- 重要 ☐ become [bikʌ́m / ビカム] 動 …になる
- ☐ *in short* 要約すると
- ☐ combine [kəmbáin / コンバイン] 動 いっしょにする
- ☐ interest [íntərəst / インタレスト] 名 関心
- ☐ connect [kənékt / コネクト] 動 つなぐ
- ☐ ideal [aidíːəl / アイディーアル] 形 理想的な

本文の意味をつかもう

4 ⑫第3に，農場経営は人々を集める一つの方法だと思っています。⑬ある日，私は，家族や学生，旅行者など，さまざまなところからきた他の訪問者と一緒に農場で働きました。⑭私たちは一緒に野菜を収穫しました。⑮そのあと，私たちは昼食を作るためにそれらを料理しました。⑯昼食を食べながら，私たちはその日体験したことについて話し，友だちになりました。⑰これは私にとって大切です。

5 ⑱要約すると，農場経営で私はおいしい食物に対する私の愛情と科学技術に対する興味，そして人々を結びつけたいという願いをいっしょにすることができるのです。⑲農場経営は私にとって理想的な仕事です。

STAGE 1 Get Ready

将来つきたい職業を決めるときに大切だと思うことは何ですか。

㊪ やりがいがある，社会貢献ができる，おもしろい，興味があることに関連している

解答例 興味があることに関連している，得意なことに関連している，きらいなことではない，安定した収入を得ることができる，手に職をつけることができる，など

STAGE 2 Read スピーチの要点をとらえよう。

Guide 1

(1) 花が将来つきたい職業は何ですか。

(2) 3つの理由が書かれている段落番号を書こう。

理由1：＿＿＿　理由2：＿＿＿　理由3：＿＿＿

解答 (1) 農場主　(2) 理由1：2　理由2：3　理由3：4

Guide 2

(1) 理由1について，花は何をしたいと言っていますか。

(2) 理由2について，花は何を学びたいと言っていますか。

(3) 理由3について，花は何を考えていると言っていますか。

解答例 (1) 健康によい，有機栽培の野菜を育てたい。(❼)

(2) 農業をよりよくするために科学技術を学びたい。(⓫)

(3) 農業は人々を結びつける手段になると考えている。(⓬)

Guide 3

花が伝えたいことをまとめた1文に下線を引こう。

解答 (In short,) with farming I can combine my love of good food, my interest in technology, and my wish to connect people. (⓲)

Goal スピーチの要点を図にまとめよう。

解答例

Hana's dream: (be a) farmer （農場主になること）

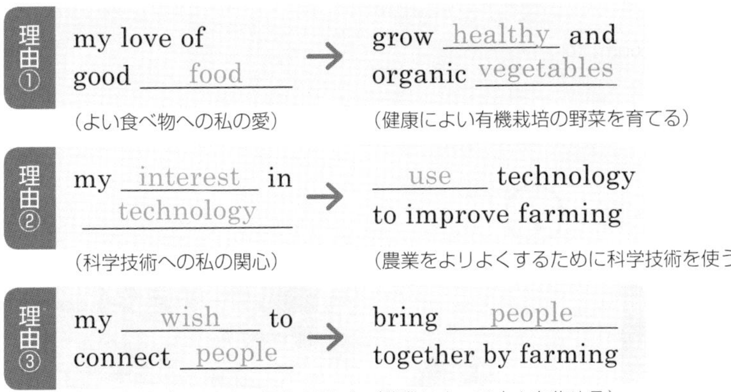

理由①
my love of good food → grow healthy and organic vegetables
（よい食べ物への私の愛）（健康によい有機栽培の野菜を育てる）
理由②
my interest in technology → use technology to improve farming
（科学技術への私の関心）（農業をよりよくするために科学技術を使う）
理由③
my wish to connect people → bring people together by farming
（人々を結びつけるという私の願い）（農業によって人々を集める）

STAGE 3 Think & Write

質問や感想など，花にメッセージを書こう。

解答例

・Hi, Hana. I read your speech on the Internet. I am also interested in farming. Where did you learn about the drones and sensors? I want to know about them, too.

（こんにちは，花。私はインターネットであなたのスピーチを読みました。私も農場経営に興味があります。あなたはどこでドローンやセンサーについて学びましたか。私もそれらについて知りたいです。）

・Hello, Hana. Your speech was great. I want to use organic vegetables, but it is hard to find them near my house. I hope that, one day, we can buy them easily.

（こんにちは，花。あなたのスピーチはすばらしかったです。私は有機栽培の野菜を使いたいですが，それらを私の家の近くで見つけることは難しいです。私はいつかそれらを簡単に買うことができることを願います。）

Tips for Reading

・First, Secondなど，読むときの道しるべとなる語句に注意して，文章全体の構成を意識しながら読んでみよう。
・各段落で筆者が最も主張したいことと，その具体例を示している箇所はどこか，考えながら読んでみよう。

☑ Check

●First, Second など，読むときの道しるべとなる語句を□で囲もう。

解答

First(❺) / Second(❽) / Third(⓬) / In short(⓲)

将来の夢を紹介しよう

世界中の中学生が参加するスピーチコンテスト「My Dream」が行われることになりました。あなたの将来の夢や，将来してみたいことについてスピーチしよう。

Check 設定を確認しよう。

(どこで)　スピーチコンテスト「My Dream」で

(何について)

(何をする)

1. Listen

ジンと陸のスピーチを聞いてみよう。 

将来の夢：

理由①：

理由②：

将来の夢：

きっかけ：

してみたいこと：

2. Think & Talk

ペアやグループで考えよう。

(1)　あなたが興味のあることにチェック☑しよう。

□ cooking (料理)	□ computer (コンピューター)	□ TV / video game (テレビ／テレビゲーム)	□ music (音楽)	□ art (芸術)
□ sports (スポーツ)	□ travel (旅行)	□ fashion / clothes (ファッション／衣服)	□ outdoor activities (屋外の活動)	□ language (言語)
□ book / magazine (本／雑誌)	□ science (科学)	□ history (歴史)	□ children / nursery (子ども／保育園)	□ others (　　　) (ほか)

(2)　あなたが得意だと思うことにチェック☑しよう。

□ からだを動かす・スポーツをする	□ ほかの人の相談にのる	□ パソコンを使う
□ グループやチームをまとめる	□ 物事を分析する	□ はやっているものを調べる
□ 初対面の人と話す	□ 文章を書く／絵をかく	□ 一人で行動する
□ 1つのことに集中する	□ 行事などを計画する	□ その他（　　）

(3)　(1)と(2)でチェックしたことを組み合わせると，どんな職業があるか考えよう。

解答例

・cooking

ほかの人の相談にのる→管理栄養士，パソコンを使う→レシピブロガー，1つのことに集中する→創作料理研究家

・computer
パソコンを使う→コンピューター・プログラマー，物事を分析する→ IT エンジニア，絵をかく
→ CG クリエーター
・TV / video game
パソコンを使う→ゲーム・クリエーター，グループやチームをまとめる→テレビ番組作成スタッフ，ゲームディレクター，文章を書く→放送作家
・music
からだを動かす→ダンサー，グループやチームをまとめる→オーケストラの指揮者，一人で行動する
→シンガーソングライター
・art
・パソコンを使う→グラフィック・デザイナー，絵をかく→画家，１つのことに集中する
→彫刻家
・sports
体を動かす・スポーツをする→スポーツ選手，グループやチームをまとめる→監督，コーチ，
文章を書く→スポーツ・ジャーナリスト
・travel
グループやチームをまとめる→ツアー・コンダクター，行事などを計画する→ツアー・プランナー
・fashion / clothes
ほかの人の相談にのる→アパレル店の店員，はやっているものを調べる→ファッション雑誌編集者，
絵をかく→デザイナー

(4) ペアで相手にぴったりだと思う職業をアドバイスしよう。
例 — I think a teacher is a good job for you.（私は教師はあなたにとってよい職業だと思います。）
— An engineer is a perfect job for you.（エンジニアはあなたにとって申し分ない職業です。）
解答例（略）

3. Read ジンが書いた原稿を読もう。

Opening ●将来の夢	Hello, everyone. I am going to tell you about my dream. I want to be like my favorite singer, Yuki. （みなさん，こんにちは。私の夢についてみなさんにお話したいと思います。私は，私が大好きな歌手のユキさんのようになりたいと思っています。）
Body ●理由	First, I like her songs very much. The lyrics are beautiful, and the melodies are sweet. Second, she is kind to everyone. She often does volunteer work and performs at charity concerts. （まず，私は彼女の歌がとても好きです。歌詞がきれいでメロディーが美しいのです。第二に，彼女はだれに対しても親切です。彼女はしばしばボランティア活動をしたり，チャリティーコンサートで演奏したりします。）
Closing ●ひとこと	I will do my best to be like Yuki. Thank you. （私はユキさんのようになるために全力を尽くします。ありがとう。）

(1) ジンが将来なりたいと思っているものに下線を引こう。

(2) 理由を述べている文に波線を引こう。

(3) 花が書いた原稿 (pp. 38 ～ 39)や陸が書いた原稿 (p. 46)と比べて，構成や表現がどのように違うか考えよう。

解答例

(1) singer (like my favorite singer, Yuki)

(2) First, I like her songs very much.
Second, she is kind to everyone.

(3)

・花の原稿との違い

構成(Body) ：ジンは 2 つの理由に対して 1 文ずつ説明を入れているが，花は 3 つの理由に対してそれぞれ例やストーリーを使いながら語っている。

構成(Closing) ：ジンも花も Opening で述べた夢を Closing でも繰り返して述べているが，花はそれに加えて Body で述べた理由を要約している。

表現(Opening)：花は夢を持った理由を語る前に “I have three reasons.” という導入文を入れているので，読み手(聞き手)が「今から 3 つの理由が話されるんだな」と準備できる。ジンは，「ユキさんのような」と具体的な人物像を述べているので，読み手(聞き手)が「どんな歌手になりたいのか」とユキさんを頭にえがいて準備できる。

表現(Body) ：花は理由の説明で具体例を出す際に “For example,” や “such as” という表現を使っている。ジンは “Fist”，“Second” と，読む(聞く)ときの道しるべとなる語句を使って説明している。

表現(Closing) ：花は最後の段落を “In short” という表現で始めることで，「ここからまとめが始まる」とわかるようにしている。ジンは，“I will do my best.” と強い意志を持っているとわかるようにしている。

・陸の原稿との違い

構成(Body) ：陸は夢を持ったきっかけをストーリーのように語っているが，ジンは夢を持った理由とそれを説明する具体例をあげて語っている。

表現(Opening)：陸はあいさつのあとに “My dream is” と，はっきりと「自分の夢は…です」と述べている。ジンはあいさつのあとに “I’m going to tell you about my dream.” と読み手(聞き手)に語りかける表現を使っている。

表現(Body) ：陸は “I like the famous Japanese manga.” と具体例をあげて説明している。ジンは夢を持った 2 つの理由を “First,” “Second,” という読む(聞く)ときの道しるべとなる語句を使いながら説明している。

4. Write 「My Dream」のスピーチ原稿を書こう。

解答例

・例1

Hello, everyone. Do you have a dream? My dream is to be a writer. I live near the town library, so I often go there to borrow books. I always enjoy reading books because they show me many new exciting things. When I grow up, I want to write good stories for future children. I am going to study hard to achieve my dream. Thank you very much. (68 words)

こんにちは，みなさん。あなたには夢がありますか。私の夢は作家になることです。私は町の図書館の近くに住んでいるので，本を借りるためによくそこに行きます。本は多くの新しくてとてもおもしろいことを示してくれるので，私はいつも本を読むのを楽しんでいます。大人になったら，未来の子どもたちのためによいお話を書きたいと思います。私は夢を達成するために一生懸命勉強するつもりです。どうもありがとうございます。

・例2

Hello, everyone. I'm going to tell you about my dream. I want to travel around the world. I have two reasons.

First, I like history very much. I want to visit historical places in the world.

Second, I want to meet and talk to new people. I think it will open my eyes to the world.

To do this, I need to speak English. So I am going to practice more. Thank you. (73 words)

こんにちは，みなさん。自分の夢についてみなさんにお話しします。私は世界中を旅行したいです。2つの理由があります。

最初に，私は歴史が大好きです。私は世界の歴史的な場所を訪れたいです。

第二に，私は新しい人々と会って話をしたいです。それは私の目を世界に向けて開くだろうと思います。

これをするために，私は英語を話す必要があります。それで，私はもっと練習するつもりです。ありがとう。

Idea Box

【職業】

actor 俳優　architect 建築家　baseball player 野球選手　doctor 医者
editor 編集者　fire fighter 消防士　pilot パイロット　police officer 警察官
researcher 研究者　teacher 先生　voice actor 声優　writer 作家

【したいこと】

be like my grandmother 祖母のようになる　do something for ... …のために何かをする
make delicious dishes おいしい料理を作る　develop new medicine 新しい薬を作る
help people in need 困っている人々を助ける　travel around the world 世界中を旅する
take care of small children 小さい子供の世話をする
be rich 裕福になる　be confident in myself 自信を持っている

5. Watch 陸のスピーチ動画を見て，どんな工夫をしているか考えよう。 

解答例（略）

6. Read & Think

陸のスピーチ原稿と，陸が書き加えたメモを見て，どんな工夫をしているか考えよう。

Opening ●あいさつ ●将来の夢	Hello, everyone. / （みなさん，こんにちは。） My dream is to invent something new. / （ぼくの夢は何か新しいものを発明することです。）
Body ●きっかけ	I like the famous Japanese manga, / *Doraemon*. / 自分のことを指す　ゆっくり （ぼくは有名な日本の漫画の「ドラえもん」が好きです。） 発音注意：アクセント In the story, / the characters use amazing tools. / （その話では，登場人物たちが驚くべき道具を使っています。） My favorite is the time machine./ ゆっくり （ぼくのお気に入りはタイムマシンです。） You can travel in time. / （あなたは時間の中で旅行できます。） I want to make something new like a time machine. / （ぼくはタイムマシンのような何か新しいものを作りたいです。）
Closing ●ひとこと	I am going to study hard. / （ぼくは一生懸命勉強するつもりです。） Thank you.　最後は笑顔で！ （ありがとう。）

解答例

・意味のかたまりごとに英文を「／」で区切っている（そこで間をあけて読むと聞き手もわかりやすい）。
・「ゆっくり」，「発音注意：アクセント」，リズムよく言えるように「⌒」を入れるなど，じょうずに読むための注意点を書き添えている。
・強調して読むところにマーカーを引いている。
・「自分のことを指す」（ジェスチャー），「最後は笑顔で！」（表情）など，非言語メッセージを取り入れて効果的なスピーチにするための工夫が書かれている。

語句を確かめよう (p. 43, p. 46)

重要 ☐ tell [tél / テル] 動 言う，話す；知らせる，教える
☐ lyric(s) [lírik(s) / リリク（ス）] 名 歌詞
☐ charity [tʃǽrəti / チャリティ] 名 慈善
☐ invent [invént / インヴェント] 動 発明する
☐ tool(s) [tú:l(z) / トゥール（ズ）] 名 （職人などが手で用いる）道具，工具；（一般に仕事に必要な）道具，手段

7. Practice 発表の練習をしよう。

(1) 陸のスピーチ原稿(p. 46)に書かれたメモを参考に，あなたの原稿に発表用のメモを書こう。

解答例

・例 1

Hello, everyone. Do you have a dream? My dream[1] is to be a writer. ゆっくり→

We live near the town library, so I often go there to borrow books. I always enjoy reading books because they show me many new exciting things. When I grow up, I want to write good stories for future children. I am going to study hard to achieve ゆっくり→ my dream. Thank you very much.[2] (68 words)

こんにちは，みなさん。あなたには夢がありますか。私の夢は作家になることです。

私は街の図書館の近くに住んでいるので，本を借りるためによくそこへ行きます。本は多くのとてもおもしろいことを示してくれるので，私はいつも本を読むのを楽しんでいます。大人になったら，未来の子どもたちによいお話を書きたいと思います。私は夢を達成するために一生懸命勉強するつもりです。ありがとうございます。

・例 2

Hello, everyone. / I'm going to tell you about my dream. / I[1] want to travel around ゆっくり→ the world. / I have two reasons. /

First,[3] / I like history very much. / I want to visit historical places in the world. / 発音注意

Second,[4] / I like to meet / and talk to new people. / I think / it will open my eyes to ゆっくり→ the world. /

To do this, / I need to speak English. / So / I am going to practice more. / Thank you.[2] (73 words)

こんにちは，みなさん。私は私の夢について話すつもりです。私は世界中を旅行したいです。２つ理由があります。

最初に，私は歴史がとても好きです。私は世界で歴史的な場所を訪れたいです。

２つめに，私は新しい人々と会って話をするのが好きです。私はそれは世界に私の目を開くだろうと思います。

これをするために，私は英語を話す必要があります。それで，私はもっと練習するつもりです。ありがとう。

1)：自分のことを指す　2)：最後は笑顔で！　3)：指で「１」を作って見せる　4)：指で「２」を作って見せる

Tips for Listening 発表の聞き方

「よい聞き手がよい発表者を育てる」というように，発表活動では聞き手の存在がとても重要です。

練習をするときは，発表者のよいところと気になったところの両方を伝えられるようになろう。

また発表を聞くときの姿勢や態度にも注意しよう。

(2) 発表の練習をしよう。読みづらいところがあれば，メモを修正したり書き加えたりしよう。

解答例 (略)

(3) 発表のあとにどんな質問が出るか考え，その答えを用意しよう。

解答例

Q: How many books do you read in a month?
A: About five books.
Q: What books do you like?
A: Adventure stories. I love *The Adventures of Tom Sawyer*.
Q: Do you want to write adventure stories?
A: Yes. I want to write exciting stories.
Q：あなたは１か月に何冊本を読みますか。
A：５冊くらいです。
Q：あなたはどんな本が好きですか。
A：冒険物語です。『トム・ソーヤーの冒険』が大好きです。
Q：あなたは冒険物語を書きたいですか。
A：はい，とてもおもしろい話を書きたいです。

8. Speak クラスやグループでスピーチをしよう。発表が終わったら，質問したり，感想を言ったりしよう。 解答例 (略)

Idea Box

① 始める
Let's begin. (始めましょう。)
Is everyone ready?
(みなさん用意はよろしいですか。)
It's time to start. (始める時間です。)
Let's move on to the next speaker.
(次のスピーチをする人に進みましょう。)

② Speaker を指名する
Mark, do you want to go first [next]?
(マーク，最初に [次に] 始めたいですか。)
Next speaker is Jing.
(次のスピーチをする人はジンです。)
Any volunteers?
(だれかやってくれませんか。)
Last but not least, Mark!
(最後ではありますが，マーク！)

③ 質問タイムをとる
Kate, do you have any questions for Riku?
(ケイト，陸に何か質問はありますか。)
Does anyone have a question?
(質問がある人はいますか。)
I have a question for you, Riku.
(陸に質問があります。)
Next one is the last question.
(次は最後の質問です。)

④ 終える
Let's give a big hand to Riku.
(陸に拍手を送りましょう。)
Great speech, Riku.
(すばらしいスピーチです，陸。)
I'm afraid we're out of time.
(残念ですが，お時間のようです。)
That's it for now. (以上です。)

begin 始める
move on 先へ進む
speaker スピーチをする人
Last but not least, 最後ではありますが
give a (big) hand to ... …に (大きな) 拍手を送る

Tips for Speaking　グループでの練習

クラスで発表する前に，グループでスピーチの練習をしよう。そのときに，1 人が司会者になって，質問タイムなどを仕切ろう。

司会者　Speakerを指名する

Let's start.
Riku, could you[*1] go[*2] first?

始めましょう。
陸，最初にやっていただけますか。

Speaker　発表する

Sure.
Hello, everyone . . . .

もちろんです。
こんにちは，みなさん…

*1 Could you ...?　「…していただけますか」とていねいに依頼する表現。
*2 go　この go は（行為などを）「始める」の意味。

司会者　質問タイムをとる

Thank you, Riku.
Kate, do you have any questions for Riku?

ありがとう，陸。
ケイト，陸に何か質問はありますか。

Listener　質問したり，感想を言ったりする

What do you want to do with a time machine?

あなたはタイムマシンで何をしたいですか。

司会者

Good question, Kate. Thank you.
Time's up. Thank you again, Riku.

よい質問です，ケイト。ありがとう。
時間になりました。ありがとう，陸。

Take Action! チャリティーのお知らせ

話し手が伝えたいことを聞き取る

夏海が通う学校で行われるチャリティーについて，放送が流れてきました。

Expressions

president　代表
charity　慈善
announcement　お知らせ
toy　おもちゃ
for children　子どものための
novel　小説
board game　ボードゲーム
puzzle　パズル

STAGE 1 Get Ready

1. あなたのまわりにはどんなチャリティーがありますか。

解答例 歳末たすけあい，赤い羽根共同募金，チャリティーコンサート，など

2. 右のExpressionsを参考に，放送で使われる表現を確認しよう。

解答例 （略）

STAGE 2 Listen

1st Listening　放送を聞いて，チャリティーでどんなことをするかメモにまとめよう。

・__________のために__________を集める。

・集めるもの：__________

・注意事項：__________

____

2nd Listening　聞き取れなかった部分に注意しながら，もう一度聞いてみよう。

3rd Listening　巻末のAudio Scriptsを見ながら音声を確認しよう。（スクリプトはp. 218）

STAGE 3 Think & Act

あなたが夏海なら，チャリティーに何を持っていきますか。

解答例 絵本，漫画，おもちゃのピアノ，ジグソーパズル，など

BONUS STAGE

別のお知らせを聞いてみよう。（スクリプトはp. 221）

語句を確かめよう (p. 50)

- president [prézədənt / プレズィデント]
  名 会長，代表
- announcement [ənáunsmənt / アナウンスメント]
  名 発表；アナウンス
- toy [tɔ́i / トイ] 名 おもちゃ
- novel [nάvəl / ナヴェル]
  名 （長編の）小説
- 重要 board [bɔ́ːrd / ボード]
  名 板；盤，台
- puzzle [pʌ́zl / パズル]
  名 なぞ，パズル

Take Action! それはいい案だね

意見を言う
賛成する

Skit わかば市の子ども会で，夏休みに行うボランティア活動について話し合っています。

Maria

❶ Do you have any ideas?（アイディーアズ）

❷ This spring, I picked up（拾った） trash along（アローング） the Aoi River. ❸ I sometimes see trash in Midori Park. ❹ I think we can pick it up.

Mark

❺ That's a good idea.
❻ We can help our community.（コミューニティ）

マリア：❶何か考えはある？
マーク：❷今年の春，あおい川沿いのゴミを拾ったんだ。❸みどり公園でも，ときどきゴミを見かけるよ。
❹ぼくたちはそのゴミを拾えると思うな。
マリア：❺それはいい案だね。❻私たちは，私たちの地域社会を助けることができるよ。

Expressions

意見を言う
I think .... （私は…と考えます。）
I have an idea.（私に考えがあります。）

賛成する
That's a good idea.（それはよい考えだね。）
I agree with you.（私はあなたに賛成するよ。）
I have no doubt.（間違いないよ。）

Work in Pairs

1. 上のスキットをペアで演じてみよう。
2. 学級会で遠足の行き先を話し合っています。A・Bの役割を決め，遠足の行き先について話そう。

A：遠足の行き先を考え，理由を添えて提案しよう。

解答例 I think Chuo Park is perfect for us. It's a big park, so many people can do different things. We can have a picnic there.
（私は中央公園が私たちにとって申し分ないと思います。それは大きな公園なのでたくさんの人々が異なることをすることができます。私たちはそこでピクニックをすることができます。）

B：Aの意見に賛成し，どうしてそう思ったか，賛成の理由を付け加えて説明しよう。

解答例 I agree with you. We can play sports there, too.
（あなたに賛成です。私たちはそこでスポーツもできます。）

語句を確かめよう (p. 51)

重要 ☐ idea(s) [aidíːə(z) / アイディーア(ズ)]
名 (ふとした) 思いつき，考え，アイデア；意見；見当，想像

重要 ☐ along [əlɔ́ːŋ / アローング]
前 (道・川など) に沿って

☐ community [kəmjúːnəti / コミューニティ]
名 (地域) 社会；生活共同体

重要 ☐ agree [əgríː / アグリー]
動 (意見が) 一致する；同意する，賛成する

重要 ☐ doubt [dáut / ダウト]
名 疑い，疑念

GET Plus 2 写真を撮ることは楽しい

Dialog ケイトの撮った写真の前で，ブラウン先生とケイトが話しています。 

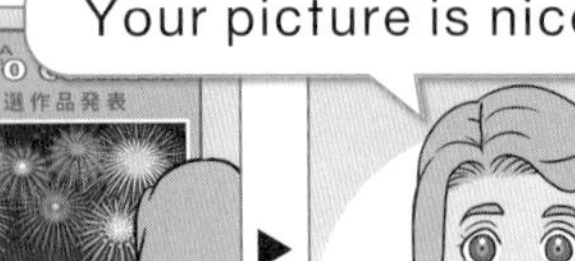

WAKASA PHOTO
入選作品発表
Your picture is nice.
Thank you. **It's** fun **for** me **to** take pictures.

ブラウン先生：あなたの写真はすてきですね。
ケイト：ありがとうございます。私にとって写真を撮ることは楽しいです。

英語では主語が長い文は好まれないため，It で始めて長い主語を後ろに送ることがある。
この文の It は「それは」の意味はなく，〈to ＋動詞の原形〉の内容を表している。

Exercise 1 ケイトになったつもりで，楽しいと思っていることや，難しいと思っていることを言おう。

❶ 

解答例 It's fun for me to make cakes.
(私にとってケーキを作ることは楽しいです。)

❷ 

解答例 It's difficult for me to draw pictures.
(私にとって絵をかくことは難しいです。)

❸ 

解答例 It's difficult for me to play the violin.
(私にとってバイオリンをひくことは難しいです。)

Exercise 2 例を参考にペアで会話しよう。(➡Word Bank p. 53)

環境，健康，平和からテーマを1つ選んで，それについて話そう。

例 *A:* It's important for us to reduce trash for the environment.
What do you think?
(私たちにとって環境のためにごみを減らすことは大切です。あなたはどう思いますか。)

B: I agree. It's important for us to recycle things, too.
(賛成です。私たちにとって物を再利用することも大切です。)

解答例 (略)

Write 上で話した，大切だと思っていることを書こう。

解答例 (略)

Try ペアで，学校での勉強やスポーツ，習いごとなどについて，自由に会話しよう。

解答例 (略)

Try Idea Box

set a goal 目標を設定する
ride a unicycle 一輪車に乗る
do my best 全力を尽くす
bake bread パンを焼く
take a rest 休む

Word Bank It is ... (for A) to ～. で使われることば

easy
（簡単な）

difficult
（難しい）

necessary
（必要な）

important
（大切な）

possible
（可能な）

impossible
（不可能な）

hard
（難しい）

fun
（楽しい）

make a speech
（スピーチをする）

write an essay
（作文を書く）

make sushi
（すしを作る）

program a robot
（ロボットのプログラムを作る）

いろいろな場面で It is ... (for A) to ～. を使ってみよう。

例1

Dinu: I want to join the volunteer club.
Mr. Oka: Why do you want to join that club?
Dinu: **It's** important **for** me **to** help people.
Mr. Oka: That's great.

ディヌー：私はボランティアクラブに参加したいです。
丘先生：なぜあなたはそのクラブに参加したいのですか。
ディヌー：私にとって人々を助けることは大切だからです。
丘先生：それはすばらしいです。

例2

Riku: Wow, you're reading a Japanese newspaper.
Kate: Yes, I can read *kanji*, but **it's** difficult **for** me **to** write them.
Riku: Don't worry. You'll get better.

陸：わあ，あなたは日本の新聞を読んでいるのですね。
ケイト：はい，私は漢字を読むことはできますが，私にとってそれらを書くことは難しいです。
陸：心配しないで。あなたはもっとじょうずになるでしょう。

語句を確かめよう (p. 53)

- necessary [nésəsèri / ネセセリ]
  形 必要な
- 重要 possible [pásəbl / パスィブル]
  形 可能な，実行できる
- impossible [impásəbl / インパスィブル]
  形 不可能な；ありえない
- essay [ései / エセイ]
  名 随筆；（学校での）作文

文法のまとめ ❷

● 不定詞の用法を確認しよう。

不定詞(名詞用法・副詞用法・形容詞用法)

→ Lesson 2 GET Part 1, 2

◆〈**to＋動詞の原形**〉の形を不定詞と言います。不定詞が文の中で名詞のはたらきをする場合を**名詞用法**, 副詞のはたらきをする場合を**副詞用法**, 形容詞のはたらきをする場合を**形容詞用法**と呼びます。

不定詞	はたらき	不定詞を使った例	英文の意味
名詞用法	動詞の目的語になる	Koji wants to read the book.	耕司はその本が読みたいです。
	文の補語になる	My dream is to be a teacher.	私の夢は教師になることです。
副詞用法	動詞などを修飾する	Tom went to the park to play volleyball.	トムはバレーボールをするために公園へ行きました。
形容詞用法	名詞・代名詞を修飾する	Miki has something to eat.	美紀は何か食べものを持っています。

「…すること」(名詞用法)

◆名詞用法の不定詞は,「…すること」という意味で, 文の中で動詞の目的語や文の補語のはたらきをします。文の主語になることもあります。

〈動詞の目的語〉

Koji wants **to read** the book.

「本を読むこと」の意味で, 名詞のはたらき
「望む(want)」+「本を読むこと」→本を読みたい

〈文の補語〉

My dream is **to be** a teacher.

「教師になること」の意味で, 名詞のはたらき
My dream = to be a teacherの関係

「…するために」(副詞用法)

◆副詞用法の不定詞は,「…するために」という目的を表します。

Tom went to the park **to play** volleyball.

「バレーボールをするために」と公園へ行った目的を表す。
動詞wentを修飾する副詞のはたらき

・「なぜ(＝何のために)」という目的をたずねる〈**Why …?**〉の質問に対する答えとして, 副詞用法の不定詞を使うことができます。

(例) Why did you go there? (なぜ[何のために]そこへ行ったのですか。)

　— **To meet** my friends. (友達に会うためです。)

「…するための」(形容詞用法)

◆形容詞用法の不定詞は，(代)名詞を後ろから修飾します。

Miki has something **to eat**.

このto eatは「食べるための…」の意味で，直前の代名詞somethingを修飾する形容詞のはたらき

・よく言う言い方を覚えておきましょう。

something to read
(読むための何か→何か読むもの)

many things to do
(するための多くのこと→多くのすべきこと)

It is … (for A) to ～.

◆英語では主語が長くなりそうなときはItで始めて，長い主語を後ろに置くことがあります。この文のItには「それは」の意味はなく，〈**to＋動詞の原形**〉の内容を表しています。

前にある主語

To take pictures is fun for me.

後ろに置かれた主語

It's fun **for** me **to** take pictures.

楽しい 私にとって 写真を撮ること

for AのAは，〈to＋動詞の原形〉の意味上の主語になります。for Aがなくても，文が成り立つこともあります。

(例) It's important to read books.
(本を読むことは大切です。)

●その他の例

It is good **to** get up early. (早起きすることはよいことです。)

It is fun **for** us **to** sing together. (私たちが一緒に歌うことは楽しいです。)

Drill 1 各文の(　)内に適切な不定詞を入れ，日本文に合うようにしましょう。

1. I want something (　　　). (私は何か飲むものがほしいです。)
2. Ken wanted (　　　) the soccer game yesterday. (健はきのうサッカーの試合を見たかったです。)
3. I went to my room (　　　) the guitar. (私はギターをひくために自分の部屋に行きました。)
4. My dream is (　　　) a doctor. (私の夢は医者になることです。)
5. It's difficult for me (　　　) Chinese. (私にとって中国語を話すことは難しいです。)

Reading for Information 1 施設の利用案内

Splash Water Park

●OPEN● Tuesday - Sunday / 9:00 a.m. - 7:00 p.m.●

TICKETS

ADULT (over 18)	$10
CHILD	
12-17	$8
6-11	$5
5 and under	$3

FACILITIES

LOCKER	Small	$3
	Regular	$4
	Large	$5
TOWEL	$2 to rent / $4 to buy	
POOLSIDE CHAIR		$7 to rent
SHOWER	$1 for 15 minutes (no soap or shampoo)	

DO NOT USE:
- flutterboards and snorkels
- swimming rings over 80cm

DO NOT BRING:
- cans and glass bottles
- sharp or pointed objects

EVENTS

① **Splash Dance Show** 10:00 a.m. / 3:00 p.m.
(Only on Saturdays and Sundays)
Come and see the exciting hip-hop dance show!
If you don't want to be wet, bring your raincoats.

② **Water Balloon Fight** 1:00 p.m. / 5:00 p.m.
Throw water balloons, and win a big prize.
Come and join us!

③ **Treasure Hunt** Every two hours from 10:00 a.m.
We will invite you to the secret treasure room.
Come to the Dolphin Theater.

スプラッシュウォーターパーク　　開園　火曜日一日曜日／午前9時一午後7時

チケット

大人(18歳以上)	$10
子ども	
12－17歳	$8
6－11歳	$5
5歳以下	$3

設備

ロッカー	小	$3
	普通	$4
	大	$5

タオル　貸出　$2／購入　$4
プールサイドのいす　貸出　$7
シャワー　15分ごとに$1
(せっけんとシャンプーはありません)

使用禁止
-ビート板とシュノーケル
-80cm以上の浮き輪

持ち込み禁止
-缶やガラスびん
-よく切れるものやとがったもの

イベント

①**スプラッシュダンスショー**　午前10時／午後3時
(土曜日と日曜日のみ)
わくわくするようなヒップポップのダンスショーを見にきてください!
濡れたくなければレインコートを持ってきてください。

②**水風船合戦**　午後1時／午後5時
水風船を投げてすばらしい賞を勝ち取ろう。
来て，私たちに加わって下さい！

③**宝探し**　午前10時から2時間おき
秘密の宝の部屋に招待します。
イルカ劇場に来てください。

ジン，ケイト，マーク，ディヌーがスプラッシュウォーターパークに遊びに来ています。利用案内を読んで，4人の質問に答えよう。

①

I brought too many things!
I want to use a locker.
How much is a small one?[*1]

②

I forgot to bring my towel.
How much is it to buy one?[*2]

③

I want to join the Treasure Hunt. Where should I go?

④

I heard Mr. Oka will be in the Splash Dance Show. What time does it start?

①
多くのものを持ってきすぎました！
ロッカーを使いたいです。
小さいものはいくらですか。
*1 one は前に出た名詞のかわりに使う。この one は直前の文の a locker をさしている。

②
タオルを持ってくるのを忘れました。
買うにはいくらかかりますか。
*2 How much is it ...? ＝…はいくらですか。

③
宝探しに参加したいです。
どこに行けばよいですか。

④
丘先生がスプラッシュダンスショーに出ると聞きました。
それは何時に始まりますか。

解答例

① It's three dollars. / Three dollars.　（3ドルです。）／（3ドル。）
② It's four dollars. / Four dollars.　（4ドルです。）／（4ドル。）
③ You should go to the Dolphin Theater. / Dolphin Theater.　（イルカ劇場に行ってください。）／（イルカ劇場。）
④ It starts at 10:00 a.m. and 3:00 p.m. (10:00 a.m. and 3:00 p.m.)
（午前10時と午後3時に始まります。）／（午前10時と午後3時。）

（p. 56）

adult 大人　facility 設備　locker ロッカー　regular 標準サイズの　large 大きい　towel タオル
rent 借りる　poolside chair プールサイドのいす　shower シャワー　minute 分　soap せっけん
shampoo シャンプー　flutterboard ビート板　snorkel シュノーケル　ring 輪　glass ガラス
sharp よく切れる　pointed とがった　object 物体　only …だけ　wet 濡れた　raincoat レインコート
balloon 風船　fight 戦い　prize 賞　hunt 探索　invite 招待する　secret 秘密の　dolphin イルカ
brought bring の過去形　forgot forget の過去形　should …すべきである　heard hear の過去形

定期テスト対策 1 (Lesson 1~2)

合計 /100

1 次の英語は日本語に，日本語は英語になおしなさい。(2点×6)

(1) recently ＿＿＿＿　(2) sell ＿＿＿＿　(3) reason ＿＿＿＿

(4) 起こる ＿＿＿＿　(5) (植物が) 育つ ＿＿＿＿　(6) 健康 ＿＿＿＿

2 意味が通るように，(　　) 内から適する語を選んで○で囲みなさい。(2点×5)

(1) Can you read books (with, at, in) English?

(2) What are you looking (from, for, by)?

(3) I like fruits, such (as, like, of) apples and bananas.

(4) Are you interested (on, to, in) Japanese history?

(5) I have two presents now. One is from my mother, the (another, other, one) is from my brother.

3 日本語に合うように，(　　) に適切な語を書きなさい。(3点×6)

(1) もしあした雨が降れば，私は家にいます。

(　　) it (　　) tomorrow, I will stay home.

(2) 絵美はおじさんを訪ねるために京都に行きました。

Emi went to Kyoto (　　) (　　) her uncle.

(3) 私は音楽を聞くことが好きです。

I like (　　) (　　) to music.

(4) 私にとってスピーチをすることは難しいです。

It is difficult (　　) me (　　) make a speech.

(5) 私の夢はエンジニアになることです。

My dream is (　　) (　　) an engineer.

(6) マークは，きょうしなければならない宿題がいくつかあります。

Mark has some homework (　　) (　　) today.

4 日本語に合うように，(　　) 内の語(句)を並べかえなさい。(5点×5)

(1) 私が起きたとき，姉は朝食を食べていました。

My sister (when / was / up / got / having / I / breakfast).

My sister ＿＿＿＿＿＿＿＿＿＿＿＿＿＿＿＿.

(2) 私は，彼女が正しいと思います。(is / I / she / right / that / think).

＿＿＿＿＿＿＿＿＿＿＿＿＿＿＿＿.

(3) 健は花火を見にたくさんの場所を訪ねました。Ken (visited / places / many / see / fireworks / to).

Ken ＿＿＿＿＿＿＿＿＿＿＿＿＿＿＿＿.

(4) あなたは何か飲むものを持っていますか。(you / to / do / drink / anything / have)?

＿＿＿＿＿＿＿＿＿＿＿＿＿＿＿＿?

(5) 私たちにとって環境を守ることは大切です。
(for / save / it's / to / us / important) the environment.

________________________________ the environment.

5 次は花 (Hana) が書いた作文です。これを読んで，あとの問いに答えなさい。(6点×4)

I want to be a farmer. I have three ①(　　　).

First, I like fresh vegetables. Fresh food is important for our everyday life and health. I want to grow healthy and organic vegetables for everyone.

Second, I am interested in technology. Farmers use technology to do ②many things. For example, they use drones to monitor crops and sensors to collect data twenty-four hours a day. ③I (to / farming / want / technology / improve / learn / to).

(1) ①の (　) 内に,「理由」という意味になるように語を入れなさい。

____

(2) 下線部②の具体的例を2つ，簡潔に日本語で答えなさい。

・________________

・________________

(3) 下線部③の英文が「私は農業をよりよくするために科学技術を学びたい」という意味になるように，(　) 内の語を並べかえなさい。

I ________________________________.

(4) 英文の内容に合うように，次の質問に英語で答えなさい。
What is Hana's dream?

____

6 次の質問に，あなた自身の立場で英語で答えなさい。(11点)

What do you want to be in the future?

____

____

Lesson 3

GET Part 1 Every Drop Counts

カウンツ

● There is[are] ....「…があります」「…がいます」という言い方を覚えよう。

声を出して読んでみよう

●高原に林間学校に来ているケイトたちは，クラスで朝からハイキングに出かけました。

Mr. Oka : ❶ Look! ❷ There is a sign (サイン) over there (向こうに).

❸ We're almost at the top.

> 目指している頂上までもう少しである状態を表す。

Kate : ❹ Is there anything to see from the top?

> 不定詞の形容詞用法。「見るべき」の意味でanythingを修飾している。

Mr. Oka : ❺ Yes, there is. ❻ There are two round (ラウンド, 丸い) lakes in the valley (ヴァリ, 谷間に).

・・・・・・

Kate : ❼ We made it, finally (ファイナリ). ❽ Oh no, we can't see anything (何も見えない).

> 「困難の末に成し遂げた」→「頂上にやっと着いた」ということ。

Mr. Oka : ❾ It's because of (…のために) the fog (フォーグ).

> ❽の内容（何も見えない）を指す。

Kate : ❿ Well, it's beautiful like (…のように) a sea of clouds (クラウヅ).

> 霧に包まれた様子を「雲の海」にたとえている。

> ❾のfog「霧」を指す。

POINT

「…があります」の文（肯定文）

❶ **There is a big park in this town.**（この町には大きい公園があります。）
（ゼア イズ ア ビグ パーク イン ズィス タウン）

❷ **There are two big parks in this town.**（この町には2つの大きい公園があります。）
（アー トゥー パークス）

〔There is → There's〕

- **There is [are] ....** は「…があります，…がいます」という意味です。
- be動詞は，後ろにくる語（主語）が単数ならis，複数ならareです。

「…がありますか」の文（疑問文・応答文）

イズ　ゼア　ア　ビッグ　パーク　イン　ズィス　タウン
Is there a big park in this town?（この町には大きい公園がありますか。）

イェス　ノウ　ナト
Yes, there is. / No, there is not.（はい，あります。/いいえ，ありません。）

- 「…があります，…がいます」の文を疑問文にするときは，Is[Are] there ...?とします。
- 答えるときは，Yes, there is[are].（はい，あります。）／No, there is[are] not.（いいえ，ありません。）とします。

肯定文　There is a big park in this town.

be動詞をthereの前に置く。

疑問文　Is there a big park in this town?

応答文　Yes, there is. / No, there is not[isn't].

thereを使って答える。

ここがポイント！

❷ There is a sign over there.

- 「…があります，…がいます」の文です。a sign（看板）が単数なので，be動詞はisになっています。

❹ Is there anything to see from the top?

- 「…があります，…がいます」の文の疑問文では，〈Is there ...?〉と，be動詞が文頭に来ます。

❺ Yes, there is.

- 「はい，あります。」と答えるときは，Yes, there is [are]. と言います。

❻ There are two round lakes in the valley.

- two round lakesとbe動詞の後ろに来る語（主語）が複数なので，be動詞はareになります。

本文の意味をつかもう

丘先生：❶見てください。❷向こうに看板がありますよ。❸（私たちは）もうほとんど頂上にいます。
ケイト：❹頂上から見えるものはありますか。
丘先生：❺はい，ありますよ。❻谷間に丸い湖が２つあります。
・・・・・・
ケイト：❼やっと着きました。❽そんな，何も見えません。
丘先生：❾霧のせいですね。
ケイト：❿まあ，雲の海みたいできれいですね。

Q & A

Kate did not see the lakes. Why not?（ケイトは湖が見えませんでした。なぜ見えなかったのですか。）

解答例 It's because of the fog.（霧のせいです。）

Listen ♪

わかば駅で，陸が外国人観光客と話しています。会話のあと外国人観光客はどこに行くでしょうか。A～Hから最も適切な場所を選ぼう。

① (　　　) ② (　　　)

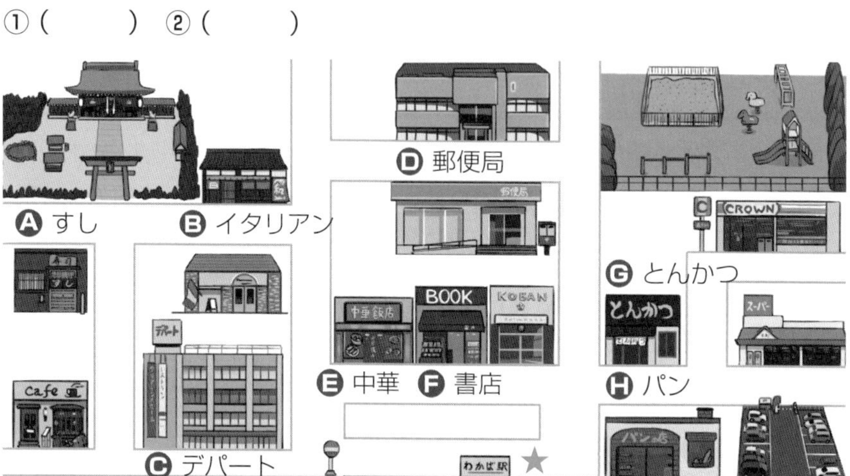

Speak & Write

(1) 町の施設やお店を紹介しよう。

㊐ — There's a big park in our town. You can see beautiful flowers. (私たちの町には大きい公園があります。あなたは美しい花を見ることができます。)

— There are two libraries in our town. In one of them, you can read many Japanese manga.
(私たちの町には2つの図書館があります。それらのうちの1つで，あなたはたくさんの日本の漫画を読むことができます。)

Word Bank
beautiful garden 美しい庭園
unique statue とても珍しい像
cute cafe かわいいカフェ
good bakery よいパン店

解答例 There's a gym in our town. You can do exercise there for free.
(私たちの町には体育館があります。あなたはそこで無料で運動することができます。)

(2) (1)で話したことを書こう。 解答例 (略)

語句を確かめよう (p. 60) 

- ☐ count(s) [káunt(s) / カウント〔ツ〕] 動 重要である；数える，計算する
- ☐ sign [sáin / サイン] 名 標識，看板
- ☐ *over there* 向こうに
- 重要 ☐ round [ráund / ラウンド] 形 丸い，円形の
- ☐ valley [vǽli / ヴァリ] 名 谷(間)，渓谷，山あい
- ☐ finally [fáinəli / ファイナリ] 副 ついに；最後に
- ☐ *because of ...* …のために
- ☐ fog [fɔ́:g / フォーグ] 名 霧，もや
- ☐ cloud(s) [kláud(z) / クラウド〔ヅ〕] 名 雲，もうもうとしたもの

語句を確かめよう (p. 62〜63) 

- unique [juːníːk / ユーニーク] 形 独特な，とても珍しい
- cafe [kæféi / キャフェイ] 名 (軽い食事のできる)レストラン，カフェ
- bookshelf [búkʃèlf / ブクシェルフ] 名 本だな

確認しよう

- cute [kjúːt / キュート] 形 かわいい
- chair(s) [tʃéər(z) / チェア(ズ)] 名 いす(一人用で背のあるもの)

Drill POINT の文を練習しよう。1 Listen / 2 Repeat / 3 Say

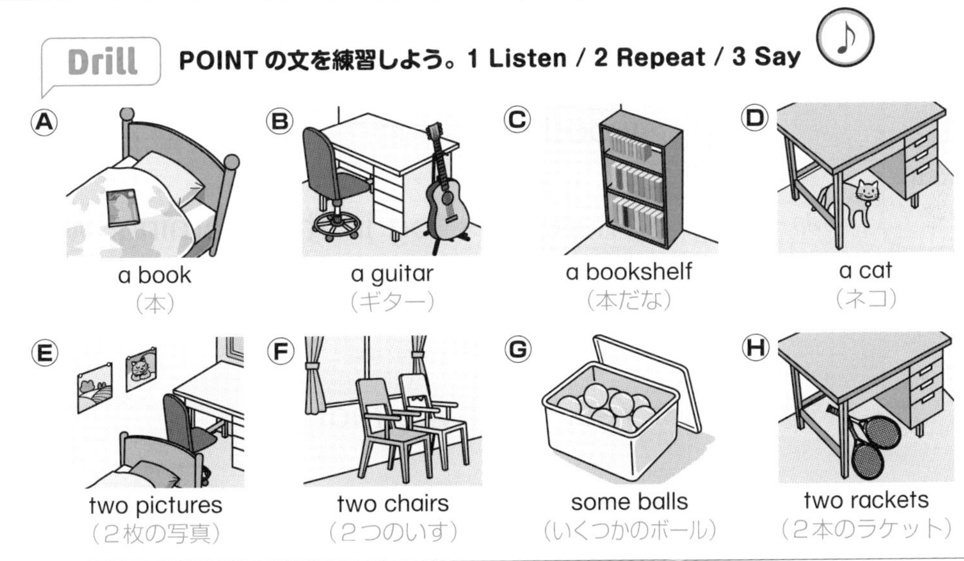

〈Repeatする英文〉

Ⓐ There is a book on the bed. (ベッドの上に本があります。)
Ⓑ There is a guitar by the desk. (机のそばにギターがあります。)
Ⓒ There is a bookshelf in the corner. (すみに本だながあります。)
Ⓓ There is a cat under the desk. (机の下にネコがいます。)
Ⓔ There are two pictures on the wall. (壁に2枚の写真がはられています。)
Ⓕ There are two chairs by the window. (窓のそばに2つのイスがあります。)
Ⓖ There are some balls in the box. (箱の中にいくつかのボールがあります。)
Ⓗ There are two rackets under the desk. (机の下に2本のラケットがあります。)

・扉ページ (教科書p. 39)

① What do you see in these pictures? (これらの写真の中に何が見えますか。)
② When do you use water in your daily life? (あなたは毎日の生活でいつ水を使いますか。)

解答例 ① I see an orange tower / some trees / the sky.
(私はオレンジ色の塔／何本かの木／空が見えます。)
② I use water when I drink it / wash my face / take a shower / use the toilet.
(私は飲む／顔を洗う／シャワーを浴びる／トイレを使うときに水を使います。)

教科書 42～43ページ

GET Part 2 Every Drop Counts

動名詞「…すること」の使い方を覚えよう。

●ブラウン先生がハイキングから帰ってきたディヌーと話しています。

Ms. Brown : ❶ Did you enjoy hiking (ハイキング) this morning?

Dinu : ❷ It was excellent (エクセレント). ❸ Walking in the woods (ウヅ) was fun.

Ms. Brown : ❹ There was fog in the morning, wasn't there?

Dinu : ❺ Yes. ❻ Why is that?

Ms. Brown : ❼ When warm moist (モイスト) air (エア) cools down at night, it becomes fog.

Dinu : ❽ That's interesting.

Notes:
- Did you：「…しましたか」と過去の出来事についてたずねる表現。
- It：❶のhikingを指す。
- in the woods：森の中で
- There was：「…がありました」の意味。fogが単数なのでbe動詞は単数になる。
- wasn't there：文末につけて，質問したり，確認したりする表現。付加疑問という。
- that：❹の文の内容を指す。
- When：…するときに
- warm moist：暖かく湿気のある
- cools down：冷える
- at night：夜に
- it：warm moist airを指す。
- That：前の文の内容を表す。

POINT ♪

動名詞「…すること」

I (アイ) like (ライク) playing (プレイング) soccer (サカ).（私はサッカーをすることが好きです。）

Playing soccer is (イズ) a (ア) lot (ラト) of (アヴ) fun (ファン).（サッカーをすることはとても楽しいです。）

• 動詞の-ing形で，「…すること」を表します。この形を，動名詞といいます。

くらべてみよう

I like soccer. (私はサッカーが好きです。)
I like playing soccer. (私はサッカーをすることが好きです。)

- I like soccer.は，サッカーを見ることが好きなのか，することが好きなのかはわかりません。しかし，I like playing soccer.というと「サッカーをすることが好き」であることがはっきりします。
- 動名詞は名詞と同じはたらきをし，動詞の目的語のほか，文の主語や補語になることもあります。

注意

「…すること」という意味は不定詞の名詞用法でも表せますが，動詞の目的語になる場合，不定詞と動名詞のどちらを使うかは動詞によって決まっています。

(1) 動名詞だけ…enjoyなど
We **enjoyed** playing tennis. (私たちはテニスをして楽しみました。)

(2) 不定詞だけ…want, hopeなど
I **hope** to see you soon. (私はあなたにすぐ会えることを望みます。)

(3) 動名詞・不定詞両方とも使える…like, startなど
I **like** to play cards. = I **like** playing cards. (私はトランプをするのが好きです。)
He **started** to run. = He **started** running. (彼は走り始めました。)

ここがポイント!

❶ Did you enjoy hiking this morning?

- 〈enjoy＋動名詞〉で「…するのを楽しむ」という意味になります。

❸ Walking in the woods was fun.

- walkingで「歩くこと」という意味を表します。この文の主語はWalking (in the woods)です。

本文の意味をつかもう

ブラウン先生：❶今朝のハイキングは楽しかったですか。
ディヌー：❷すばらしかったです。❸森の中を歩くのは楽しかったです。
ブラウン先生：❹朝は霧が出ていましたよね。
ディヌー：❺はい。❻どうしてですか。
ブラウン先生：❼暖かく湿った空気が夜に冷えると，霧になるんですよ。
ディヌー：❽おもしろいですね。

Q&A

Was it fun for Dinu to walk in the woods? (ディヌーにとって森の中を歩くことは楽しかったですか。)

解答例 Yes, it was. (はい，楽しかったです。)

Listen ♪

ジンと陸が生活習慣について話しています。二人が大切だと思っていることに○を付けよう。

A

(　　)

B

(　　)

C

(　　)

D

(　　)

E

(　　)

F

(　　)

Speak & Write

(1) 楽しいと思うことについて話そう。

㊞ — Reading books is fun. I enjoy reading mystery books.
(本を読むことは楽しいです。私は推理小説を読むことを楽しみます。)

— Playing soccer is fun. I enjoy playing soccer every day.
(サッカーをすることは楽しいです。私は毎日サッカーをすることを楽しみます。)

(2) (1)で話したことを書こう。

解答例 Playing video games is fun. I enjoy playing video games on weekends.
(テレビゲームをすることは楽しいです。私は週末にテレビゲームをすることを楽しみます。)
Baking cakes is fun. I enjoy baking cakes with my sister.
(ケーキを焼くことは楽しいです。私は姉〔妹〕といっしょにケーキを焼くことを楽しみます。)
Studying English is fun. I enjoy studying English every day.
(英語を勉強することは楽しいです。私は毎日英語を勉強することを楽しみます。)
Listening to music is fun. I enjoy listening to music in my room.
(音楽を聞くことは楽しいです。私は自分の部屋で音楽を聞くことを楽しみます。)

Word Bank

hang out with friends　友だちとぶらぶらと過ごす
talk with first graders　1年生と話す

語句を確かめよう (p. 64)

- ☐ hike, hiking [háik(iŋ) / ハイク〔キング〕]
  動 ハイキングをする
- 重要 ☐ excellent [éksələnt / エクセレント]
  形 優れた，たいへんよい
- ☐ wood(s) [wúd(z) / ウド〔ヅ〕]
  名 〔しばしば woods〕小さな森，林
- ☐ moist [mɔ́ist / モイスト]
  形 湿気のある；しっとりした
- 重要 ☐ air [éər / エア] 名 空気，大気
- ☐ *a lot of ...*　たくさんの…

語句を確かめよう (p. 66〜67) 

☐ mystery [místəri / ミスタリ]
名 推理小説，ミステリー

☐ grader(s) [gréidər(z) / グレイダ(ズ)]
名 …年生，…学年の生徒

☐ knit [nít / ニト] 動 編む

Drill **POINTの文を練習しよう。1 Listen / 2 Repeat / 3 Say** 

Ⓐ 
knit scarfs
(スカーフを編む)

Ⓑ 
paint pictures
(絵をかく)

Ⓒ 
bake pies
(パイを焼く)

Ⓓ 
write fiction
(小説を書く)

Ⓔ 
collect cards
(カードを集める)

Ⓕ 
look at stars
(星を見る)

Ⓖ 
do magic tricks
(手品をする)

Ⓗ 
grow flowers
(花を育てる)

〈Repeatする英文〉

Ⓐ I like knitting scarfs. (私はスカーフを編むのが好きです。)
Ⓑ I like painting pictures. (私は絵をかくのが好きです。)
Ⓒ I like baking pies. (私はパイを焼くのが好きです。)
Ⓓ I like writing fiction. (私は小説を書くのが好きです。)
Ⓔ I like collecting cards. (私はカードを集めるのが好きです。)
Ⓕ I like looking at stars. (私は星を見るのが好きです。)
Ⓖ I like doing magic tricks. (私は手品をするのが好きです。)
Ⓗ I like growing flowers. (私は花を育てるのが好きです。)

Ⓐ Knitting scarfs is a lot of fun. (スカーフを編むことはとても楽しいです。)
Ⓑ Painting pictures is a lot of fun. (絵をかくことはとても楽しいです。)
Ⓒ Baking pies is a lot of fun. (パイを焼くことはとても楽しいです。)
Ⓓ Writing fiction is a lot of fun. (小説を書くことはとても楽しいです。)
Ⓔ Collecting cards is a lot of fun. (カードを集めることはとても楽しいです。)
Ⓕ Looking at stars is a lot of fun. (星を見ることはとても楽しいです。)
Ⓖ Doing magic tricks is a lot of fun. (手品をすることはとても楽しいです。)
Ⓗ Growing flowers is a lot of fun. (花を育てることはとても楽しいです。)

SETTING 林間学校で訪れた宿泊施設の掲示板に，ワルカ・ウォーター・プロジェクトの紹介記事が掲示されています。

声を出して読んでみよう 

❶ Warka Water Project

「しかし」の意味の副詞。後ろにコンマ(,)がつく。butよりも形式ばった語。

1 ❷ We need water for drinking, doing the laundry, cooking, and many other things. ❸ However, in many parts of the world, there is not enough clean water. ❹ One project to solve this problem is the Warka Water Project.

(Warka ウォールカ / Water ウォータ / Project プラヂェクト / However ハウエヴァ / parts パーツ / enough イナフ / there is not enough 十分な…がない)

❺のWarka Towerを指す。

tiny「とても小さい」とlarge「大きい」の対比。

2 ❺ A Warka Tower uses natural processes to provide people with 100 liters of clean water every day. ❻ It collects rainwater and dew in a pot at the bottom of the tower. ❼ The tower also catches fog when the air cools at night. ❽ The water vapor in fog turns into tiny drops of water on nets. ❾ The tiny drops come together into large water drops and fall into the pot.

(Warka ウォールカ / Tower タウア / natural ナチュラル / processes プラセスィズ / provide プロヴァイド / provide ... with …に～を供給する / liters リータズ / rainwater レインウォータ / dew デュー / pot パト / at the bottom of …の底に / when …するとき / vapor ヴェイパ / The water vapor 水蒸気 / turns into …に変わる / tiny タイニ / drops しずく / nets ネツ / come together into 集まって…になる / large ラーヂ)

語句を確かめよう (p. 68) ♪

- ☐ however [hauévər / ハウエヴァ] 副 しかしながら
- 重要 ☐ part(s) [pá:rt(s) / パート〔ツ〕] 名 地域
- 重要 ☐ enough [inʌ́f / イナフ] 形 十分な
- ☐ natural [nǽtʃərəl / ナチュラル] 形 自然の
- ☐ process(es) [práses(əz) / プラセス(ィズ)] 名 過程
- 重要 ☐ provide [prəváid / プロヴァイド] 動 供給する
- ☐ pot [pát / パト] 名 つぼ
- ☐ vapor [véipər / ヴェイパ] 名 蒸気
- ☐ *turn into ...* …に変わる
- ☐ tiny [táini / タイニ] 形 とても小さい
- ☐ net(s) [nét(s) / ネト〔ツ〕] 名 網
- ☐ *come into ...* …になる
- 重要 ☐ large [lá:rdʒ / ラーヂ] 形 大きい
- ☐ Warka Water Project [wɔ́:rkə wɔ̀:tər pràdʒekt / ウォールカ ウォータ プラヂェクト] 名 ワルカ・ウォーター・プロジェクト
- ☐ Warka Tower [wɔ́:rkə tàuər / ウォールカ タウア] 名 ワルカ・タワー
- ☐ liter(s) [lí:tər(z) / リータ(ズ)] 名 リットル
- ☐ rainwater [réinwɔ̀:tər / レインウォータ] 名 雨水
- ☐ dew [djú: / デュー] 名 露

声を出して読んでみよう ♪

ワルカ・タワーの構造を示した図

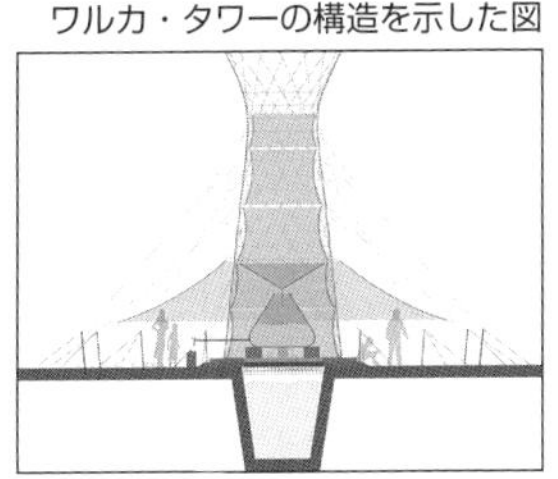

3 ⑩ The tower has many good points. ⑪ It has a very simple design. ⑫ A small team of people can build it in just one day. ⑬ To build the tower, they use eco-friendly materials such as bamboo and natural fiber ropes. ⑭ The tower works without electricity, so you can build it in many places.

4 ⑮ There are problems in all communities, including the lack of water. ⑯ The Warka Water Project can solve one problem. ⑰ The tower is eco-friendly. ⑱ It does not waste energy. ⑲ Let's work with nature, learn from it, and find solutions.

(ルビ・注：points ポインツ／simple スィンプル／small 小規模な／build ビルド／in just one day たった一日で／eco-friendly イーコウフレンドリ／materials マティアリアルズ／eco-friendly materials 環境にやさしい材料／such as たとえば…のような／bamboo バンブー／fiber ファイバ／works (機械などが)調子よく動く／electricity イレクトリスィティ／without electricity 電気なしで／including インクルーディング …を含めて／lack ラク／waste ウェイスト／Let's …しましょう／solutions ソルーションズ)

- ⑪ It：⑩のThe towerすなわちWarka Towerを指す。
- ⑫ it：⑩のThe towerを指す。
- ⑬ they：Warka Towerを作る人々のこと。
- ⑭ so：コンマ(,)の前の文の内容を受けて，「だから…できる」という意味。
- ⑭ it：⑭のThe towerを指す。
- ⑱ It：⑰のThe towerを指す。
- ⑲ it：natureを指す。

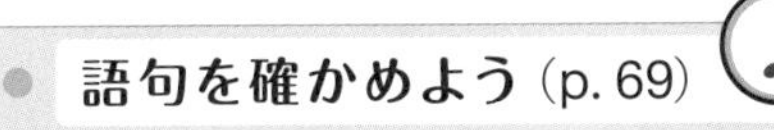

語句を確かめよう (p. 69) ♪

- 重要 ☐ point(s) [pɔ́int(s) / ポイント(ツ)] 名 点
- 重要 ☐ simple [símpl / スィンプル] 形 簡単な
- 重要 ☐ build [bíld / ビルド] 動 建てる
- 重要 ☐ material(s) [mətíəriəl(z) / マティアリアル(ズ)] 名 材料
- ☐ bamboo [bæmbú: / バンブー] 名 竹
- ☐ fiber [fáibər / ファイバ] 名 繊維
- ☐ electricity [ilèktrísəti / イレクトリスィティ] 名 電気
- 重要 ☐ including [inklú:diŋ / インクルーディング] 前 …を含めて
- ☐ lack [lǽk / ラク] 名 不足
- ☐ waste [wéist / ウェイスト] 動 浪費する
- ☐ solution(s) [səlú:ʃən(z) / ソルーション(ズ)] 名 解決策
- ☑ eco-friendly [í:kou frèndli / イーコウフレンドリ] 形 環境にやさしい

本文の意味をつかもう

❶「ワルカ・ウォーター・プロジェクト」

1 ❷私たちは飲むために，洗濯に，料理に，その他多くのことに水を必要とします。❸しかしながら，世界の多くの地域では，きれいな水が十分にあるわけではありません。❹この問題を解決するためのプロジェクトの１つが，ワルカ・ウォーター・プロジェクトです。

2 ❺ワルカ・タワーは自然の過程を利用して，人々に毎日100リットルのきれいな水を供給します。❻ワルカ・タワーは，雨水や露をタワーの底のつぼに集めます。❼タワーは夜，大気が冷え込むときに，霧も集めます。❽霧の中の水蒸気は，網の上で小さな水のしずくに変わります。❾この小さなしずくが集まって大きな水のしずくとなり，つぼの中に落ちるのです。

3 ❿タワーにはよい点がたくさんあります。⓫タワーはとても簡単な設計です。⓬人々の小規模なチームで，たった１日で建てることができます。⓭タワーを建てるために，彼らは竹や天然繊維のロープのような環境にやさしい材料を使います。⓮タワーは電気なしで作動するので，たくさんの場所に建てることができます。

4 ⓯あらゆる地域（社会）には，水不足を含めて問題があります。⓰ワルカ・ウォーター・プロジェクトは，問題を１つ解決することができます。⓱タワーは環境にやさしいものです。⓲それはエネルギーを無駄にしません。⓳自然と共に働き，それから学び，そして解決策を見つけましょう。

STAGE 1　Get Ready　記事を読む前に確認しよう。

(1)　あなたは１日にどのくらいの量の水を使っていますか。

参考　東京都水道局によると，１人が１日に家庭で使う水の平均使用量は，2015年度（平成27年度）では約219リットル。内訳は，ふろが40%，トイレ21%，炊事18%，洗濯15%，洗面・その他6%。

(2)　水不足になったらどんな困ったことが起こりますか。

解答例　飲料水が足りなくなる，お風呂に入れない，水洗トイレが使えない，料理ができない，など。

STAGE 2　Read　記事の概要をとらえよう。

Guide 1

次のことが説明されている段落番号を書こう。

(a)　ワルカ・タワーのしくみ：______

(b)　ワルカ・タワーの長所：______

解答

(a)　2

(b)　3

Guide 2

(1)　ワルカ・タワーは１日にどのくらいの量の水を供給できますか。

(2)　ワルカ・タワーは何から水を集めることができますか。

(3)　ワルカ・タワーを作るにはどのくらい時間がかかりますか。

(4)　ワルカ・タワーはどんな素材でできていますか。

(5)　ワルカ・タワーはなぜいろいろな場所で作ることができますか。

解答例
(1) 100リットル(100 liters)(❺)
(2) 雨水，露，霧(rainwater, dew, fog)(❻・❼)
(3) 1日(one day)(⓬)
(4) 竹や自然繊維など環境にやさしい素材(eco-friendly materials such as bamboo and natural fiber ropes)(⓭)
(5) 電力を必要としないから(The tower works without electricity.)(⓮)

Goal 記事の概要を図にまとめよう。

Warka Tower

- rainwater (雨水)
- dew (露)
- fog (霧)

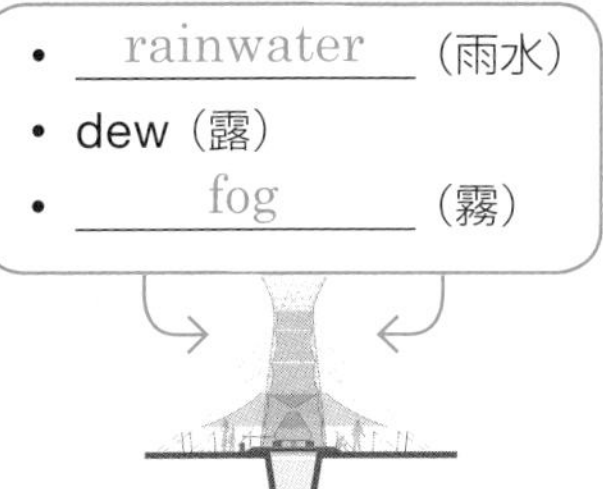

Good Points: (よい点)
- You can build it with a small team of people.
  (あなたはそれを人々の小規模なチームで建てることができます。)
- You can build it in just one day.
  (あなたはそれをたった1日で建てることができます。)
- It uses eco-friendly materials. (それは環境にやさしい材料を使います。)
- It works without electricity. (それは電気なしで作動します。)

STAGE 3 Think

●身の回りにはどんな問題がありますか。また，その問題を解決するために，どんなプロジェクトが行われているか調べよう。

解答例
・商品が個別にプラスチック・トレーやビニールで包装されている。これらの包装素材はゴミとして処分されるが，焼却時に大気汚染を引き起こしたり，捨てられたプラスチックが海洋汚染を引き起こしたりしている。→量り売りを奨励する。
・レストラン，スーパー，コンビニなどで大量の食糧を廃棄している。→需要を正確に把握して，無駄が出ないような供給を行う。
・電気に頼りすぎる生活をしているので，停電が長く続くときちんとした生活ができない。→電気がない生活を想定して備えておく。

Tips for Reading

・図や写真が，文章のどの部分に対応しているか確認しながら読もう。
・文章の内容を頭の中に思い浮かべながら読もう。

☑ Check

●次の語句は何を指していますか。 this problem (❹)

解答
In many parts of the world, there is not enough clean water. (❸)

グループで話し合おう

わかば国際会館で行われているEnglish Campのタレントショーで，どんな出し物をするか話し合うことになりました。グループで司会者を決めてアイデアを出し合おう。

1. Listen 花たちのグループの話し合いを聞こう。 

STAGE 1
話し合いを始める

Start a discussion　話を切り出す

Let's start.
Who has an idea?
（始めましょう。だれか考えはありますか。）

Say an opinion　意見を言う

How about "We Are the World"? It's a good song.
（「ウイ・アー・ザ・ワールド」はどうでしょうか。よい歌です。）

Agree　賛成する

I agree. Everyone likes that song.
（賛成です。みんなその歌が好きです。）

Disagree　反対する

Well, I heard another group is going to sing it. Let's choose something else.
（えーと，別のグループがその歌を歌う予定だと聞きました。何か別のものを選びましょう。）

STAGE 2
話し合いを続ける

Lead a discussion　発言を促す

That's a good point.
Hmm, do you have an idea, Kate?
（それはよい点ですね。うーん，なにか考えはありませんか，ケイト？）

Say an opinion　意見を言う

Well, maybe we can sing a Japanese song.
I like "Furusato".
（えーと，私たちはたぶん日本の歌を歌えます。私は「故郷」が好きです。）

Agree / Disagree　部分的に賛成（反対）する

It's a heartwarming song, but it's hard for me to remember the Japanese words.
（それは心温まる歌ですが，私には日本語の単語を覚えるのが難しいです。）

STAGE 3
話し合いを終える

End a discussion
意見をまとめる

Well, time's up. Let's vote for one, "We Are the World" or "Furusato".
（それでは，時間になりました。「ウイ・アー・ザ・ワールド」か「故郷」のうち１つに投票しましょう。）

2. Speak グループで話し合おう。

解答例

STAGE 1

Let's start. Who has an idea?
(始めましょう。だれか考えはありますか。)

▼

How about an English speech event? We can say our ideas in it.
(英語のスピーチイベントはどうでしょうか。私たちはそれで自分たちの考えを言うことができます。)

▼

I agree. It is important to give our opinions.
(賛成です。私たちは自分の意見を言うことは大切です。)

▼

Well, not all the people understand English. Let's think about something else.
(えーと，すべての人々が英語を理解しているわけではありません。何か別のものを考えましょう。)

STAGE 2

That's a good point. Hmm, do you have an idea, Ken?
(それはよい論点ですね。うーん，何か考えはありませんか，ケン？)

▼

Well, maybe we can give our ideas in a Japanese speech event. Everyone understands them.
(えーと，たぶん私たちは日本語のスピーチイベントで自分たちの考えを言うことができます。みんなそれらを理解します。)

▼

It's easy to do so, but that is not interesting enough.
(それをするのは簡単ですが，それは十分におもしろくありません。)

STAGE 3

Well, time's up. Let's vote for one, English speech event or Japanese speech event.
(それでは，時間になりました。英語のスピーチイベントか日本語のスピーチイベントのうち１つに投票しましょう。)

Idea Box

【発言を促す】 What do you think, Riku? 陸，あなたはどう思いますか。
Who has a different opinion? 違う意見の人はいますか。

【意見を言う】
I want to sing .... 私は…が歌いたいです。
It's perfect for .... …にぴったりです。

【賛成・反対する】
That's a good choice. それはよい選択です。
I like the idea, but .... そのアイデアは好きですが…。

語句を確かめよう (p.72)

重要 ☑ heard [hə́:rd / ハード] 動 hear(聞く)の過去形・過去分詞
重要 ☑ else [éls / エルス] 副 他に
☑ heartwarming [há:rtwɔ̀:rmiŋ / ハートウォーミング] 形 心温まる
☑ vote [vóut / ヴォウト] 動 投票する
☑ We Are the World [wí: ɑ:r ðə wə́:rld / ウィー アー ザ ワールド] 名 ウィー・アー・ザ・ワールド(歌)
☑ hmm [hm / フム] 間 ふうむ

サイコロトークをしよう

English Campでサイコロを使って町紹介をすることになりました。
ルールにしたがって町を紹介しよう。

Rules サイコロトーク

(1) 発表する人は，サイコロをふってテーマを決めよう。
(2) (1) のテーマで，あなたの町について 30 秒話そう。
(3) 発表が終わったら，聞き手は 1 つ質問しよう。
(4) 役割を入れ替えてやってみよう。

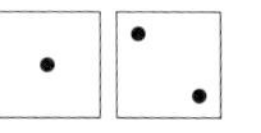
Places to visit
(訪れるべき場所)

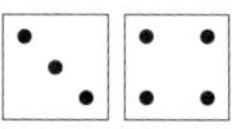
Food to eat
(食べるべき食べ物)

Events to join
(参加すべき行事)

1. Listen 花とケイトの発表を聞こう。 

テーマ

Places to visit
(訪れるべき場所)

There aren't many places to visit in my town, but I recommend the manga library. There are thousands of new and old manga on the shelves. Reading there is fun.

(私の町には訪れるべき場所がたくさんはありませんが，私は漫画図書館をおすすめします。本だなには，数千冊もの新しい漫画や古い漫画があります。そこで読むのは楽しいです。)

テーマ

Events to join
(参加すべき行事)

There is a big festival every August. Last year people gathered in Wakaba Park and joined in a dance parade. It was full of energy. It's the best event to join if you're in Wakaba City.

(毎年8月には大きなお祭りがあります。昨年は，人々がわかば公園に集まって，ダンスパレードに参加しました。それは活気にあふれていました。わかば市にいるならば，参加すべき一番の行事です。)

2. Talk in Pairs ルールにしたがって，ペアで町を紹介しよう。

解答例

・Places to visit

The best place to visit in my town is the aquarium. There are thousands of big and small fish there. Seeing many fish is fun.

(訪れるべき場所　私の町で訪れるのに最適な場所は水族館です。そこには大小何千もの魚がいます。たくさんの魚を見ることは楽しいです。)

・Places to visit

There aren't many places to visit in my town, but I recommend the market. It sells a lot of different things. You can find interesting things there.

(訪れるべき場所　私の町には訪れるべき場所がたくさんはありませんが，私は市場をお勧めします。それはたくさんのいろいろなものを売っています。 あなたはそこでおもしろいものを見つけることができます。)

・Food to eat

There are famous sweets in my town. They are Wakaba Sweet Potatoes. They are very sweet. You will like them.

(食べるべき食べ物　私の町には有名なお菓子があります。それらは「わかばスイートポテト」です。それらはとても甘いです。あなたはそれらを好きになるでしょう。)

・Food to eat

The food to eat in my town is *tonkotsu ramen*. They smell nice and taste good.

(食べるべき食べ物　私の町で食べるべき食べ物はとんこつラーメンです。 それらはいいにおいがして，おいしいです。)

・Events to join

There is a sports day every October. Many people, young and old, join it. They play many sports such as tennis and basketball. It is fun to play sports.

(参加すべき行事　毎年10月に運動会があります。若い人も年取った人も，多くの人がそれに参加します。彼らはテニスやバスケットボールのようなたくさんのスポーツをします。スポーツをすることは楽しいです。)

Idea Box

【場所】

aquarium 水族館　factory 工場　harbor / port 港　market 市場
movie theater 映画館　museum 博物館，美術館　stadium 競技場　zoo 動物園

【食べもの】

famous sweets 有名な甘い菓子　fresh fruit 新鮮な果物　Japanese noodles 和風の麺
new kind of bread 新しい種類のパン　special tomato 特別なトマト

【行事】

the Bon Festival dance 盆踊り　sports day 運動会　tournament 勝ち抜き試合

語句を確かめよう (p.74)

☐ recommend [rèkəménd / レコメンド]
動 推奨する，推薦する

☐ shelf, shelves
[ʃélf / シェルフ] [ʃélvz / シェルヴズ] 名 たな

☐ gather(ed) [gǽðər(d) / ギャザ(ド)]
動 集まる，集める

☐ parade [pəréid / パレイド]
名 パレード，行列

GET Plus 3 魚釣りをしてはいけません

Dialog 自然公園にある池のそばで，マークと花が話しています。 

I'm going to fish in this lake.

Wait, the sign says you **must not** fish here.

Oh, it also says we **must** beware of snakes.

マーク：この湖で魚釣りをするつもりだよ。
花：待って，看板にここで魚釣りをしてはいけないと書いてあるよ。
マーク：ああ，ヘビに注意しなければいけないとも書いてあるね。

「…しなければいけない」というときは must，「…してはいけない」というときは must not を使います。

Exercise 1 花になったつもりで，公園での禁止事項をマークに伝えよう。

解答例 You must not touch the animals.
(あなたは動物にさわってはいけません。)

❷

解答例 You must not feed the birds.
(あなたは鳥にえさを与えてはいけません。)

❸

解答例 You must not catch the butterflies.
(あなたはチョウをつかまえてはいけません。)

Exercise 2 例を参考にペアで会話しよう。(➡Word Bank p. 77)

次の□から場所を１つ選んで，そこでのルールについて話そう。

library(図書館)	park(公園)	gym(体育館)

例 *A:* What are the library rules? (図書館でのルールは何ですか。)
B: You must return books in two weeks. (あなたは２週間後に本を返さなければいけません。)

解答例 · gym
A: What are the rules in the gym? (体育館でのルールは何ですか。)
B: You must wear shoes. (あなたはくつをはかなければいけません。)

Write 上で話したルールを書こう。 解答例 (略)

Try ペアで，交通のルールについて，自由に話そう。 解答例 (略)

Word Bank 公園や図書館，交通のルールに関することば

catch butterflies
（チョウをつかまえる）

walk on the grass
（草の上を歩く）

take rocks
（石を持っていく）

write your name on a tree
（木に自分の名前を書く）

eat or drink
（食べたり飲んだりする）

speak loudly
（大きな声で話す）

return books in two weeks
（2 週間後に本を返す）

turn off your mobile phones
（携帯電話の電源を切る）

obey traffic lights
（信号に従う）

stop at the corner
（角で止まる）

use your mobile phones
（携帯電話を使う）

ride double on your bicycles
（自転車の２人乗りをする）

いろいろな場面で must / must not を使ってみよう。

例 1

Mark: Hurry up! The train is leaving.
Jing: Wait! You **must not** run into the train.
Mark: You're right. It's dangerous to run.

マーク：急いで！電車が発車しようとしているよ。
ジン：待って。電車に駆け込んではいけないわ。
マーク：そのとおりだね。走るのは危ないね。

例 2

Dinu: What should we do if there's an earthquake?
Hana: First, we **must not** panic.
Dinu: OK, and then?
Hana: We **must** protect our heads.

ディヌー：地震があったら私たちは何をすべきだろう。
花：まず，うろたえてはいけないわ。
ディヌー：そうだね，それから？
花：自分の頭を守らなければいけないの。

［hurry up 急いで　train 列車　dangerous 危ない　earthquake 地震　panic うろたえる］

語句を確かめよう（p. 76 ～ 77）

- 重要 ☐ must [mʌ́st / マスト] 助〔必要・義務・命令〕…しなければならない，〔強い禁止〕〔must not ...〕…してはならない
- 重要 ☐ rule(s) [rúːl(z) / ルール(ズ)] 名 規則，ルール
- ☐ beware [biwéər / ビウェア] 動 注意する
- ☐ grass [grǽs / グラス] 名 草，芝生
- ☐ rock(s) [rák(s) / ラク(ス)] 名 岩，岩石
- ☐ loudly [láudli / ラウドリ] 副 大声で，騒々しく
- ☐ obey [oubéi / オウベイ] 動 従う
- 重要 ☐ traffic [trǽfik / トラフィク] 名 交通
- 重要 ☐ double [dʌ́bl / ダブル] 副 ２人で；２倍に

文法のまとめ ❸

● これまでに出てきた表現を確認しよう。

There is [are] ....

→ Lesson 3 GET Part 1

◆「(～の場所に)…がある」などとあるものが存在することや，その場所を示したりするときは，〈**There is [are] ....**〉で表します。

	There	be動詞	もの・こと	場所	英文の意味
肯定文	There There	is are	a big park two big parks 複数	in this town. in this town.	この町には大きい公園があります。 この町には2つの大きい公園があります。
疑問文	Is there		a big park	in this town?	この町には大きい公園がありますか。
応答文	— Yes, there is. / No, there is not.				はい，あります。／いいえ，ありません。

- There is [are] ....は，話をしている相手の知らないものが「ある」ことを示すときに使う表現です。そのため，このあとに続く名詞には，自分と相手の両方が「ある」と知っていることを表すtheなどの「特定することば」をつけません。
- There is [are] ....を使うとき・使わないとき

①Look! **There is** a dog on the chair.
(見て！1匹のイヌがいすの上にいるわ。)
→話し手は，聞き手が知らないイヌだろうと思っている。

②Look! Your dog is on the chair.
(見て！あなたのイヌがいすの上にいるよ。)
→話し手は，聞き手がイヌの飼い主であることを知っている。

・「特定することば」の例
the(その)　Amy's(エイミーの)　my, our(私(たち)の)　your(あなたの)，these(これらの)

Drill 1　日本語に合う英文になるように，(　)に適する語を書きましょう。

1. かばんの中に1個のリンゴがあります。　There (　　) an apple in my bag.
2. 私の町にはたくさんの公園があります。　There (　　) many parks in my town.
3. いすの上に1匹のネコがいます。　There is a (　　) on the chair.
4. その部屋には3人の女の子がいます。　There are three (　　) in the room.

動名詞

→ Lesson 3 GET Part 2

◆動詞の-ing形で「…すること」を表します。この形は名詞と同じはたらきをします。そのため，動名詞は文の主語になったり，動詞の目的語になったりします。

・動詞の目的語

I like playing soccer. (私はサッカーをすることが好きです。)
「サッカーをすること」の意味で，動詞likeの目的語になっている

• **文の主語**

Playing soccer is a lot of fun. (サッカーをすることはとても楽しいです。)

「サッカーをすること」の意味で，文の主語になっている

• 「野球が好き」といっても，実際にプレーすることが好きな場合もあれば，野球観戦が好きな場合もあります。このようなとき，動名詞を使うことで，何が好きなのかを詳しく伝えることができます。

I like baseball. → I like **playing** baseball.
(私は野球をすることが好きです。)

→ I like **watching** baseball games.
(私は野球の試合を見ることが好きです。)

○動名詞と不定詞

動詞によって，動名詞だけを目的語にとるもの，不定詞だけを目的語にとるもの，動名詞と不定詞の両方を目的語にとるものがあります。

動名詞だけ	enjoy (楽しむ), finish (終える), など
不定詞だけ	want (…したいと思う), hope (望む) など
動名詞・不定詞両方	like (好む), start (始める) など

Drill 2 各文に動名詞を加えて，日本語の意味に合うようにしましょう。

1. I like books. (私は本を読むのが好きです。)
2. Baseball is fun. (野球を見るのは楽しいです。)

英語のしくみ

前置詞

前置詞は名詞の前に置かれ，位置や方向，手段，時間などを表します。
ここではボールの位置を確認しながら，それぞれの前置詞がもつイメージをつかみましょう。

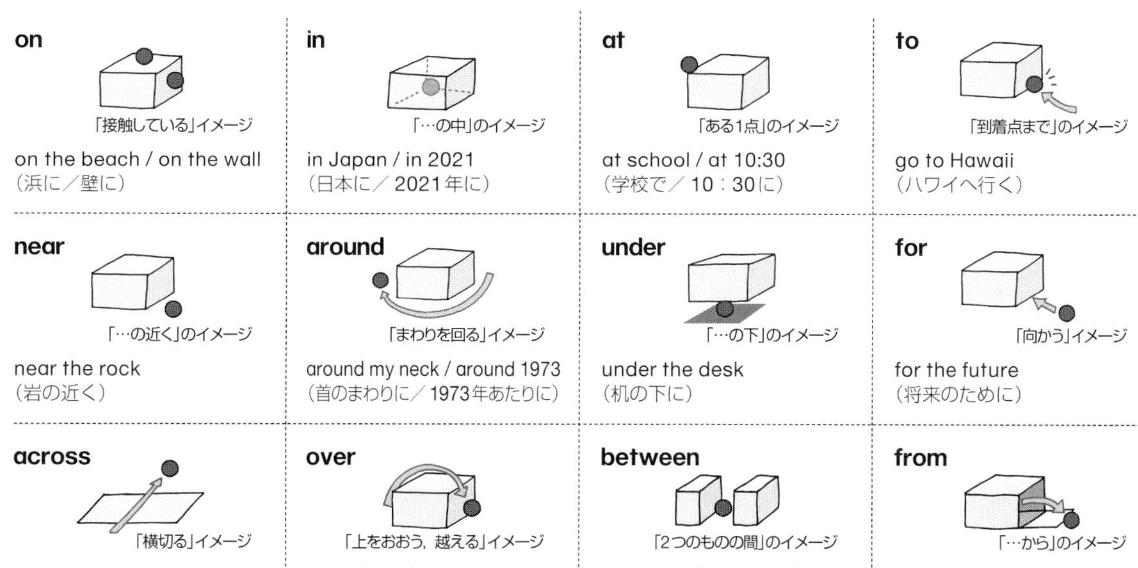

教科書 51〜53ページ

GET Part 1 Uluru

「A(人)にB(もの)を…します」という表現を使えるようになろう。

声を出して読んでみよう ♪

●陸が，8月にオーストラリアに帰っていたケイトと話しています。

Riku : ❶ How did you spend your time in Australia?
（How：どんなふうに　spend：スペンド）

Kate : ❷ My aunt invited me to her home in Sydney.
（aunt：アント　invited：インヴァイテド　Sydney：スィドニ　invited me to：…を〜に招待した）

❸ We went sightseeing every day.
（went sightseeing：観光しに行った）

❹ I'll show you some pictures.

Riku : ❺ Oh! ❻ You're wearing a coat and gloves.
（coat：コウト）

❼ Was it cold?

Kate : ❽ Yes. ❾ It was the middle of winter there.
（middle of：…の真ん中）

Riku : ❿ Now I remember.
（今，思い出した。）

ケイトとケイトのおばさんを指す。

goの過去形。

「手袋」，ふつう左右1つずつあるので複数形になっている。発音注意。[glʌ́vz／グラヴズ]と発音する。

天候を表すit。「それは」という意味はなく，日本語には訳さない。

❶のin Australiaを指している。

POINT ♪

動詞(giveなど)＋A＋B「AにBをあげます」〈give＋A＋B〉

Amy will give a watch to Koji.（エイミーは耕司に腕時計をあげるつもりです。）
（エイミ　ウィル　ギヴ　ア　ワチ　トゥー）

I will give him a wallet.（私は彼に財布をあげるつもりです。）
（アイ　ヒム　ワレト）

• give(あげる)，show(見せる)，make(作る)など，いくつかの動詞では，後ろに名詞を2つ置いて，〈**動詞＋A(人)＋B(もの)**〉という形を取ることができます。

I will show you a picture.(あなたに写真を見せましょう。)
（show：動詞　you：A(人)　a picture：B(もの)）

・〈動詞＋A（人）＋B（もの）〉は，AとBの順番を入れ替えて，〈**動詞＋B（もの）＋to＋A（人）**〉，または〈**動詞＋B（もの）＋for＋A（人）**〉とすることもできます。toになるかforになるかは，動詞によって決まっています。

〈**動詞＋B（もの）＋to＋A（人）**〉の形を取るもの：show（見せる），give（あげる），teach（教える）など
Mr. Brown teaches us **math**.（ブラウン先生は私たちに数学を教えます。）
Mr. Brown teaches **math** to us.

〈**動詞＋B（もの）＋for＋A（人）**〉の形を取るもの：make（作る），buy（買う）など
My mother made me **a bag**.（母は私にかばんを作ってくれました。）
My mother made **a bag** for me.
My father bought me **cake**.（父は私にケーキを買ってくれました。）
My father bought **cake** for me.

ここがポイント!

❹ I'll show you some pictures.

・〈動詞＋A（人）＋B（もの）〉の形です。
・〈show＋A（人）＋B（もの）〉で「A（人）にB（もの）を見せる」という意味になります。youがA，some picturesがBにあたります。
・この文は，toを使って次のように言いかえられます。
→ I'll show some pictures to you.

本文の意味をつかもう

陸：❶オーストラリアではどんなふうに過ごしたの？
ケイト：❷おばさんがシドニーの家に招待してくれたの。❸毎日観光していたわ。❹写真を何枚か見せるね。
陸：❺ああ！❻コートを着て，手袋をしているね。❼寒かったの？
ケイト：❽うん。❾オーストラリアは冬の中ごろだったのよ。
陸：❿ああ，そうだったね。

Q&A

Why was Kate wearing a coat and gloves in Sydney?
（なぜ，ケイトはシドニーでコートを着て手袋をしていたのですか。）

解答例 Because it was the middle of winter there.
（なぜならば，そこは冬の中頃だったからです。）
Because it was cold.（なぜならば，寒かったからです。）

Listen ♪

花とマークが，ジンの誕生日プレゼントについて話しています。花とマークとケイトがジンにプレゼントするものを，A～Dから1つずつ選ぼう。

① Hana（花）(　　)　② Mark（マーク）(　　)　③ Kate（ケイト）(　　)

A

B

C

D

Talk & Write

(1) ①～④の子どもたちに，どんなことをしてあげたらよいかペアで話し合おう。

① Mika（ミカ）

② Kota（コウタ）

③ Saki（サキ）

④ Ichiro（イチロウ）

Word Bank

- write a letter 手紙を書く
- make a paper crane 折り鶴を作る
- sing a song 歌を歌う
- show the way to ... …へ行く道を教える
- buy a new toy 新しいおもちゃを買う
- teach math 算数(数学)を教える

例 *A :* What will you do for Mika?
(あなたはミカのために何をするつもりですか。)
B : I'll give her some flowers.
(私は彼女に花をあげるつもりです。)
A : That's a good idea.（それはいい考えですね。）

解答例 *A :* What will you do for Kota?（あなたはコウタのために何をするつもりですか。）
B : I'll show him the way to the station.（私は彼に駅へ行く道を示すつもりです。）
A : That's a good idea.（それはいい考えですね。）

(2) (1)で話したことを書こう。

例 I will give Mika some flowers.（私はミカに花をあげるつもりです。）

解答例 I will show Kota the way to the station.（私はコウタに駅へ行く道を示すつもりです。）

語句を確かめよう (p. 80)

- 重要 ☐ spend [spénd / スペンド]
  動（時間を）過ごす，費やす
- ☐ aunt [ǽnt / アント] 名 おば
- 重要 ☐ invite(d) [inváit(əd) / インヴァイト〔テド〕]
  動 招待する，招く
- ☐ coat [kóut / コウト]
  名 コート，上着
- ☐ *middle of ...* …の真ん中，中頃
- ☐ Uluru [ú:lurù: / ウールルー]
  名 ウルル
- ☐ Sydney [sídni / スィドニ]
  名 シドニー《地名》

語句を確かめよう (p.82~83)

☐ crane [kréin / クレイン]
名 ツル

☐ guidebook [gáidbùk / ガイドブク]
名 観光案内書，ガイドブック；手引き

☐ chart [tʃá:rt / チャート]
名 図表，グラフ

Drill **POINT の文を練習しよう。1 Listen / 2 Repeat / 3 Say**

Ⓐ give

the card
(カード)

Ⓑ

the guidebook
(ガイドブック)

Ⓒ

some cookies
(クッキー)

Ⓓ

some flowers
(花)

Ⓔ show

the pictures
(写真)

Ⓕ

the garden
(庭)

Ⓖ

the chart
(図表)

Ⓗ

the magazine
(雑誌)

〈Repeat する英文〉

Ⓐ I will give him the card. (私は彼にカードをあげるつもりです。)
Ⓑ I will give him the guidebook. (私は彼にガイドブックをあげるつもりです。)
Ⓒ I will give him some cookies. (私は彼にいくらかクッキーをあげるつもりです。)
Ⓓ I will give him some flowers. (私は彼にいくらか花をあげるつもりです。)
Ⓔ I will show her the pictures. (私は彼女に写真を見せるつもりです。)
Ⓕ I will show her the garden. (私は彼女に庭を見せるつもりです。)
Ⓖ I will show her the chart. (私は彼女に図表を見せるつもりです。)
Ⓗ I will show her the magazine. (私は彼女に雑誌を見せるつもりです。)

・扉ページ (教科書p. 51)

① What do you see in this picture? (この写真に何が見えますか。)
② Which country do you want to visit? (あなたはどの国を訪れたいですか。)

解答例 ① I see a mountain [a big rock, Uluru]. (私は山 [大きな岩／ウルル] が見えます。)
② I want to visit Australia (because I want to see kangaroos).
(私は (カンガルーを見たいので，) オーストラリアを訪れたいです。)

Lesson 4

教科書 54~55ページ

GET Part 2 Uluru

「AをBと呼びます」「AをBにします」という表現を使えるようになろう。

声を出して読んでみよう

●オーストラリアで撮影された写真を見せながら，ケイトが話しています。

❶ Look at this picture. ❷ This giant rock is very special to the Anangu, the native people. ❸ They called it Uluru. ❹ When British explorers saw it in 1873, they named it Ayers Rock. ❺ This hurt the Anangu and made them sad. ❻ Now many people call it Uluru to respect the Anangu's traditions.

- giant（ヂャイアント）
- Look at …を見て
- special to …にとって特別な
- Anangu（アーナーングー）
- native people（ネイティヴ）先住民
- British（ブリティシュ）
- explorers（イクスプローラズ）
- named 名づけた
- Ayers（エアズ）
- Rock（ラク）
- hurt（ハート）hurtの過去形
- respect 尊重する
- traditions（トラディションズ）

- They：❷のthe Anangu を指している。
- it（❸）：❷のThis giant rock を指している。
- they（❹）：同じ文中にある British explorers を指している。
- This（❺）：❹の後半の内容「イギリスの探検家たちがその岩をエアーズロックと名づけたこと」を指す。
- them：同じ文中のthe Anangu を指す。

POINT

動詞＋A＋B「AをBと呼びます」〈call＋A＋B〉

This is my friend, Thomas.（ズィス イズ マイ フレンド タマス）（こちらは私の友達の，トマスです。）

❶**We call him Tom.**（ウィー コール ヒム タム）（私たちは彼をトムと呼びます。）

- 「AをBと呼びます」は〈**call＋A＋B**〉で表します。
- AやBには名詞がきます。Aに代名詞がくるときはhim, herなど**目的格**になります。
- この形では，「AがBである（A＝B）」という関係になります。

動詞＋A＋B「AをB（の状態）にします」〈make＋A＋B〉

アイ ライク ズィス ピクチャ ブク
I like this picture book.（私はこの絵本が好きです。）

イト メイクス ミー ハピ
❷**It makes me happy.**（それは私を幸せにします。）

- 「AをB（の状態）にします」は〈**make＋A＋B**〉で表します。
- Aには名詞がきます。Bには名詞のほかに形容詞もきます。Aに代名詞がくるときはhim，herなど**目的格**になります。
- 〈**make＋A＋B**〉の〈**A＋B**〉の部分も，be動詞を使った文の〈主語＋述語〉の関係にあたります。「AがBである（A＝B）」となります。

ここがポイント！

❸ They called it Uluru.
- 〈call＋A＋B〉「AをBと呼ぶ」の形です。itがA，UluruがBにあたります。

❹ When British explorers saw it in 1873, they named it Ayers Rock.
- 〈name＋A＋B〉「AをBと名づける」の形です。itがA，Ayers RockがBにあたります。

❺ This hurt the Anangu and made them sad.
- 〈make＋A＋B〉「AをB（の状態）にする」の形です。themがA，sadがBにあたります。
- 上の文を日本語にするときは，「このことで，彼らは悲しくなりました」というように，Aを主語にして意味をとると，より自然になります。

❻ Now many people call it Uluru to respect the Anangu's traditions.
- 〈call＋A＋B〉「AをBと呼ぶ」の形です。itがA，UluruがBにあたります。

本文の意味をつかもう

❶この写真を見てください。❷この巨大な岩は，先住民であるアナング族にとって，とても特別なものです。❸彼らはそれをウルルと呼んでいました。❹1873年にイギリスの探検家たちが岩を見たとき，エアーズロックと名づけました。❺このことはアナング族を傷つけ，悲しませました。❻今では，多くの人々がアナング族の伝統を尊重して，それをウルルと呼んでいます。

Q&A

What are the names of the rock?（それらの岩の名前は何ですか。）

解答例 The names are Uluru and Ayers Rock.（それらの名前はウルルとエアーズロックです。）
They are Uluru and Ayers Rock.（それらはウルルとエアーズロックです。）

Listen

マークがアメリカの４つの州の愛称について話しています。①～④の州の愛称をＡ～Ｅから選ぼう。

Ⓐ The Aloha State（アロハの州）
Ⓑ The First State（最初の州）
Ⓒ The Golden State（ゴールデン州）
Ⓓ The Land of 10,000 Lakes（10,000の湖の州）
Ⓔ The Peach State（桃の州）

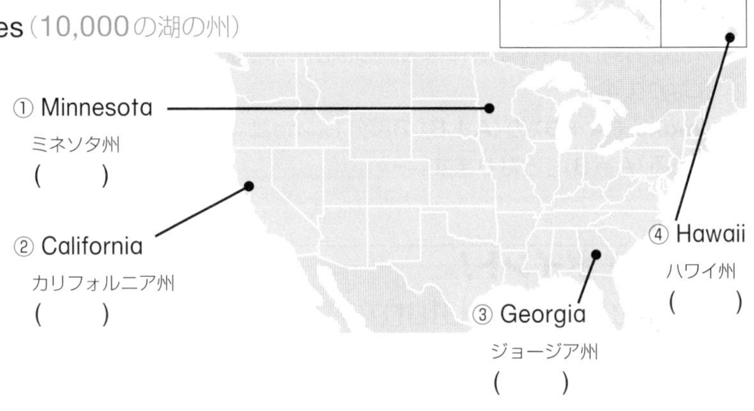

Speak & Write

⑴ どんなときにどんな気持ちになるか話そう。

例 — I won the ticket for the concert. It made me excited.
（私はコンサートのチケットを手に入れました。それは私を興奮させました。）
— I had a lot of homework to do yesterday. It made me tired.
（私はきのうすべき宿題がたくさんありました。それは私を疲れさせました。）

解答例 The Tigers won the game yesterday. It made me glad.
（タイガースはきのう試合に勝ちました。それは私をうれしくさせました。）
I heard the bad news this morning. It made me depressed.
（私は今朝その悪いニュースを聞きました。それは私をがっかりさせました。）
My father cooked dinner last night. It made me surprised.
（私の父は昨夜夕食を料理しました。それは私を驚かせました。）

Word Bank
glad うれしい
depressed 落胆した
surprised 驚いた
lonely さびしい
grumpy 不機嫌な
confused 困惑した

⑵ ⑴で話したことを書こう。 解答例（略）

語句を確かめよう (p. 84) 

- ☐ giant [dʒáiənt / ヂャイアント] 形 巨大な
- ☐ native [néitiv / ネイティヴ] 形 その土地〔国〕に生まれた〔育った〕
- ☐ British [brítiʃ / ブリティシュ] 形 英国（人）の，イギリス（人）の
- ☐ explorer(s) [ikspló:rər(z) / イクスプローラ（ズ）] 名 探検家，探検者
- 重要 ☐ hurt [hə́:rt / ハート] 動 hurt（(肉体・感情などを）傷つける）の過去形・過去分詞
- ☐ tradition(s) [trədíʃən(z) / トラディション（ズ）] 名 伝統，慣習，しきたり
- ☐ Anangu [á:nɑ:ŋu: / アーナーングー] 名 アナング族
- ☐ Ayers Rock [éərz rák / エアズ ラク] 名 エアーズ・ロック
- ☐ Thomas [táməs / タマス] 名 トマス（名前）

語句を確かめよう (p.86～87)

- glad [glǽd / グラド]
  形 (人が) うれしい，うれしく思う
- confused [kənfjú:zd / コンフューズド]
  形 困惑した，戸惑った
- grumpy [grʌ́mpi / グランピ]
  形 不機嫌な
- Jack [dʒǽk / ヂャク]
  名 ジャック《名前》
- Bob [bɑ́b / バブ]
  名 ボブ《名前》
- Jenny [dʒéni / ヂェニ]
  名 ジェニー《名前》
- Beth [béθ / ベス]
  名 ベス《名前》

Drill POINT の文を練習しよう。1 Listen / 2 Repeat / 3 Say

POINT ❶

Ⓐ 
Jack
(ジャック)

Ⓑ 
Bob
(ボブ)

Ⓒ 
Jenny
(ジェニー)

Ⓓ 
Beth
(ベス)

POINT ❷

Ⓔ 
happy
(幸せな)

Ⓕ 
sad
(悲しい)

Ⓖ 
angry
(怒った)

Ⓗ 
sleepy
(眠い)

〈Repeat する英文〉

❶ Ⓐ We call him Jack. (私たちは彼をジャックと呼びます。)
Ⓑ We call him Bob. (私たちは彼をボブと呼びます。)
Ⓒ We call her Jenny. (私たちは彼女をジェニーと呼びます。)
Ⓓ We call her Beth. (私たちは彼女をベスと呼びます。)
❷ Ⓔ It makes me happy. (それは私を幸せにします。)
Ⓕ It makes me sad. (それは私を悲しくします。)
Ⓖ It makes me angry. (それは私を怒らせます。)
Ⓗ It makes me sleepy. (それは私を眠くさせます。)

Notes

● **Anangu** (p. 84)
オーストラリアの先住民族の一つ。アナング族。

● **Uluru** (p. 84)
オーストラリア中央部に位置する岩山。1985 年にオーストラリア政府によってアナングの人々に返還された。

SETTING オーストラリアのガイドブックに，ウルルについて書かれたコラムが掲載されています。

声を出して読んでみよう 

❶ **Uluru**

Uluru

1 ❷ Uluru is a famous place in Australia. ❸ It looks like a mountain, but it is actually a very big rock. ❹ During the day, its color is brown. ❺ However, at sunrise and sunset, it looks red. ❻ Uluru is part of a national park. ❼ The park attracts many tourists and is now a UNESCO World Heritage Site.

（look like：…のように見える／actually：アクチュアリ／During the day：日中は／sunrise：サンライズ／sunset：サンセト／at sunrise and sunset：日の出と日没のとき／part of：…の一部／attracts：アトラクツ／UNESCO：ユーネスコウ／World：ワールド／Heritage：ヘリティヂ／UNESCO World Heritage Site：ユネスコの世界遺産／Site：サイト）

2 ❽ To the native people, the Anangu, the rock is a sacred place. ❾ It is the place of their ancestors. ❿ They started living in the area around the rock over 40,000 years ago. ⓫ The Anangu have a traditional law to protect the sacred sites. ⓬ They deeply respect the rock itself and everything around it.

（To：…にとっては／sacred：セイクレド／ancestors：アンセスタズ／area：エアリア／around：…のあたりに／over：…より多く／law：ロー／protect：プロテクト／deeply：ディープリ／itself：イトセルフ／everything：エヴリスィング）

この actually「実際には」は，見かけや予想とはちがうことを強調している。

「神聖な」という意味。発音注意。[séikrəd / セイクレド] と発音する。

❽の the Anangu を指す。

living は動名詞。〈start ＋動名詞〉で「…し始める」という意味になる。

この itself は「それ自身」の意味で，直前の語を強めるはたらきをしている。

語句を確かめよう (p. 88) 

- ☐ *look like ...* …のように見える
- 重要 ☐ actually [ǽktʃuəli / アクチュアリ] 副 実際には
- ☐ sunrise [sʌ́nràiz / サンライズ] 名 日の出
- ☐ sunset [sʌ́nsèt / サンセト] 名 日没
- ☐ attract(s) [ətrǽkt(s) / アトラクト〔ツ〕] 動 魅了する
- ☐ heritage [hérətidʒ / ヘリティヂ] 名 遺産
- 重要 ☐ site(s) [sáit(s) / サイト〔ツ〕] 名 場所
- ☐ sacred [séikrəd / セイクレド] 形 神聖な
- ☐ ancestor(s) [ǽnsestər(z) / アンセスタ〔ズ〕] 名 先祖
- 重要 ☐ area [éəriə / エアリア] 名 地域
- 重要 ☐ law [lɔ́: / ロー] 名 法律
- ☐ protect [prətékt / プロテクト] 動 保護する
- ☐ deeply [dí:pli / ディープリ] 副 非常に

重要 ☑ itself [itsélf / イトセルフ]
代 それ自身

重要 ☑ everything [évriθìŋ / エヴリスィング]
代 すべてのもの

☑ UNESCO [juːnéskou / ユーネスコウ]
名 ユネスコ

☑ World Heritage Site [wə́ːrld hérətidʒ sáit / ワールド ヘリティヂ サイト] 名 世界遺産

声を出して読んでみよう

3 ⑬ The Anangu welcome you to Uluru. ⑭ They will teach you their history. ⑮ They will show you their art. ⑯ They will also share their culture and society with you. ⑰ Please consider their traditions before you act. ⑱ Do not take rocks as souvenirs. ⑲ Do not take pictures of the sacred places. ⑳ Instead, you can walk around Uluru. ㉑ You can watch the sunrise and sunset on Uluru.

4 ㉒ Your consideration will make the Anangu happy and make your stay in the park better.

ウェルカム (welcome) / share ... with: …を～と共有する / カルチャ (culture) / ソサイアティ (society) / コンスィダ (consider) / アクト (act) / before: …する前に / as souvenirs: 思い出の品として / インステド (Instead): その代わりに / コンスィダレイション (consideration) / stay: 滞在

They, their は⑬の The Anangu を指している。

「…してはいけない」と禁止を表す命令文。

〈make + A + B〉で「AをBにする」という意味。the Anangu がA，happy がB。

good の比較級で「よりよく」という意味。

語句を確かめよう (p. 89)

重要 ☑ society [səsáiəti / ソサイアティ]
名 社会

☑ consider [kənsídər / コンスィダ]
動 よく考える

重要 ☑ before [bifɔ́ːr / ビフォー]
接 …する前に

重要 ☑ act [ǽkt / アクト]
動 行動する

重要 ☑ instead [instéd / インステド]
副 代わりに

☑ consideration [kənsìdəréiʃən / コンスィダレイション] 名 考慮

確認しよう

☑ welcome [wélkəm / ウェルカム] 動 歓迎する，迎える

☑ culture [kʌ́ltʃər / カルチャ] 名 文化

本文の意味をつかもう

❶ウルル
1 ❷ウルルはオーストラリアにある有名な場所です。❸それは山のように見えますが，実は 1 枚のとても大きな岩です。❹日中は，ウルルの色は茶色です。❺しかしながら，日の出と日没のときには赤く見えます。❻ウルルは国立公園の一部です。❼その公園は多くの旅行者を魅了し，今ではユネスコの世界遺産となっています。
2 ❽(しかし,)先住民であるアナング族にとっては，その岩は神聖な場所です。❾彼らの祖先の場所なのです。❿彼らは 4 万年以上前にその岩の近くに住み始めました。⓫アナング族には，その神聖な場所を守るための伝統的な法律があります。⓬彼らは岩それ自体と，その周りにあるすべてのものを尊重しています。
3 ⓭アナング族はあなたがウルルに来ることを歓迎します。⓮彼らはあなたに彼らの歴史を教えてくれるでしょう。⓯彼らの芸術を見せてくれるでしょう。⓰彼らはまた，彼らの文化と社会についてもあなたと分かちあってくれるでしょう。⓱(ただ)行動する前に，彼らの伝統について考えてください。⓲岩をお土産として持ち帰らないでください。⓳神聖な場所の写真を撮らないで下さい。⓴代わりに，ウルルの周りを歩くことができます。㉑ウルルの日の出と日没を見ることができます。
4 ㉒あなたの思いやりがアナング族を幸せにし，あなたのその公園での滞在をよりよいものにするでしょう。

STAGE 1 Get Ready コラムを読む前に確認しよう。

(1) あなたは観光するとき，どんなことをしますか。

解答例

写真をたくさん撮る。地元のおいしいものを食べる。地元の人々と知り合いになるようにする。

(2) 観光するときに気を付けていることはありますか。

解答例

事前に歴史などについて調べておく。出発前に訪れる場所の気候や天候を調べる。外国に行くときはその国の文化や伝統について調べる。

STAGE 2 Read コラムの要点をとらえよう。

Guide 1

コラムに書かれている順に，( )に番号を書こう。
(a) ウルルでの適切／不適切な行為 ( )
(b) ウルルの特徴 ( )
(c) 先住民族にとってのウルル ( )

解答 (a) 3 (b) 1 (c) 2

Guide 2

次の質問に答えよう。
(1) What is Uluru to the Anangu?
(アナング族にとって，ウルルは何ですか。)
(2) What traditional law do the Anangu have?
(アナング族にはどのような伝統的な法律がありますか。)
(3) What can visitors do when they visit Uluru?
(観光客がウルルを訪れるとき，できることは何ですか。)
(4) What should visitors not do when they visit Uluru?
(観光客がウルルを訪れるとき，すべきではないことは何ですか。) 〔should …すべきである〕

解答例 (1) It is a sacred place to them.（それは彼らにとって神聖な場所です。）（❽）
(2) They have a traditional law to protect the sacred sites.
（彼らにはその神聖な場所を守るための伝統的な法律があります。）（⓫）
(3) They can walk around Uluru and watch the sunrise and sunset on Uluru.
（彼らはウルルの周りを歩いたり，ウルルの朝焼けと夕焼けを見たりすることができます。）（⓴，㉑）
(4) They should not take rocks as souvenirs.
（彼らはお土産として岩を持ち帰ってはいけません。）（⓲）
They should not take pictures of the sacred places[Uluru].
（彼らはその神聖な場所［ウルル］の写真を撮ってはいけません。）（⓳）

Goal コラムの要点を図にまとめよう。

You can ...（あなたは…できる）

- learn the Anangu's history, art, culture, and society
（アナング族の歴史，芸術，文化と社会を学ぶ）
- walk around Uluru
（ウルルの周りを歩く）
- see the sunrise and sunset on Uluru
（ウルルの日の出と日没を見る）

You cannot ...（あなたは…できない）

- take rocks as souvenirs
（岩をお土産として持ち帰る）
- take pictures of sacred places
（神聖な場所の写真を撮る）

STAGE 3 Think & Talk

●観光するときに気を付けたほうがよいことを，グループで話し合おう。

解答例 禁止されていることを確認する。服装規定があるかどうかを調べる。写真を撮っていいかどうか確認する。外国であれば，治安状況を確認する。

Tips for Reading

書き手が「一番伝えたいこと」と「その理由」に注意しながら読もう。

☑ Check

●次の語句は何を指していますか。 the rock（❽）， it（⓬）

解答
the rock（❽）：Uluru（ウルル）
it（⓬）：The rock / Uluru（その岩 / ウルル）

行ってみたい国についてエッセイを書こう

海外の航空会社Air Crownが募集しているエッセイコンテストに応募することになりました。あなたが行ってみたい国を1つ選んでエッセイを書こう。

Check 設定を確認しよう。

(何のために) エッセイコンテストに応募するために

(何について)

(何をする)

1. Follow the Steps

花がエッセイを書いています。どんなことを考えながら書いているか確認しよう。

Step 1  内容を考える

花のひとりごと

Where do I want to go?
サッカーが盛んな国がいいなあ。

What are the reasons?
サッカーが一番の理由だけど，それ以外の理由も考えてみようかな。そういえばアマゾン川はブラジルにあるよね。行ってみたい！

Country（国）
- □ブラジル
- □スペイン
- □韓国
- □イギリス
- □タイ
- □セネガル

ブラジル

Reason 1（理由1）：サッカー	Reason 2（理由2）：大自然
□試合を見たい □好きな選手がブラジル出身 □上手な選手とサッカーをしたい →□サッカーの技術を教えてくれる	□アマゾン川の上流に行ってみたい □ジャングルに行ってみたい →□びっくりするような植物や動物をガイドの人が見せてくれる □自然に囲まれた場所へ行きたい

語句を確かめよう (p.93) 

- ☑ skill(s) [skíl(z) / スキル(ズ)] 名 技術，技能
- ☑ jungle [dʒʌ́ŋgl / ヂャングル] 名 (熱帯地方の) 密林
- ☑ guide(s) [gáid(z) / ガイド〔ヅ〕] 名 案内人，ガイド
- ☑ plant(s) [plǽnt(s) / プラント〔ツ〕] 名 植物，草木
- ☑ Amazon [ǽməzɑ̀n / アマザン] 名 アマゾン川

  考えを整理する

花のひとりごと

What can I write?
サッカーのことだけでもいいけど，もう 1 つ理由を書くことにしよう。

How can I write ?
・go to ...以外の表現はないかな。「川の上流へ」というときは，travel up が使えそう。
・アマゾン川は the Amazon でいいんだ。

Opening（初めのことば）	行きたい国	Brazil（ブラジル）
Body（内容）	理由	– want to play soccer, with the best players （サッカーをしたい，最高の選手たちといっしょに） → teach me some soccer skills （サッカーの技術をいくつか教えてくれる） – want to travel up the Amazon, go on jungle hikes （アマゾン川の上流に行きたい，ジャングルハイキングに行きたい） → guides show, the amazing plants and animals （ガイドの人が見せてくれる，びっくりするような植物や動物）
Closing（終わりのことば）	ひとこと	I hope that I can go there someday. （私はいつかそこに行けることを願っています。）

Q Step ❶の日本語のメモのうち，Step ❷で花が取り上げたものにチェック☑しよう。

解答 Country …ブラジル　Reason 1：サッカー…上手な選手とサッカーをしたい
Reason 2：大自然…アマゾン川の上流に行ってみたい，ジャングルに行ってみたい

Step ③  文章を書く

花のひとりごと

Now, let's write!
1 つめの理由は First，2 つめの理由は Second，を使って書くとわかりやすいかな。

Air Crown　Entry Card

Country **Brazil**　　Name Tanaka Hana

I want to go to Brazil. First, I want to play with the best soccer players. They will teach me some soccer skills. Second, I want to travel up the Amazon and go on jungle hikes. Guides will show me the amazing plants and animals of the jungle. I hope that I can go there someday.

エアクラウン　エントリーカード　国　ブラジル　名前　田中花

私はブラジルに行きたいです。最初に，私は最高のサッカー選手といっしょにサッカーをしたいです。彼らは私にサッカーの技術をいくつか教えてくれるでしょう。次に，私はアマゾン川の上流に行き，ジャングルハイキングに行きたいです。ガイドの人は私にジャングルのびっくりするような植物や動物を見せてくれるでしょう。私はいつかそこに行けることを願っています。

Q Step ③の英文のうち，Opening, Body, Closing はどの部分ですか。／で区切ろう。

解答　Opening : I want to go to Brazil.

Body : First, I want to play with the best soccer players. They will teach me some soccer skills. Second, I want to travel up the Amazon and go on jungle hikes. Guides will show me the amazing plants and animals of the jungle.

Closing : I hope that I can go there someday.

2. Work in Class　クラスやグループで協力して書こう。

Step 1　内容を考える

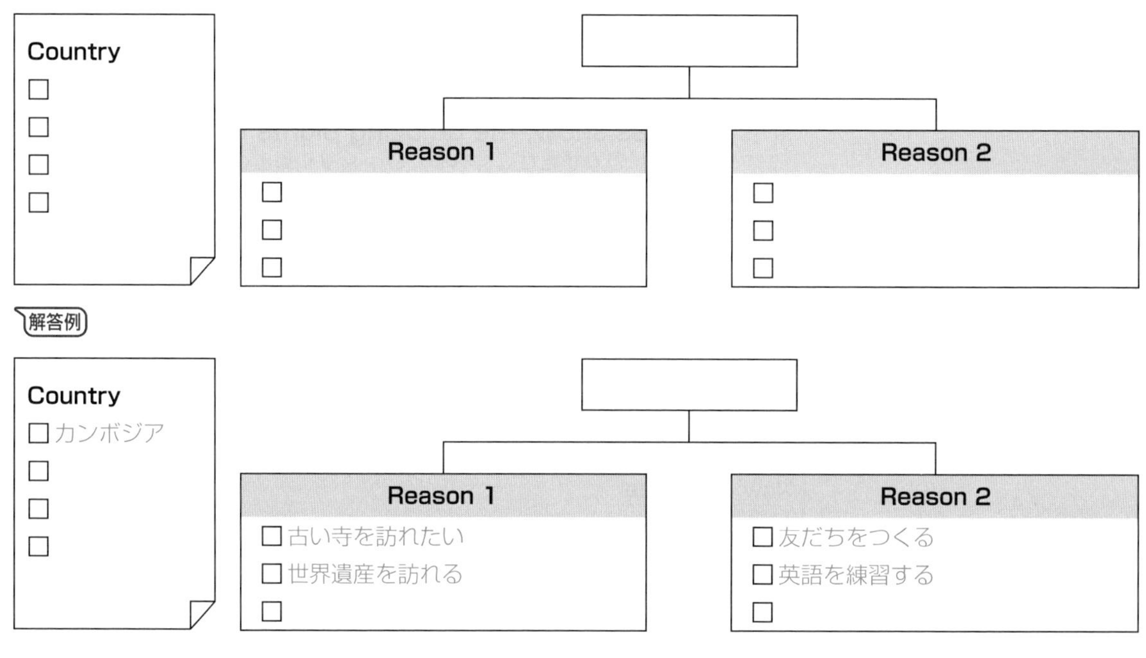

Step 2　考えを整理する

解答例

Opening (始めのことば)	行きたい国	Cambodia（カンボジア）
Body (内容)	(理由)	want to visit old temples and World Heritage Sites (古いお寺や世界遺産を訪れたい) → can learn the history of the country（その国の歴史を学ぶことができる） want to make Cambodian friends（カンボジア人の友だちを作りたい） → can learn how to communicate in English (英語でのコミュニケーションの仕方を学ぶことができる) → can build a friendship between Japan and Cambodia (日本とカンボジアの友情を築くことができる)
Closing (終わりのことば)	ひとこと	I hope that I can visit there someday soon. (私は近いうちにそこに訪れることができることを願っている)

Step 3 文章を書く

解答例 I want to go to Cambodia. First, I want to visit old temples and World Heritage Sites. I can learn the history of the country. Second, I want to make Cambodian friends. We can learn how to communicate in English, and build a friendship between Japan and Cambodia. I hope that I can visit there someday soon.

(私はカンボジアに行きたいです。最初に，古い寺や世界遺産を訪れたいです。私はその国の歴史を学ぶことができます。次に，カンボジア人の友だちを作りたいです。私たちは英語でのコミュニケーションの仕方を学び，日本とカンボジアの友情を築くことができます。私は近いうちにそこに行けることを願っています。)

3. Write by Yourself

あなたが行ってみたい国についてエッセイを書こう。

解答例 I want to go to the U.S.A. First, I want to eat big hamburgers. Second, I want to speak in English and make friends. So I am going to practice English hard. I hope that I can visit there someday.

(私はアメリカに行きたいです。最初に，大きなハンバーガーを食べたいです。次に英語で話をして友だちを作りたいです。それで私は英語を一生懸命練習するつもりです。私はいつかそこに行けることを願っています。)

Idea Box

【国】

Cambodia カンボジア　Egypt エジプト　Italy イタリア
Finland フィンランド　Greece ギリシア　Kenya ケニア
Malaysia マレーシア　Spain スペイン　Turkey トルコ

【すること】

go sightseeing 観光に行く　visit old temples 古い寺を訪れる
visit World Heritage Sites 世界遺産を訪れる
eat local food 地域の食べ物を食べる　relax くつろぐ
climb a mountain 山を登る　see an aurora オーロラを見る
practice English 英語を練習する　make friends 友だちを作る
take a picture 写真を撮る　buy souvenirs お土産を買う

Take Action!  空港のアナウンス

聞き手が必要な情報を聞き取る

夏海は，アメリカで行われるサイエンスクラブの大会に，飛行機で行くことになりました。空港に着くと，アメリカ行きの乗客に向けたアナウンスが流れてきました。

Expressions

Gate 15　15 番ゲート
Flight 267　267 便
Paging ....　お呼び出しします。
immediately　直ちに
boarding time　搭乗時刻
passenger　乗客
before ...　…より前に

STAGE 1 Get Ready

1. 下のチケットに書かれている情報を確認しよう。

解答例 搭乗口は B19 ／搭乗時刻は 20:15 ／日付は 11 月 7 日／座席は 30B ／フライト番号は AC557 ／出発地はバンクーバー／目的地はサンフランシスコ

2. 右のExpressionsを参考に，空港のアナウンスで使われる表現を確認しよう。 解答例（略）

STAGE 2 Listen 

1st Listening　アナウンスを聞いて，チケットに書かれた情報を修正しよう。

Vancouver　バンクーバー
San Francisco　サンフランシスコ
date 日付

2nd Listening　聞き取れなかった部分に注意しながら，もう一度聞いてみよう。

3rd Listening　巻末のAudio Scriptsを見ながら音声を確認しよう。（スクリプトはp. 218） 

STAGE 3 Think & Act

搭乗する飛行機について変更された内容を確認しよう。

BONUS STAGE

別のアナウンスを聞いてみよう。（スクリプトはp. 221～222） 

語句を確かめよう (p. 96) 

☐ gate [géit / ゲイト]
名 門；(飛行場の) 搭乗口，ゲート

☐ immediately [imíːdiətli / イミーディエトリ] 副 すぐに，ただちに

☐ boarding [bɔ́ːrdiŋ / ボーディング]
名 乗船，搭乗

☐ passenger [pǽsəndʒər / パセンヂャ]
名 (列車・バス・飛行機などの) 乗客

☐ page [péidʒ / ペイヂ]
動 呼び出す

Take Action!  何が起きたの？

つなぎ言葉を使う
詳しい説明を求める

夏休みのできごとについて，陸とケイトが話しています。 

Riku

❶ I went camping with my family.

go -ingで「…しに行く」の意味を表す。

Kate

❷ Oh, how was it?

❸ Well, I enjoyed it, but I had（(経験として)持った） an accident（アクスィデント）.

❹ What happened?

❺ Um, my wallet fell in the lake when I was rowing（ロウイング） a boat（ボウト）.

過去のある時点で進行中の動作は〈be動詞の過去形＋動詞の-ing形〉で表す。

陸：❶ぼくは家族と一緒にキャンプに行ったよ。
ケイト：❷まあ，どうだったの？
陸：❸うん，ぼくはそれを楽しんだけど，１つ出来事があったんだ。
ケイト：❹何があったの？
陸：❺うん，ボートをこいでいたとき，ぼくの財布が湖に落ちたんだ。

Expressions

つなぎ言葉を使う
Well, / Um,（うーん,）
Let's see, / Let me think,
（えーと，そうですね）

詳しい説明を求める
How was it?（どうだったの?）
What happened?（何があったの?）
How did you like it?（それはどうだったの?）
Tell me more.（もっと話して。）

Work in Pairs

1．上のスキットをペアで演じてみよう。
2．A・Bの役割を決め，夏休みのできごとについて話そう。
A：夏休みのできごとについて話そう。Bの質問に答えるときは，つなぎ言葉を使って会話を続ける工夫をしよう。
B：Aの話を聞いて，詳しく説明してほしいことについてたずね，会話を進めよう。
A: I went to Karuizawa in August.（私は８月に軽井沢に行ったよ。）
B: Oh, how was it?（まあ，どうだったの？）
A: Well, I enjoyed it.（うん，私はそれを楽しんだよ。）
B: Good! Tell me more.（いいね！もっと話して。）

語句を確かめよう（p. 97） 

☐ accident [ǽksədənt / アクスィデント]
名 事故，災難；偶然の出来事

☐ row(ing) [róu(iŋ) / ロウ（イング）]
動 （舟をオールで）こぐ

重要 ☐ boat [bóut / ボウト]
名 ボート，小舟

GET Plus 4 宿題をしなければなりません

Dialog 放課後，宿題について，マークとディヌーが話しています。

What's today's homework?

We **have to** write an essay, but we **don't have to** turn it in until Monday.

マーク：今日の宿題は何？
ディヌー：作文を書かなければならないけど，月曜日まで提出する必要はないよ。

「…しなければならない」は have to...,「…しなくてもよい」は don't have to ...を使います。

Exercise 1 ディヌーになったつもりで，今日しなければならない宿題をマークに伝えよう。

❶

解答例 We have to finish the exercise.
(私たちは練習問題を終えなければいけません。)

❷

解答例 We have to draw a picture of flowers.
(私たちは花の絵をかかなければいけません。)

❸

解答例 We have to write a book report.
(私たちは本のレポートを書かなければいけません。)

Exercise 2 例を参考にペアで会話しよう。(➡Word Bank p. 99)

次の□から場面を１つ選んで，しなければならないことを話そう。

in class（授業で）	at lunch time（昼食の時間に）	after school（放課後）

㊄ *A:* What do we have to do in class?（私たちは授業で何をしなければいけませんか。）
B: We have to take notes.（私たちはノートをとらなければいけません。）

解答例

· at lunch time
A: What do we have to do at lunch time? (私たちは昼食の時間に何をしなければいけませんか。)
B: We have to wash hands before lunch. (私たちは昼食の前に手を洗わなければいけません。)

Write 上で話した，しなければならないことを書こう。

解答例 (略)

Try ペアで，家でしなければならないことについて，自由に話そう。

解答例 (略)

Word Bank いろいろな動作

do a worksheet
（ワークシートをする）

finish the exercise
（練習問題を終える）

draw a picture of flowers
（花の絵をかく）

write a book report
（本のレポートを書く）

take notes
（メモをとる）

express your feelings
（あなたの感情を表現する）

greet guests
（客にあいさつをする）

join a club
（クラブに参加する）

raise your hand
（手をあげる）

be kind to other students
（ほかの生徒に親切にする）

wear a school uniform
（制服を着る）

listen to other students
（ほかの生徒の話を聞く）

いろいろな場面で have to ... / don't have to ... を使ってみよう。

例1

Mark: Kate, do you have time to talk?
Kate: Sorry. I **have to** go home right now. I'm cooking dinner for my father tonight.
Mark: I see. Can I call you later?
Kate: Of course.

マーク：ケイト，話す時間がある？
ケイト：ごめんなさい。私はすぐに家に帰らないといけないの。私は今晩父のために夕食を料理するのよ。
マーク：わかったよ。後で電話をしてもいい？
ケイト：もちろん。

例2

Father: Thank you for cooking dinner. It was delicious.
Kate: It's your birthday, so you **don't have to** wash the dishes tonight.
Father: Wow, what a great birthday!

父：夕食を作ってくれてありがとう。おいしかったよ。
ケイト：お誕生日だから，お父さんは今晩お皿を洗わなくていいのよ。
父：おお，なんてすばらしい誕生日だ！

〔tonight 今夜〕

語句を確かめよう（p.98～99）

- ☐ *turn in* 提出する
- 重要 ☐ until [əntíl / アンティル] 前 …まで（ずっと）
- 重要 ☐ note(s) [nóut(s) / ノウト〔ツ〕] 名 覚書き，メモ
- 重要 ☐ finish [fíniʃ / フィニシュ] 動 終わらせる，終わる
- ☐ express [iksprés / イクスプレス] 動 表現する，言い表す
- 重要 ☐ feeling(s) [fí:liŋ(z) / フィーリング（ズ）] 名 感情，気持ち

- ☐ greet [grí:t / グリート] 動 あいさつする
- ☐ guest(s) [gést(s) / ゲスト〔ツ〕] 名（招かれた）客；（ホテルの）泊り客
- 重要 ☐ raise [réiz / レイズ] 動 上げる，持ち上げる
- ☐ uniform [jú:nəfɔ̀:rm / ユーニフォーム] 名 制服
- ☐ worksheet [wə́:rkʃì:t / ワークシート] 名 ワークシート

教科書 64ページ

文法のまとめ ❹

―● 〈動詞＋A＋B〉の文の形を確認しよう。

〈動詞(giveなど)＋A＋B〉

→ Lesson 4 GET Part 1

◆「A(人)にB(もの)を…します」というときは，〈**動詞＋A＋B**〉の語順で表します。

主語	動詞	A(人)	B(もの)	英文の意味
I	will give	him	a wallet.	私は彼にさいふをあげるつもりです。

・〈動詞＋A＋B〉の形をとる動詞

- give(…に～を与える)
- show(…に～を見せる)
- tell(…に～を話す[教える])
- teach(…に～を教える)
- send(…に～を送る)
- make(…に～を作る)など

○〈動詞＋A＋B〉と〈動詞＋B＋to / for＋A〉

〈**動詞＋A＋B**〉の文は，toやforを用いて〈**動詞＋B＋to / for＋A**〉とすることもできます。

①toを用いる動詞…give，tell，show，teachなど

My father **gave** me a watch.

My father **gave** a watch to me.

(私の父は私に腕時計をくれました。)

②forを用いる動詞…make，buy，get，cookなど

I will **make** you a bag.

I will **make** a bag for you.

(私はあなたにかばんを作ってあげましょう。)

①toを用いる動詞

- give(与える)
- send(送る)
- show(見せる)
- teach(教える)
- tell(話す)
- write(書く)など

②forを用いる動詞

- make(作る)
- buy(買う)
- get(手に入れる)
- cook(料理する)など

注意 「もの」が代名詞のときは〈人＋もの〉の語順にはしません。

× I will give you it.

○ I will give it to you. (私はそれをあなたにあげるつもりです。)

Drill 1 日本語の意味に合う英文になるように，(　　)内の語(句)を並べかえましょう。ただし，文頭にくる語は大文字で始めること。

1. (a picture / Kumi / me / showed). (久美は私に写真を見せてくれた。)
2. (me / my father / bought / for / a pen). (父は私にペンを買ってくれた。)

〈動詞 (call, makeなど) + A + B〉

→ Lesson 4 GET Part 2

◆callやmakeなどの動詞を使って，〈**動詞 + A + B**〉の形にすると，「AをBと呼びます」「AをBにします」という意味になります。この形では，「AがB (の状態) である」の関係が成り立ちます。

	主語	動詞	A (名詞・代名詞)	B	英文の意味
Bが名詞	We	call	him	Tom.	私たちは彼をトムと呼びます。
Bが形容詞	It	makes	me	happy.	それは私を幸せにします。

「AをBと呼びます」
〈**call + A + B**〉

This is my friend, Thomas. (こちらは私の友だちのトーマスです。)

We **call** **him** **Tom**.
A (名詞・代名詞) B (名詞)　　＊「AがBである」という関係

「AをBにします」
〈**make + A + B**〉

I like this picture book. (私はこの絵本が好きです。)

It **makes** **me** **happy**.
A (名詞・代名詞) B (形容詞)　　＊「AがBの状態である」という関係

Drill 2　各文の (　　) に適切なことばを入れ，日本語の意味に合うようにしましょう。

1. The news made me (　　　). (そのニュースは私を悲しくさせました。)
2. They (　　　) their cat Shiro. (彼らはネコをシロと名づけました。)

英語のしくみ

助動詞

can, will, may, mustは「助動詞」と呼ばれることばで，動詞に意味をつけ加えるはたらきをします。

◆can
…することができる (能力・可能)
Yuji can run very fast. (ユウジはとても速く走ることができます。)
…することができる，…してもよい (許可)
You can use this dictionary. (あなたはこの辞書を使うことができます。)

◆will
…するつもりだ，…しようと思う (意志)　I will study soon. (私はすぐに勉強するつもりです。)
…するだろう (未来)　It will be sunny tomorrow. (明日は晴れるでしょう。)

◆may
…してもよい (許可)　May I use your computer? (あなたのコンピューターを使ってもよいですか。)
…かもしれない (推量)　I may be late. (私は遅れるかもしれません。)

◆must
…しなければならない (義務)　I must take this bus. (私はこのバスに乗らなければなりません。)
…にちがいない (確信のある推量)　He must be tired. (彼は疲れているにちがいありません。)

●意味を比べてみよう

must ... 「…しなければならない」(話し手の判断でやらなければならない義務を表す場合が多い。)
must not ... 「…してはいけない」
have to ... 「…しなければならない」(ある事情や状況などによってそうせざるをえない義務を表す場合が多い。)
don't have to ... 「…しなくてもよい」

Reading for Information 2 レストランのメニュー

FOOD COURT MENU

Splash Italian

Pizza

Choose any pizza below, or make your own half & half combination for $9.25.

Hawaiian $5.00	Pepperoni $5.50
Seafood $10.50	Grilled vegetable $6.00
Teriyaki $8.00	Cheese $6.50

Pasta

Seafood	$8.50
Meatball	$7.00

Sandwich

Ham & Egg $4.50	Vegetable $6.00

Side Dishes

All $5.00 French fries Salad Chicken nuggets

Beverages All $1.50

- Orange juice
- Coffee
- Soda
- Spring water
- Apple juice
- Green tea
- Oolong tea
- Smoothie

フードコートメニュー スプラッシュイタリアン	**ピザ** 以下のピザをどれでもお選びください，または9.25ドルでご自身のハーフ&ハーフの組み合わせを作ってください。 ハワイアン　ペパローニ 5.00ドル　5.50ドル シーフード　グリルで焼いた野菜 10.50ドル　6.00ドル 照り焼き　チーズ 8.00ドル　6.50ドル
パスタ シーフード　8.50ドル ミートボール　7.00ドル	**副菜** すべて5.00ドル　フライドポテト　サラダ　チキンナゲット
サンドイッチ ハム&卵　野菜 4.50ドル　6.00ドル	**飲料**　すべて1.5ドル ・オレンジジュース　・コーヒー　・ソーダ　・天然水 ・リンゴジュース　・緑茶　・ウーロン茶　・スムージー

マーク，ジン，花，陸が遊園地のフードコートに来ています。メニューを読んで，誰にどの食べ物をすすめたらよいか考えよう。

①

- 予算：15ドル
- 今日はシーフードが食べたい
- 炭酸飲料を飲みたい
- フライドポテトを食べたい

②

- 予算：24ドル
- 野菜をたくさん食べたい
- 今日はパスタは食べたくない
- 果物のジュースが飲みたい

③

- 予算：20ドル
- 今日はピザは食べたくない
- サラダを食べたい
- 炭酸飲料は飲みたくない

④

- 予算：21ドル
- 今日はおなかが空いている
- ピザは2枚食べたい
- お茶が飲みたい

解答例

①
OK. You want to eat seafood and French fries. How about seafood pasta? You can drink soda. OK? Seafood pasta, French fries, and soda. It's 15 dollars. Thank you.
(わかりました。あなたはシーフードとフライドポテトがほしいのですね。シーフードパスタはいかがですか。ソーダがございます。よろしいですか。シーフードパスタ，フライドポテト，ソーダですね。15 ドルになります。ありがとうございます。)

②
OK. You want to eat a lot of vegetables and drink fruit juice. We have salad, a vegetable sandwich, and some beverages. Beverages are all 1.50 dollars. It's 12.50 dollars. Thank you. (わかりました。あなたはたくさんの野菜を食べ，果物のジュースを飲みたいのですね。当店にはサラダ，野菜のサンドイッチといくつかの飲み物があります。飲み物はすべて1.5ドルです。12.5ドルになります。ありがとうございます。)

③
OK. We have salad, it's 5.00 dollars. How about meatball pasta? We also have fruits juice, tea, water, smoothie. Which one do you like? I'll recommend smoothie. It's nice. OK? Salad, meatball pasta, and smoothie. It's 13.50 dollars. Thank you. (わかりました。当店のサラダは5ドルです。ミートボールパスタはいかがですか。果物のジュースや，お茶，水，スムージーもあります。どちらになさいますか。おすすめはスムージーです。それはおいしいです。よろしいですか。サラダ，ミートボールパスタ，スムージーですね。13.5ドルになります。ありがとうございます。)

④
OK. We have 6 kinds of pizza. Hawaiian, pepperoni, seafood, grilled vegetable, teriyaki, and cheese. Which one do you like? I'll recommend seafood and teriyaki. You can drink green tea or oolong tea. How about green tea? It's nice. OK? Thank you. Seafood, teriyaki and green tea. It's 20 dollars.
(わかりました。当店は6種類のピザがあります。ハワイアン，ペパローニ，シーフード，グリルで焼いた野菜，照り焼き，チーズです。どちらになさいますか。おすすめはシーフードと照り焼きです。緑茶とウーロン茶がございます。緑茶はいかがですか。それはおいしいです。よろしいですか。ありがとうございます。シーフード，照り焼き，緑茶ですね。20ドルになります。)

(p. 102)

Italian イタリアの　pasta パスタ　seafood 魚介　sauce ソース　ham ハム　below 下記に　half 半分
combination 組み合わせ　Hawaiian ハワイアン《ピザの種類》　pepperoni ペパローニ《ソーセージの種類》
grilled グリルで焼いた　nugget ナゲット　beverage 飲料　oolong tea ウーロン茶
smoothie スムージー

教科書 66～67ページ

A Pot of Poison

● 安(あん)，珍(ちん)，観(かん)はある寺の小僧(こぞう)です。ある日，和尚(おしょう)が寺を留守にすることになりました。さて，その間にどんなことが起こるのでしょうか。

声を出して読んでみよう

❶ A Pot of Poison（ポイズン）

Master : ❷ I'm going to see a friend.

❸ I'll be back（帰る） in a few（フュー） hours（数時間のうちに）.

Kan : ❹ Yes, Master（マスタ）.

Master : ❺ Do you see that pot on the shelf?

Chin : ❻ Yes, Master.

Master : ❼ Don't touch it. ❽ Don't open it. ❾ It's full of（…でいっぱいだ） poison.

An : ❿ Poison? ⓫ Poison! ⓬ We'll be careful（注意する）.

Master : ⓭ Be very, very careful.

An, Chin : ⓮ We will, Master. ⓯ We will.

Kan : ⓰ Don't worry（ワーリ）（心配しないで）, Master. ⓱ We are always careful.

- be going to …で以前から計画していた予定が述べられている。
- I willの短縮形。willは「…するつもりだ」と，主語（私）の意志を表す。
- 否定の命令文。Don't … .で「…してはいけない」と禁止を表す。
- ❺のthat potを指す。
- We willの短縮形。willは「…するつもりだ」と，主語（私たち）の意志を表す。
- willのあとにはbe carefulが省略されていて「私たちは気をつけます」という意味になる。

語句を確かめよう（p. 104）

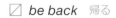

- ☐ *be back* 帰る
- 重要 ☐ few [fjúː / フュー] 形 少しの
- ☐ *a few ...* 少しの…
- ☐ master [mǽstər / マスタ] 名 和尚
- ☐ poison [pɔ́izn / ポイズン] 名 毒
- 重要 ☐ worry [wə́ːri / ワーリ] 動 心配する
- ☐ *Don't worry.* 心配しないで

声を出して読んでみよう ♪

An : ❶ The Master will return soon.

Chin : ❷ Shall we (シャル) clean the room (ルーム)?

An : ❸ Yes, let's. (そうしよう) ❹ I'll wipe (ワイプ) the floor.

Shall we ...?は「…しましょうか」と提案したり，相手を誘ったりするときの表現。Let's ....とほぼ同じ意味。

Chin : ❺ What do you think about (…のことをどう思いますか) the pot?

An : ❻ What do you mean?

Chin : ❼ Is it really full of poison?

❺のthe potを指す。

Kan : ❽ Hmm. ❾ Give it to me, and shut (シャト) the door.

❿ I'll check (チェク) it out.

check out「…を調べる」の目的語がitなど代名詞のときは，ふつうcheck it outという語順になる。check out itとは言わないので注意。

An : ⓫ Don't!

Don'tのあとにcheck it outが省略されている。

Kan : ⓬ There's brown stuff (スタフ) in it. ⓭ It smells (スメルズ) nice.

⓮ I'll try some.

An : ⓯ Wait! ⓰ It's poison!

⓬のbrown stuffを指す。

Kan : ⓱ No, it's delicious! ⓲ Have (食べる) some (いくらか，多少).

Chin : ⓳ You're right.

⓴ It is delicious.

㉑ It's sugar (シュガ)!

⓬のbrown stuffを指す。

語句を確かめよう (p. 105) ♪

- 重要 ☐ shall [ʃǽl / シャル] 助
  - ☐ *Shall we ...?* …しましょうか
  - ☐ *Yes, let's.* そうしよう
  - ☐ wipe [wáip / ワイプ] 動 ふく
- 重要 ☐ shut [ʃʌ́t / シャト] 動 閉める
- ☐ *check out* 調べる
- 重要 ☐ stuff [stʌ́f / スタフ] 名 もの
- ☐ smell(s) [smél(z) / スメル(ズ)] 動 においがする
- ☐ *You're right.* そのとおり
- ☐ sugar [ʃúgər / シュガ] 名 砂糖

確認しよう

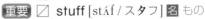

- ☐ room [rúːm / ルーム] 名 部屋，室
- ☐ check [tʃék / チェク] 動 確認する，調べる

READING FOR FUN 1

教科書 68～69ページ

声を出して読んでみよう ♪

empty は「からの」の意味で，❶の full と対になっている。

eat「食べる」の過去形。

つぼに入っていた砂糖のこと。

Kan : ❶ I'm full.（おなかがいっぱいの）

Chin : ❷ Oh no, the pot is empty!（エンプティ）

Kan : ❸ We ate all of it.（…のすべて）

An : ❹ We're in trouble.（困っている）

Kan : ❺ Wait a minute.（ミヌト／ちょっと待って）

❻ I have an idea!（私に(いい)考えがある） ❼ Let's break his special plate.（ブレイク）

Master's「和尚さんの」という意味。

Chin : ❽ What do you mean?

Kan : ❾ You'll see. ❿ One, two . . .

An : ⓫ You must be kidding!（キディング） ⓬ Stop!

このmustは断定的な推量を表して「…にちがいない」の意味。

Kan : ⓭ Three!

An : ⓮ No! ⓯ I can't believe you broke it.（ビリーヴ／ブロウク） ⓰ Now（今となっては） we're really in trouble.

break「壊す，割る」の過去形。

Kan : ⓱ Don't worry. ⓲ I have a plan.

❼の his special plate を指す。

語句を確かめよう (p. 106) ♪

- ☐ empty [émpti / エンプティ] 形 からの
- ☐ *be in trouble* トラブルに巻き込まれている
- ☐ minute [mínət / ミヌト] 名 ちょっとの間
- ☐ *Wait a minute.* ちょっと待って
- 重要 ☐ break [bréik / ブレイク] 動 割る
- 重要 ☐ kid(ding) [kíd(iŋ) / キド〔ディング〕] 動 冗談を言う
- ☐ *You must be kidding.* 冗談だろう
- 重要 ☐ believe [bəlíːv / ビリーヴ] 動 信じる
- 重要 ☐ broke [bróuk / ブロウク] 動 break（割る）の過去形

声を出して読んでみよう ♪

Master : ❶ I'm back.（戻ったよ（ただいま）） ❷ What's going on?

Kan : ❸ Master, we broke your special plate.

Master : ❹ You awful（オーフル） boys! ❺ I'll punish（パニシュ） you for that!（…を〜で罰する）

An : ❻ You don't have to.（…する必要はない） ❼ We punished ourselves（アーセルヴズ）.

Chin : ❽ Because we broke your plate . . . .

An : ❾ We ate the poison in the pot.

Chin : ❿ I can feel the poison now.

Kan : ⓫ My ears are ringing（リンギング）. ⓬ Agghhhhhh!

Master : ⓭ Ah（アー） . . . .

awfulはvery badとほぼ同じ意味で「とても悪い」。

❸のwe broke your special plateの内容を指す。

toのあとにpunish usが省略されている。

「私たち自身を」の意味の代名詞。

Because …で「…なので」と理由を表している。

このAhは，思いもよらない展開にことばを失うと同時に，あきらめてしぶしぶ状況を受け入れていることを表す。

語句を確かめよう（p. 107） ♪

- ☐ *What's going on?* いったいどうしたんだ
- 重要 ☐ awful [ɔ́ːfəl / オーフル] 形 とても悪い
- ☐ punish [pʌ́niʃ / パニシュ] 動 罰する
- 重要 ☐ ourselves [ɑːrsélvz / アーセルヴズ] 代 私たち自身を
- 重要 ☐ ring(ing) [ríŋ(iŋ) / リング〔ギング〕] 動 鳴る
- ☐ ah [ɑ́ː / アー] 間 ああ
- ☐ Agghhhhhh 間 アアーッ

本文の意味をつかもう

(p. 104)

❶「毒入りつぼ」

和尚：❷友人に会いに出かけてくる。❸数時間後に戻ってくるよ。
観：❹わかりました，和尚様。
和尚：❺棚につぼがあるのが見えるだろう。
珍：❻はい，和尚様。
和尚：❼そのつぼに触ってはいけない。❽開けてもいけない。❾それは毒でいっぱいだぞ。
安：❿毒？⓫毒ですか！⓬気をつけます。
和尚：⓭よおく，よおく気をつけるのだ。
安，珍：⓮気をつけます，和尚様。⓯気をつけますとも。
観：⓰ご心配なく，和尚様。⓱私たちはいつも気をつけています。

(p. 105)

安：❶和尚様がもうすぐ帰ってこられる。
珍：❷部屋を掃除しようか。
安：❸そうだ，そうしよう。❹ぼくは床をふくよ。
珍：❺あのつぼ，どう思うかい。
安：❻どういう意味だい。
珍：❼本当に毒でいっぱいなのかな。
観：❽うーむ。❾そのつぼをぼくに渡して，ふすまを閉めて。❿調べてみるよ。
安：⓫だめだよ。
観：⓬何か茶色いものが入っているよ。⓭いいにおいがする。⓮ちょっと食べてみよう。
安：⓯待って！⓰それは毒だよ。
観：⓱いや，これはおいしい。⓲少し食べてみて。
珍：⓳本当だ。⓴これはおいしい！㉑砂糖だ。

(p. 106)

観：❶お腹がいっぱいだ。
珍：❷どうしよう，つぼはからっぽだ！
観：❸ぼくらがみんな食べてしまったね。
安：❹困ったなあ。
観：❺ちょっと待って。❻いい考えがある！❼和尚様の特別なお皿を割ろう。
珍：❽どういう意味だい？
観：❾すぐわかるさ。❿1，2，…
安：⓫冗談でしょ！⓬やめて！
観：⓭3！
安：⓮ああ！⓯お皿を壊すなんて信じられないよ。⓰さて本当に困ったことになった。
観：⓱心配しないで。⓲ぼくにいい考えがある。

(p. 107)

和尚：❶帰ったぞ。❷どうしたのだ。
観：❸和尚様，和尚様の特別なお皿を割ってしまいました。
和尚：❹何て悪い子たちだ！❺お仕置きをせねばならぬ。
安：❻その必要はありません。❼ぼくたちは自分たちをお仕置きしました。
珍：❽和尚様のお皿を割ってしまったので…。
安：❾つぼの中の毒を食べたのです。
珍：❿今，毒が（まわっているのが）感じられます。
観：⓫耳鳴りがします。⓬アアーッ！
和尚：⓭ああ…。

Read and Think

1. 下の英文を，この話のストーリーの順に並べ替えよう。
   (a) The Master came back.
   (b) The Master went out.
   (c) Kan broke the Master's special plate.
   (d) The boys ate all of the sugar in the pot.
   (e) An said, "We punished ourselves."
   (f) Kan checked out the pot and said, "It's sugar."
   (g) The Master said to the boys, "Don't touch the pot. It's full of poison."

解答

(g) → (b) → (f) → (d) → (c) → (a) → (e)

和尚は小僧たちに「つぼに触ってはいけない。それは毒でいっぱいだぞ。」と言って出かけました(p. 104 ❷, ❼〜❾)。観がつぼの中を調べて中味が砂糖だと分かると，小僧たちは砂糖を全部食べてしまいました(p. 105 ⓬〜p. 106 ❸)。観は和尚の特別なお皿を割りました(p. 106 ❼〜⓭)。和尚が帰ってきたとき，安は，お皿を割ってしまったので，つぼの毒を食べて自分たちをお仕置きしたと言いました(p. 107 ❶, ❼〜❾)。

2. 登場人物はそれぞれどのような性格か，どの部分からそう考えられるのか，話し合おう。

解答例

安：まじめで良識派(観の行動を制止しようとするなど)
珍：観ほど行動力はないが好奇心が強い(つぼの中身に興味を持ち，観がそれを受けて行動に移したなど)
観：機転がきき，行動力もあるいたずらっ子(つぼの中身を見たり，お皿を割って言い訳を立案したりするなど)
和尚：穏やかで包容力がある(大切な皿やつぼの砂糖が食べられても激怒することなく対応しているなど)

3. グループでこの物語を演じてみよう。

解答例 (略)

Notes

● **A Pot of Poison**
この話の原作は狂言の『附子(ぶす)』。附子はトリカブトからとれる毒のこと。原作では小僧2人と主人との掛け合いが描かれている。

教科書 71~73ページ

GET Part 1 Things to Do in Japan

●「…よりも~です」「最も~です」という比較の表現ができるようになろう。

● 声を出して読んでみよう 

●ニュージーランドにある姉妹校の中学生が日本にやってくることになりました。

Mr. Oka : ❶ The students from New Zealand (ニュー ズィーランド / ニュージーランドからの) are coming soon.

> 現在進行形の形で，ここではこれからの決まった予定を表している。

Jing : ❷ Yes, I remember. ❸ New Zealand is an island country (アイランド カントリ / 島国) like (…のような) Japan, right?

> 「…ですね」と自分の発言を相手に確認するときに使う。

Mr. Oka : ❹ Right. ❺ It's smaller than (ザン) Japan.

> ❸のNew Zealandを指している。

Jing : ❻ I see. ❼ Where are the students from?

> 「どこ」と出身をたずねる疑問詞。

Mr. Oka : ❽ Auckland (オークランド) on the North (ノース) Island (アイランド). ❾ It's the largest city in New Zealand.

> ❽ のAucklandを指している。

POINT 

❶ *The (ズィー) Amazon (アマザン) is (イズ) long (ローング).* (アマゾン川は長いです。)

比較 I 比較級 (-er)「…よりも~です」

❷ **The Amazon is longer (ローンガ) than (ザン) the (ザ) Shinano River (リヴァ).**
(アマゾン川は信濃川よりも長いです。)

- 2つのものを比べて「…よりも~です」と言うときは，形容詞の比較級を使います。
- 比較級は，ふつう〈**形容詞＋-er**〉の形です。
- 「…よりも」と比べる対象を言うときは，thanを使い，〈**比較級＋than …**〉とします。

比較Ⅱ 最上級(-est)「…の中で最も[いちばん]～です」

ズィー　アマザン　イズ　ザ　ローンゲスト　イン　サウス　アメリカ
❸ **The Amazon is the longest in South America.**
（アマゾン川は南アメリカでいちばん長いです。）

- 3つ以上のものの中で「最も[いちばん]～です」と言うときは，最上級〈**形容詞＋-est**〉を使い，その前にtheを置きます。
- 「…の中で」は，inかofで表します。

in	集団や地域などが後ろにくる場合 →〈in＋単数を表す語句〉	in my class（クラスの中で） in Japan（日本の中で）
of	複数のものや人が後ろにくる場合 →〈of＋複数を表す語句〉	of the five（5人[つ]の中で） of all（全員[すべて]の中で）

ここがポイント！

❺ It's smaller than Japan.
- smallerはsmallの比較級です。後ろのthan ...が「…よりも」を表しています。

❾ It's the largest city in New Zealand.
- largestはlargeの最上級で，前にtheが置かれています。
- ここではthe largestがあとの名詞cityを説明しています。
- New Zealandは地域を表す語なので「…の中で」はinを使います。

本文の意味をつかもう

丘先生：❶ニュージーランドからの生徒たちがもうすぐやってきますね。
ジン：❷そうでしたね。❸ニュージーランドは日本のような島国なんですよね？
丘先生：❹その通りです。❺日本よりも小さいですね。
ジン：❻なるほど。❼生徒たちはニュージーランドのどこからくるのですか。
丘先生：❽北島にあるオークランドです。❾ニュージーランドでは一番大きな都市です。

Q&A

Where is Auckland?（オークランドはどこにありますか。）

解答例 It is on the North Island.（それは北島にあります。）

ジンと丘先生がニュージーランドの都市の面積について話しています。話を聞いて，①～④にあてはまる都市をA～Dから選ぼう。

Ⓐ Christchurch（クライストチャーチ）　Ⓑ Auckland（オークランド）
Ⓒ Wellington（ウェリントン）　Ⓓ Hamilton（ハミルトン）

City（都市）	Area（面積）
①（　　　）	1,086 km^2
②（　　　）	877 km^2
③（　　　）	608 km^2
④（　　　）	444 km^2

Talk & Write

(1) 例にならって，ペアでクイズを出し合おう。

例 *A :* Which is larger, Fukushima or Iwate?（福島と岩手はどちらが大きいですか。）
B : I think Iwate is larger than Fukushima.（私は岩手は福島よりも大きいと思います。）
A : You're right. Actually, Iwate is the largest prefecture in Tohoku.
（そのとおりです。実は，岩手は東北でいちばん大きい県です。）

解答例 *A:* Which is smaller, Tokyo or Kagawa?（東京と香川はどちらが小さいですか。）
B: I think Kagawa is smaller than Tokyo.（私は香川は東京より小さいと思います。）
A: You're right. Actually, Kagawa is the smallest prefecture in Japan.
（そのとおりです。実は，香川は日本でいちばん小さい県です。）

(2) (1)のクイズの正しい答えを書こう。

例 Iwate is larger than Fukushima.（岩手は福島よりも大きいです。）
Iwate is the largest prefecture in Tohoku.（岩手は東北でいちばん大きい県です。）

解答例 Kagawa is smaller than Tokyo.（香川は東京より小さいです。）
Kagawa is the smallest prefecture in Japan.（香川は日本でいちばん小さい県です。）

語句を確かめよう（p. 110）

- ☐ New Zealand [njùː zíːlənd / ニュー ズィーランド]
  名 ニュージーランド《南太平洋のポリネシアにある島国；首都ウェリントン》
- ☐ island [áilənd / アイランド] 名 島
- 重要 ☐ country [kʌ́ntri / カントリ] 名 国，国土
- 重要 ☐ than [ðǽn / ザン]
  接〔比較級に続いて〕…よりも
- ☐ north [nɔ́ːrθ / ノース] 名 形 北（の）
- 重要 ☐ south [sáuθ / サウス] 名 形 南（の），南部（の）
- ☐ America [əmérəkə / アメリカ]
  名 アメリカ合衆国；（南北）アメリカ大陸
- ☐ South America [sáuθ əmérəkə / サウス アメリカ]
  名 南アメリカ，南米
- ☑ Auckland [ɔ́ːklənd / オークランド]
  名 オークランド《地名》
- ☑ North Island [nɔ́ːrθ àilənd / ノース アイランド] 名 北島《地名》

語句を確かめよう (p. 112～113) 

☐ prefecture [príːfektʃər / プリーフェクチャ]
名 (日本・フランスなどの)県, 府

重要 ☐ young [jʌ́ŋ / ヤング]
形 若い, 幼い

重要 ☐ heavy [hévi / ヘヴィ]
形 重い

☐ deep [díːp / ディープ]
形 深い

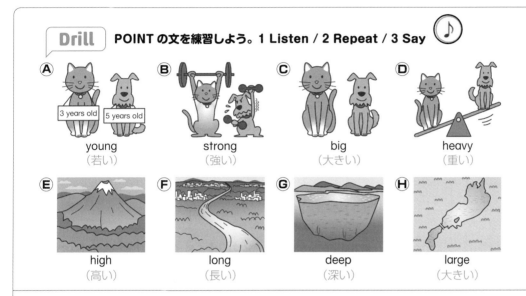

Drill **POINT の文を練習しよう。1 Listen / 2 Repeat / 3 Say**

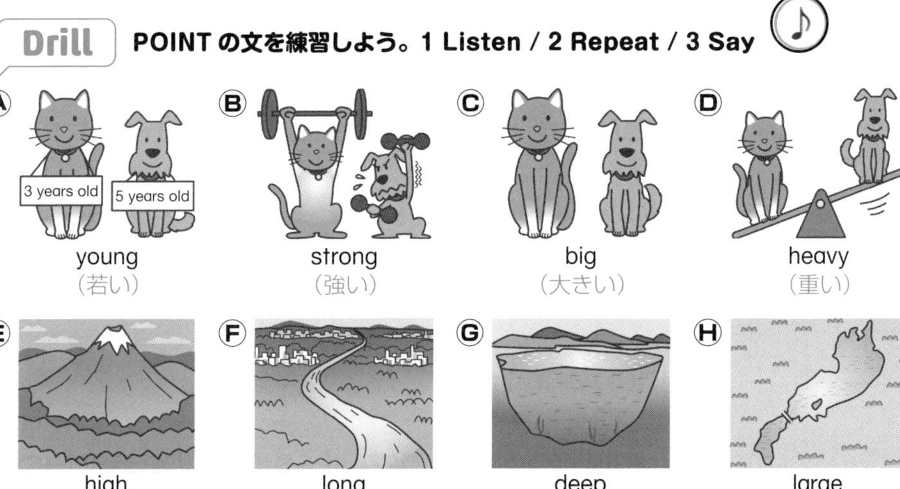

Ⓐ young (若い)
Ⓑ strong (強い)
Ⓒ big (大きい)
Ⓓ heavy (重い)
Ⓔ high (高い)
Ⓕ long (長い)
Ⓖ deep (深い)
Ⓗ large (大きい)

〈Repeatする英文〉

Ⓐ The cat is younger than the dog. (そのネコはそのイヌよりも若いです。)
Ⓑ The cat is stronger than the dog. (そのネコはそのイヌよりも強いです。)
Ⓒ The cat is bigger than the dog. (そのネコはそのイヌよりも大きいです。)
Ⓓ The cat is heavier than the dog. (そのネコはそのイヌよりも重いです。)
Ⓔ Mt. Fuji is the highest in Japan. (富士山は日本でいちばん高いです。)
Ⓕ The Shinano River is the longest in Japan. (信濃川は日本でいちばん長いです。)
Ⓖ Lake Tazawa is the deepest in Japan. (田沢湖は日本でいちばん深いです。)
Ⓗ Lake Biwa is the largest in Japan. (琵琶湖は日本でいちばん大きいです。)

・扉ページ(教科書p. 71)

① What are the people doing? (人々は何をしていますか。)
② What is a good activity for foreign tourists in Japan?
(日本で外国人観光客のためによい活動は何ですか。)

解答例 ① A man and a woman are looking at a map. (1人の男性と1人の女性が地図を見ています。)
People are doing rafting. (人々はラフティングをしています。)
Two women are enjoying shopping. (2人の女性は買い物を楽しんでいます。)
② Visiting many temples and shrines is. (たくさんの寺や神社を訪れることです。)

教科書 74~75ページ

GET Part 2 Things to Do in Japan

● 長い形容詞の比較の文のつくり方を学習しよう。

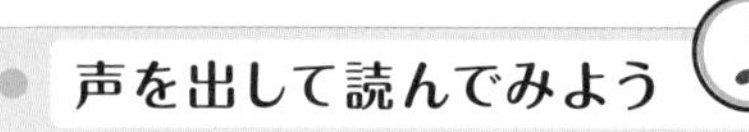

●姉妹校の生徒の歓迎会について，ウェブの記事を見ながら，陸とジンが話しています。

Riku : ❶ This table（テイブル） compares（コンペアズ） some popular activities for foreign tourists（フォーリン／外国人観光客）.

Jing : ❷ I see. ❸ Sightseeing（観光） is the most（モウスト） popular activity on the list（一覧表(に載っている中)で）.

Riku : ❹ Yes, and cultural activities（文化活動） are more（もっと） popular than shopping.

Jing : ❺ I think cultural activities are the perfect way to learn about Japan.

Riku : ❻ Then let's include（インクルード） them in（…を～に含める） the welcome party（パーティ）.

このtableは「表」の意味。

thinkのあとに接続詞thatが省略されている。「私は…だと思う」の意味。

不定詞の形容詞用法。「学ぶための」の意味でwayを修飾している。

❺のcultural activitiesを指している。

❼ Rank
Popular Activities for Foreign Tourists to Japan

❽ 1	Sightseeing	❿ 3	Shopping
❾ 2	Cultural activities	⓫ 4	Outdoor activities

POINT ♪

❶ *In（イン） our（アウア） class（クラス）, English（イングリシュ） is（イズ） popular（パピュラ）.*
（私たちのクラスでは，英語は人気があります。）

比較 I 比較級 (more)「…よりも～です」

❷ **In our class, English is more（モー） popular than（ザン） science（サイエンス）.**
（私たちのクラスでは，英語は理科よりも人気があります。）

• 長い形容詞などの比較級は，〈**more＋形容詞**〉の形になります。形容詞自体の形は変わりません。
• 「…よりも」は，〈形容詞＋-er〉の比較級の場合と同じく than ... で表します。

比較 II 最上級(most)「…の中で最も[いちばん]〜です」

❸ In our class, English is **the most popular of** all the subjects. (私たちのクラスでは，英語はすべての教科の中で最も人気があります。)

(イン アウア クラス イングリシュ イズ ザ モウスト パピュラ アヴ オール サブヂクツ)

- 長い形容詞などの最上級は，〈**most＋形容詞**〉の形になります。〈**形容詞＋-est**〉の最上級の場合と同じく，前にtheを置きます。
- 「…の中で」を表す inとofの使い分けも，〈**形容詞＋-est**〉の場合と同じです。

注意

「長い形容詞など」とは，次のようなものです。

- 3音節以上の語(dif-fi-cultなど)　difficult (難しい) – more difficult – most difficult
  popular (人気のある)，important (重要な)，expensive (高価な) など
- -ful, -ous, -ish,-ingなどで終わる語　famous (有名な) – more famous – most famous
  beautiful (美しい), interesting (おもしろい), useful (役に立つ), exciting (興奮させる) など

ここがポイント！

❸ Sightseeing is the most popular activity on the list.

- popularは長い形容詞なので，前にthe mostを置いて最上級を作ります。

❹ Yes, and cultural activities are more popular than shopping.

- popularは長い形容詞なので，前にmoreを置いて比較級を作ります。
- than shoppingは「買い物よりも」という意味を表します。

本文の意味をつかもう

陸：❶この表は，外国人観光客に人気のあるアクティビティを比較しているんだ。
ジン：❷なるほど。❸リストの中で，観光が一番人気のあるアクティビティなんだね。
陸：❹そうだね，そして文化活動は買い物よりも人気があるよ。
ジン：❺文化活動は日本を知るのに申し分ない方法だと思う。
陸：❻じゃあ，歓迎会に含めようよ。
❼順位　日本への外国人観光客に人気のあるアクティビティ
❽1　観光
❾2　文化活動
❿3　買い物
⓫4　野外の活動

Q&A

What does Jing think about cultural activities? (ジンは文化活動についてどう考えていますか。)

解答例 Jing thinks that they are the perfect way to learn about Japan.
(ジンはそれらは日本について知るための申し分ない方法だと考えています。)

Listen

花が，①「人気のある教科」と②「将来役に立つと思う教科」について，アンケート調査の結果を発表しています。①②の質問について，次の5つの教科の順位をメモしよう。

	English（英語）	music（音楽）	math（数学）	social studies（社会）	P.E.（体育）
① popular（人気のある）					
② useful（役に立つ）					

Talk & Write

(1) 無人島に行くとしたら，どのアイテムを持っていきますか。ペアで話そう。

water　sleeping bag　knife　matchbox　pet　book

㋐ *A :* What's the most important thing to take to a desert island?
（無人島に持っていくべき最も重要なものは何ですか。）
B : I think a matchbox is the most important thing.（私はマッチ箱が最も重要だと思います。）
A : Why do you think so?（なぜあなたはそう思うのですか。）
B : It's hard to make a fire by yourself.（独力で火をおこすのは難しいです。）

解答例 *A:* What is the most useful thing to take to a desert island?
（無人島に持っていくのに最も役に立つものは何ですか。）
B: I think a knife is the most useful thing.（私はナイフが最も役に立つものだと思います。）
A: Why do you think so?（なぜあなたはそう思うのですか。）
B: We can use it to get some food.（私たちは食べ物を手に入れるためにそれを使うことができるからです。）

(2) (1)で話したことを参考に，あなたの意見をまとめて書こう。

㋐ I think that a matchbox is the most important thing to take to a desert island. It is hard to make a fire by yourself.（私はマッチ箱が無人島に持っていくべき最も重要なものだと思います。独力で火をおこすのは難しいです。）

解答例 I think that a knife is the most useful thing to take to a desert island. We can use it to get some food.（私は無人島に持っていくのにナイフが最も役に立つものだと思います。私たちは食べ物を手に入れるためにそれを使うことができるからです。）

Word Bank
light a path in a tunnel　トンネルの小道を照らす　relax　くつろぐ
cut fruits　フルーツを切る　keep warm at night　夜に暖かくする

語句を確かめよう (p. 114)

重要 ☐ compare(s) [kəmpéər(z) / コンペア(ズ)]
動 比較する，比べる
☐ foreign [fɔ́:rən / フォーリン] 形 外国の
重要 ☐ most [móust / モウスト]
副〔形容詞・副詞の前について最上級を作る〕最も，いちばん
重要 ☐ list [líst / リスト] 名 リスト，一覧表
☐ cultural [kʌ́ltʃərəl / カルチャラル]
形 文化の，文化的な
重要 ☐ include [inklú:d / インクルード]
動 含む；含める

確認しよう

☐ table [téibl / テイブル]
名（各種の）表，一覧表
☐ party [pá:rti / パーティ]
名 パーティー，（社交の）会

語句を確かめよう（p. 116～117） 

- sleeping [slíːpiŋ / スリーピング]
  形 睡眠（用）の
- desert [dézərt / デザト]
  形 砂漠の；人の住んでいない
- 重要 yourself [jərsélf / ヨセルフ]
  代 あなた自身を〔に，で，が〕；自分で
- *by oneself* 独力で
- tunnel [tʌ́nl / タヌル] 名 トンネル
- relax [rilǽks / リラクス] 動 くつろぐ
- 重要 keep [kíːp / キープ]
  動 （ある状態・位置の）ままでいる
- matchbox [mǽtʃbàks / マチバクス]
  名 マッチ箱
- 重要 expensive [ikspénsiv / イクスペンスィヴ]
  形 高価な，（値段が）高い
- valuable [vǽljəbl / ヴァリャブル]
  形 高価な，貴重な
- colorful [kʌ́lərfəl / カラフル]
  形 色彩に富んだ，色とりどりの

5

Drill POINT の文を練習しよう。1 Listen / 2 Repeat / 3 Say 

POINT ❷

Ⓐ 

expensive
（値段が高い）

Ⓑ 
beautiful
（美しい）

Ⓒ 
popular
（人気のある）

Ⓓ 
valuable
（貴重な）

POINT ❸

Ⓔ 
exciting
（興奮させる）

Ⓕ 
colorful
（色彩に富んだ）

Ⓖ 
interesting
（おもしろい）

Ⓗ 
famous
（有名な）

〈Repeat する英文〉

Ⓐ This picture is more expensive than that one.（この絵はあの絵よりも値段が高いです。）

Ⓑ This picture is more beautiful than that one.（この絵はあの絵よりも美しいです。）

Ⓒ This picture is more popular than that one.（この絵はあの絵よりも人気があります。）

Ⓓ This picture is more valuable than that one.（この絵はあの絵よりも貴重です。）

Ⓔ This picture is the most exciting of the three.
（この絵は３枚の中で最も興奮させます。）

Ⓕ This picture is the most colorful of the three.
（この絵は３枚の中で最も色彩に富んでいます。）

Ⓖ This picture is the most interesting of the three.
（この絵は３枚の中で最もおもしろいです。）

Ⓗ This picture is the most famous of the three.
（この絵は３枚の中で最も有名です。）

教科書 76〜77ページ

GET Part 3 Things to Do in Japan

● 「…と同じくらい〜」や，動作について比べる言い方を覚えよう。

● 声を出して読んでみよう 

●ジンが，インターネットで，日本を訪れた海外からの観光客の感想を読んでいます。

❶ **My Trip to Japan**

❷ September 25
❸ Tia (New Zealand)

❹ When I visited Japan with my daughter(ドータ), we went sightseeing and shopping. ❺ We also participated(パーティスィペイテド) in cultural activities. ❻ They were as interesting as sightseeing or shopping. ❼ My daughter liked *shodo*, Japanese calligraphy, the best. ❽ I liked wearing a kimono(キモウノ) better although(オールゾウ) the fee(フィー) was quite(クワイト) high. ❾ We learned a lot and had fun.

participated in：…に参加した
a lot：たくさん
had fun：楽しんだ

- 「…とき」という意味を表す接続詞。（When）
- ❺のcultural activitiesを指している。（They）
- like ... the bestで「…がいちばん好き」という意味。
- wearingは動名詞。liked wearing ...で「…を着るのが気に入りました」という意味。
- like ... betterで「…のほうが好き」という意味。
- 「…だけれども」という意味を表す接続詞。（although）

比較 I as 〜 as ...「…と同じくらい〜」

❶ *My cat is cute.*(マイ キャト イズ キュート) （私のネコはかわいいです。）

❷ **My cat is as(アズ) cute as yours(ユアズ).** （私のネコはあなたのネコと同じくらいかわいいです。）

- 「…と同じくらい〜」と程度が同じであることを表すときは，〈**as＋形容詞＋as ...**〉を使います。
- as 〜 as ...が否定文で使われると，「…ほど〜でない」という意味になります。

比較 II 副詞の比較級　動作について比べて言うとき

❸ *Tom walks fast.*（トムは速く歩きます。）

❹ **Tom walks faster than Koji.**（トムは耕司よりも速く歩きます。）

- 副詞の比較級・最上級も，形容詞と同じようにして作ります。
  短い副詞…er, estをつける。　(例) hard（熱心に）— harder — hardest
  長い副詞や-lyで終わる副詞…前にmore, mostを置く。(例) easily（容易に）— more easily — most easily
- 比較級で「…よりも」をthanで表すのも，最上級で「…の中で」をinかofで表すのも，形容詞の場合と同じです。
- 副詞の最上級では，theは省略することもできます。

ここがポイント！

❻ They were as interesting as sightseeing or shopping.

- 〈as＋形容詞＋as ...〉（…と同じくらい〜）の形です。

❼ My daughter liked *shodo*, Japanese calligraphy, the best.

❽ I liked wearing a kimono better although the fee was quite high.

- 「…のほうが好き」，「…がいちばん好き」と言う場合には，それぞれ，like ... better, like ... (the) bestを使います。

本文の意味をつかもう

❶「私の日本旅行」 ❷9月25日 ❸ティア（ニュージーランド）
❹私が娘と一緒に日本を訪れたとき，私たちは観光と買い物に行きました。❺私たちは文化活動にも参加しました。❻文化活動は，観光や買い物と同じくらい興味深かったです。❼私の娘は日本の書法である書道がいちばん気に入りました。❽料金はとても高かったのですが，私は着付けの方が気に入りました。❾私たちはたくさんのことを学び，楽しみました。

Q&A

What cultural activities did Tia and her daughter participate in?
（ティアと彼女の娘は何の文化活動に参加しましたか。）

解答例 They participated in *shodo* and wearing kimonos.（彼らは書道と着付けに参加しました。）

Listen

ディヌーが, 文化祭の出しものについて, アンケート調査の結果を発表しています。ディヌーが発表で使っている2つのグラフをA～Dから選ぼう。

Graph ① (　　　)
グラフ①
Graph ② (　　　)
グラフ②

A
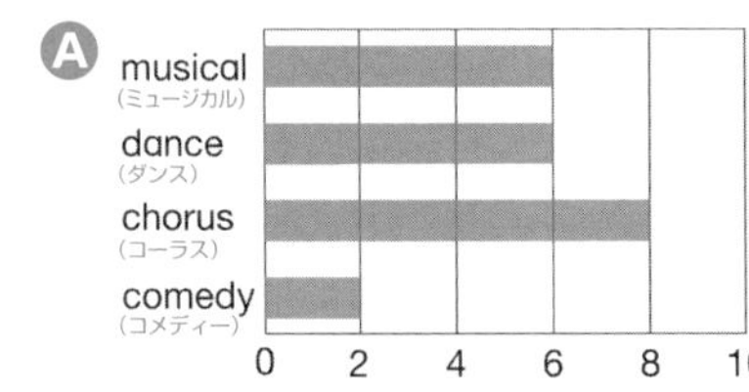

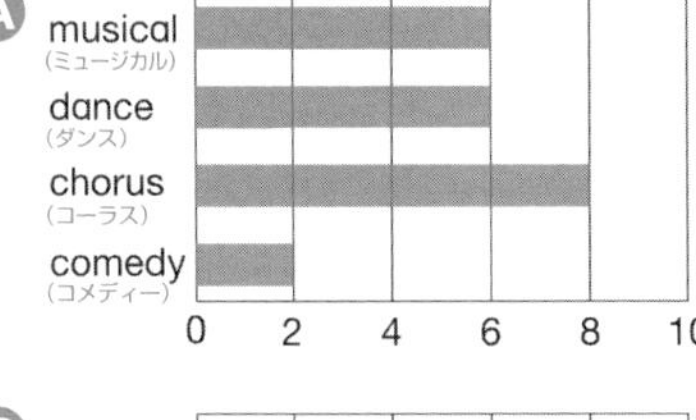

B
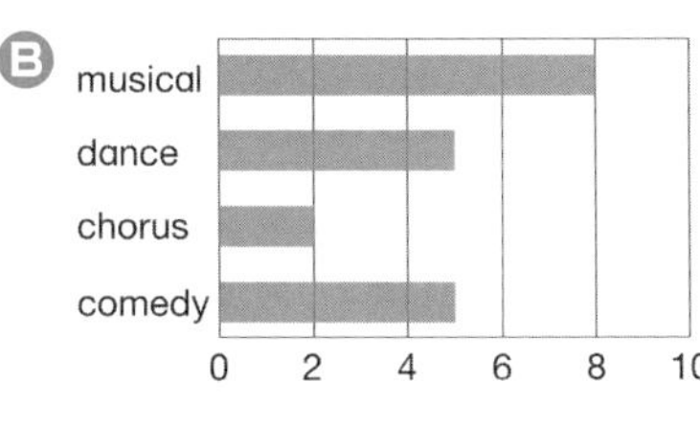

C
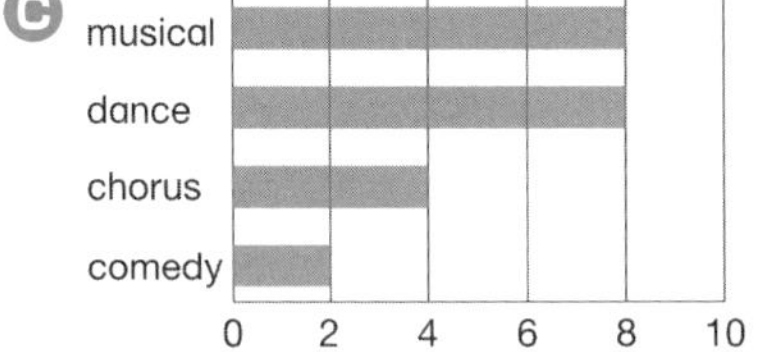

D
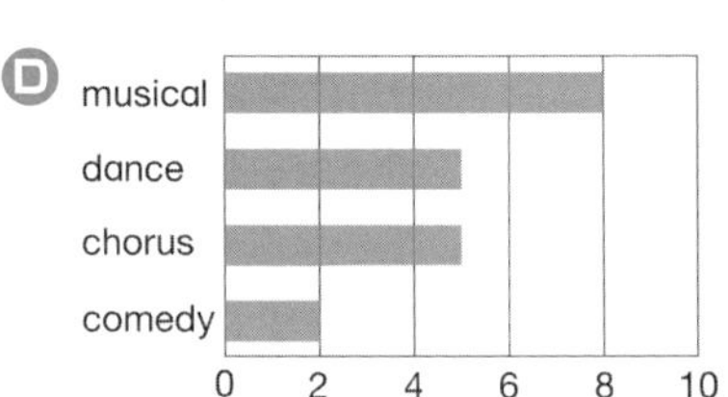

Talk & Write

(1) 例を参考にして, 好きな食べものについてペアで話そう。

① curry : chicken / beef / pork （カレー：チキン／ビーフ／ポーク）	② pizza: seafood / cheese / *teriyaki* （ピザ：魚介／チーズ／照り焼き）
③ hamburger : cheese / vegetable / fish （ハンバーガー：チーズ／野菜／魚）	④ noodles: *udon* / *soba* / *ramen* （麺：うどん／そば／ラーメン）

例 *A :* What food do you like the best?（あなたは何の食べものがいちばん好きですか。）
B : I like curry the best.（私はカレーがいちばん好きです。）
A : Which curry do you like better, chicken or pork?
（あなたはチキンとポークとどちらのカレーのほうが好きですか。）
B : I like chicken better.（私はチキンのほうが好きです。）

解答例 *A:* What food do you like the best?（あなたは何の食べものがいちばん好きですか。）
B: I like pizza the best.（私はピザがいちばん好きです。）
A: Which pizza do you like better, seafood or cheese?
（あなたは魚介とチーズのどちらのピザのほうが好きですか。）
B: I like cheese better.（私はチーズのほうが好きです。）

Word Bank
sandwich　サンドイッチ
ice cream flavor　アイスクリームの味
genre　ジャンル

(2) (1)で話したことをまとめて書こう。

例 I like curry the best. I like chicken curry better than pork curry.
（私はカレーがいちばん好きです。私はポークカレーよりチキンカレーのほうが好きです。）

解答例 I like pizza the best. I like cheese pizza better than seafood pizza (seafood one).
（私はピザがいちばん好きです。私は魚介のピザよりチーズのピザのほうが好きです。）

語句を確かめよう (p. 118)

重要 ☐ daughter [dɔ́ːtər / ドータ] 名 娘

☐ participate(d) [pɑːrtísəpèit(əd) / パーティスィペイト〔テド〕] 動 参加する，加わる

重要 ☐ although [ɔːlðóu / オールゾウ] 接 …だけれども；…という事実に関わらず

☐ fee [fíː / フィー] 名 料金

重要 ☐ quite [kwáit / クワイト] 副〔主観的に意味を強めて〕ほんとうに，とても，かなり，まあまあ

☐ *have fun* 楽しむ

☐ kimono [kimóunə / キモウノ] 名 着物

語句を確かめよう (p. 120〜121)

☐ seafood [síːfùːd / スィーフード] 名 魚介

☐ flavor [fléivər / フレイヴァ] 名 味，風味

☐ genre [ʒɑ́ːnrə / ジャーンル] 名 類型，ジャンル

☐ loud [láud / ラウド] 副 大声で，大きな音で

Drill POINT の文を練習しよう。1 Listen / 2 Repeat / 3 Say

Ⓐ 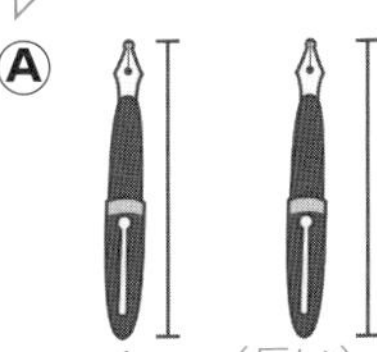
long（長い）

Ⓑ 
new（新しい）

Ⓒ 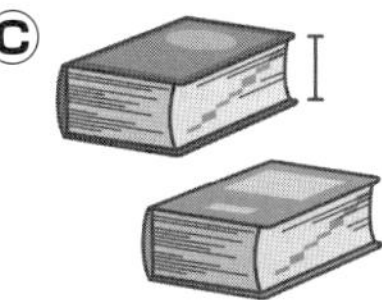
thick（厚い）

Ⓓ 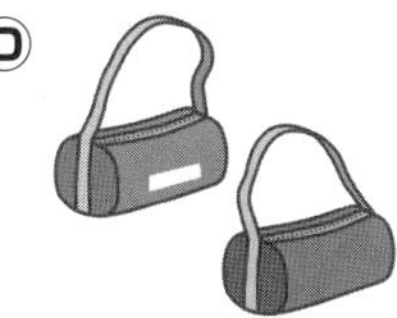
big（大きい）

Ⓔ 
speak loud（大声で話す）

Ⓕ 
sleep long（長く寝る）

Ⓖ 
come / early（来る／早く）

Ⓗ 
practice / hard（練習する／いっしょうけんめいに）

〈Repeat する英文〉

Ⓐ My pen is as long as yours.（私のペンはあなたのペンと同じくらいの長さです。）

Ⓑ My jacket is as new as yours.（私のジャケットはあなたのジャケットと同じくらい新しいです。）

Ⓒ My dictionary is as thick as yours.（私の辞書はあなたの辞書と同じくらいの厚さです。）

Ⓓ My bag is as big as yours.（私のバッグはあなたのバッグと同じくらいの大きさです。）

Ⓔ Tom speaks louder than Koji.（トムは耕司よりも大声で話します。）

Ⓕ Tom sleeps longer than Koji.（トムは耕司よりも長く寝ます。）

Ⓖ Tom comes to school earlier than Koji.（トムは耕司よりも早く学校に来ます。）

Ⓗ Tom practices judo harder than Koji.（トムは耕司よりもいっしょうけんめいに柔道を練習します。）

SETTING 来月わかば中学校を訪れるニュージーランドの姉妹校の先生から，メールが届きました。

声を出して読んでみよう ♪

> 手紙の書き出しに使う形。Dear ...で「親愛なる…」の意味となる。

> like ... the bestで「…がいちばん好き」という意味。

> ❾のEight of my studentsを指している。

> thinkのあとに接続詞thatが省略されている。「彼らは…だと思っている」という意味。

> beautifulの最上級。beautifulは長い形容詞なので，前にthe mostを置いて最上級を作る。

> 動名詞。前置詞の後ろに動詞を置く場合，動名詞を使う。

❶ From : Auckland High School
❷ To : Wakaba Junior High School
❸ Subject : Japanese Cultural Activities at the Party

1 ❹ Dear students and teachers at Wakaba Junior High School,

2 ❺ Thank you for (…をありがとう) offering (オーファリング) us some choices (チョイスィズ) of activities at the welcome party. ❻ Everybody in my class answered your question. ❼ I will write a summary (サマリ) in this e-mail. ❽ I will attach (アタチ) a file (ファイル) to (ファイルを添付する) give ((人に情報などを)伝える) you further (ファーザ) details (ディーテイルズ).

3 ❾ Eight of my students like the kimono activity the best. ❿ They know kimonos from Japanese movies and manga. ⓫ They think kimonos are the most beautiful thing in Japanese culture. ⓬ They want to wear them, take pictures (写真を撮る), and learn about the history of kimonos.

語句を確かめよう (p. 122) 

- ☐ *thank you for ...* …をありがとう
- 重要 ☐ offer(ing) [ɔ́ːfər (ɔ́ːfəriŋ) / オーファ(リング)] 動 提供する
- 重要 ☐ choice(s) [tʃɔ́is(əz) / チョイス(ィズ)] 名 選択
- ☐ summary [sʌ́məri / サマリ] 名 要約
- ☐ attach [ətǽtʃ / アタチ] 動 添付する
- 重要 ☐ file [fáil / ファイル] 名 ファイル
- 重要 ☐ further [fə́ːrðər / ファーザ] 形 さらなる
- ☐ detail(s) [díːteil(z) / ディーテイル(ズ)] 名 詳細

声を出して読んでみよう ♪

⑬のKarateを指している。

⑭のAnother eight studentsを指している。

⑰のA couple of my studentsを指している。

⑰のA couple of my studentsを指すtheyの所有格。

㉑の内容を指している。

動名詞で「会うこと」の意味。前置詞toのあとなので動名詞になっている。

4 ⑬ Karate (カラーティ) is as popular as wearing a kimono. ⑭ Another eight students chose (チョウズ) this activity. ⑮ Half (ハフ) of them are members (メンバズ) of a karate *dojo* in Auckland. ⑯ They think karate practice in Japan is harder than in New Zealand, so they want to practice karate with Japanese students.

5 ⑰ A couple of (カプル, 2,3人の) my students chose *shodo*. ⑱ These students are interested in (…に興味がある) languages. ⑲ They think Japanese writing (ライティング) is the most beautiful. ⑳ They want to use *shodo* brushes (毛筆) and write their names and some words in Japanese (日本語で).

6 ㉑ In short (要約すると), for our class, these three activities are more interesting than other activities. ㉒ I hope this information helps when you organize (オーガナイズ) the welcome party. ㉓ This will be a great opportunity (アパテューニティ) for us. ㉔ We look forward to (フォーワド, …を楽しみに待つ) seeing you soon.

㉕ All the best,

㉖ Jacob (ヂェイコブ)

語句を確かめよう (p. 123) ♪

- 重要 ☐ chose [tʃóuz / チョウズ] 動 choose (選ぶ) の過去形
- 重要 ☐ half [hǽf / ハフ] 名 半分
- ☐ *half of ...* …の半分
- 重要 ☐ member(s) [mémbər(z) / メンバ(ズ)] 名 会員
- ☐ *a member of ...* …の一員
- 重要 ☐ couple [kʌ́pl / カプル] 名 (同じ種類の) 2 (, 3) 個〔人〕
- ☐ *a couple of ...* 2, 3の…
- ☐ writing [ráitiŋ / ライティング] 名 書かれたもの
- 重要 ☐ organize [ɔ́:rgənàiz / オーガナイズ] 動 計画して準備する
- 重要 ☐ opportunity [àpərtjú:nəti / アパテューニティ] 名 機会
- 重要 ☐ forward [fɔ́:rwərd / フォーワド] 副 前へ, 先へ
- ☐ *look forward to ...* …を楽しみに待つ
- ☑ karate [kərá:ti / カラーティ] 名 空手
- ☑ Jacob [dʒéikəb / ヂェイコブ] 名 ジェーコブ (名前)

本文の意味をつかもう

❶差出人：オークランド高校
❷宛先：わかば中学校
❸件名：パーティーでの日本の文化体験
[1] ❹わかば中学校の生徒のみなさん，先生方へ
[2] ❺歓迎会でのアクティビティの選択肢をいくつか提示してくださり，ありがとうございます。❻私のクラス全員が，みなさんの質問に答えました。❼このメールでまとめをお伝えします。❽詳細については，ファイルを添付します。
[3] ❾私の生徒のうち８名は，着付け体験がいちばん気に入っています。❿彼らは，日本の映画や漫画を通じて着物を知っています。⓫彼らは，着物が日本文化の中でいちばん美しいものだと思っています。⓬彼らは，着物を着て写真を撮り，その歴史について知りたいと思っています。
[4] ⓭空手は着付けと同じくらい人気があります。⓮別の８名がこのアクティビティを選びました。⓯そのうちの半分は，オークランドの空手道場のメンバーなのです。⓰彼らは，日本での空手の練習はニュージーランドでの練習よりも厳しいと思っています。だから，彼らは日本の生徒と一緒に空手を練習したいと思っているのです。
[5] ⓱生徒のうち２，３人は書道を選びました。⓲これらの生徒は言語に興味を持っています。⓳彼らは，日本語で書かれたものが最も美しいと思っています。⓴彼らは書道の筆を使って，彼らの名前といくつかのことばを日本語で書きたいと思っています。
[6] ㉑要約すると，私たちのクラスにとって，これら３つのアクティビティが他のアクティビティよりも興味深いものであるということです。㉒歓迎会を計画してくださる際に，この情報がお役に立つことを願っています。㉓歓迎会は私たちにとって，すばらしい機会となることでしょう。㉔近いうちにお会いできることを楽しみにしています。
㉕ごきげんよう
㉖ジェーコブ

STAGE 1 Get Ready　メールを読む前に確認しよう。

(1) 海外に住む友だちが日本に来ることになったら，どんなプランを考えますか。

解答例
海外に住む友だちが興味を持ちそうなこと，好きなものを体験することのできるプランを考えたい。

(2) 海外から日本に来る観光客は日本でどんなことを体験してみたいと思っているでしょうか。話し合おう。

解答例
自国ではなかなか体験できない，日本ならではのことを体験したいと思っていると思う。

STAGE 2 Read　メールの要点をとらえよう。

Guide 1

(1) 誰から送られてきたメールですか。
(2) 何について書かれたメールですか。

解答例
(1) ニュージーランドの姉妹校の先生から　The teacher at Auckland High School（❶）
(2) わかば中学校での歓迎会での日本文化(体験)活動について
About Japanese cultural activities at the party（❸）

Guide 2

３つのアクティビティを，選んだ人数が多い順に書き出そう。

解答
着付けと空手（❾，⓮）→書道（⓱）

Guide 3

(1) 着物を選んだ生徒がしたいことに下線を引こう。
(2) 空手を選んだ生徒がしたいことに波線を引こう。
(3) 書道を選んだ生徒がしたいことに二重線を引こう。

解答例

(1) They want to wear them, take pictures, and learn about the history of kimonos. (⑫)
(2) they want to practice karate with Japanese students (⑯)
(3) They want to use *shodo* brushes and write their names and some words in Japanese. (⑳)

Goal メールの要点を表にまとめよう。

Choices	Number	Examples
the kimono activity（着付け）	8	• wear kimonos and take pictures （着物を着て写真を撮る） • learn about the history of kimonos （着物の歴史について学ぶ）
karate（空手）	8	• practice karate with Japanese students（日本の生徒たちと一緒に空手を練習する）
shodo（書道）	2-3	• use *shodo* brushes （書道の筆を使う） • write their names and some words in Japanese（彼らの名前といくつかのことばを日本語で書く）

STAGE 3 Think & Talk

姉妹校の生徒の歓迎会では，どのアクティビティをするとよいですか。また，それはなぜですか。グループで話し合おう。

解答例

A: I think the kimono activity is perfect because many students want to wear one and take pictures. Both boys and girls can enjoy the activity. (たくさんの生徒が着物を着て写真を撮りたいので，私は着付けが申し分ないと思います。男の子と女の子の両方がその活動を楽しむことができます。)

B: The kimono activity is a good idea, but it takes a lot of time. Also, it is difficult for us to get a lot of kimonos. I think that karate is the best activity. Everyone can join the karate practice. (着付けはよい考えですが，それはたくさん時間がかかります。また，私たちにとってたくさんの着物を手に入れるのは難しいです。私は空手がいちばんよい活動だと思います。みんな空手の練習に参加することができます。)

C: B is right. The kimono activity is not a good activity. However, I think that we don't have much place for doing karate. I think that *shodo* is the perfect activity. Paper for *shodo* and brushes are not that expensive. (Bは正しいです。着付けはよい活動ではありません。しかしながら，私は空手をするためのたくさんの場所がないと思います。私は書道が申し分ない活動だと思います。書道のための紙と筆は値段がそんなに高くありません。)

Tips for Reading 文章から読み取った内容を，表などにまとめて整理してみよう。

☑ Check

●次の語句は何を指していますか。 them (⑫)， these three activities (㉑)

解答

them (⑫)：kimonos (⑪)(着物)

these three activities (㉑)：the kimono activity (⑨), karate (⑬), *shodo* (⑰)(着付け，空手，書道)

人気のあるものを調べてレポートを書こう

日本の中学生に人気のあるものを調べて，ニュージーランドの中学生に教えてあげることになりました。
アンケートをとって，結果をレポートにまとめよう。

Check 設定を確認しよう。

(何のために) ニュージーランドの中学生に日本を知ってもらうために

(何について)

(何をする)

1. Follow the Steps

陸がレポートを書いています。どんなことを考えながら書いているか確認しよう。

Step 1 内容を考える

What's a good topic?

ニュージーランドはアイスの消費量が多いってテレビで見たな。
おもしろそうだからアイスにしよう。

What can I ask?

アンケートをとるときはとりあえず好きな理由も聞いておこう。

Topic
(話題)
- □スポーツ
- □スナック菓子
- □アイスの味
- □アプリ
- □キャラクター
- □音楽

Q. What is your favorite ice cream flavor?

Ice Cream Flavor (アイスクリームの味)	Students (生徒)	Reasons (理由)
□ vanilla (バニラ)	9	どこで食べてもおいしい，飽きない
□ cookies and cream (クッキーアンドクリーム)	8	食感が好き，クッキーがアイスと合う
□ strawberry cheesecake (ストロベリーチーズケーキ)	3	見た目がかわいい，組み合わせがおもしろい
□ chocolate (チョコーレート)	12	チョコは裏切らない
□ chocolate mint (チョコミント)	4	さっぱりしている，つい食べたくなる
□ green tea (抹茶)	2	抹茶味のものは何でも好き

〔cheesecake チーズケーキ　mint ミント〕

● 語句を確かめよう (p.126) 

☐ vanilla [vəníla / ヴァニラ] 名 バニラ

  考えを整理する

陸のひとりごと

What can I write?

ランキングだから１位から並べた方がわかりやすいよね。

How can I write?

・順位を言うときは in ＋ the ＋序数＋ place。でも毎回同じ表現だとおもしろくないから，少しずつ変えよう。

・抹茶は *matcha* でも通じるみたい！でもランキング外だ…残念。

Opening（初めのことば）	トピック	popular ice cream flavor（人気のあるアイスクリームの味）	
Body（内容）	調査結果	– the most popular（一番人気）	→ chocolate（チョコレート）
		– in the second（二番目）	→ vanilla（バニラ）
		– the third most popular（三番目に入気）	→ cookies and cream（クッキーアンドクリーム）
Closing（終わりのことば）	まとめ	My classmates like traditional flavors better than new ones.（私のクラスメイトは新しい味よりも定番の味のほうが好きです。）	

Q Step❶の日本語のメモのうち，Step❷で陸が取り上げたものにチェック☑しよう。

解答 Topic…アイスの味　Ice Cream Flavor : vanilla，cookies and cream，chocolate

  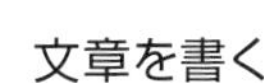文章を書く

陸のひとりごと

Now, let's write!

文のはじめにこのトピックを選んだきっかけを書いたら，興味を持って読んでくれるかな？

 **Japan** → **New Zealand** 

Title **Favorite Ice Cream Flavor**　Name Kato Riku

I heard that people in New Zealand really like ice cream. My friends and I like it, too. I asked my classmates, "What is your favorite ice cream flavor?" Chocolate is the most popular flavor. Vanilla is the second. The third is cookies and cream. I think that my classmates like traditional flavors better than new ones.

日本 ――――――――――――――――――――――▶ ニュージーランド

タイトル　お気に入りのアイスクリームの味	名前　加藤陸
私は，ニュージーランド人はアイスクリームがとても好きだと聞きました。私の友だちも私もそれ(アイスクリーム)が好きです。私はクラスメイトに「あなたのお気に入りのアイスクリームの味は何ですか？」と聞きました。チョコレートが一番人気の味です。バニラが二番目です。三番目はクッキーアンドクリームです。私のクラスメイトは新しいもの(味)よりも，定番の味が好きなのだと私は思いました。	

Q Step ❸の英文のうち，Opening, Body, Closing はどの部分ですか。／で区切ろう。

解答 Opening : I heard that people in New Zealand really like ice cream. My friends and I like it, too.

Body : I asked my classmates, "What is your favorite ice cream flavor?" Chocolate is the most popular flavor. Vanilla is the second. The third is cookies and cream.

Closing : I think that my classmates like traditional flavors better than new ones.

2. Work in Class クラスやグループで協力して書こう。

Step ❶ 内容を考える

Topic（話題）
☐
☐
☐
☐

	Students（生徒）	Reasons（理由）

解答例

Topic
☐ *Ramen*（ラーメン）
☐
☐
☐

	Students	Reasons
Miso(味噌)	17	やっぱり味噌でしょ。太麺にからむスープがおいしい。
Shio(塩)	1	さっぱりしていて，もたれない感じが好き。
Tonkotsu(とんこつ)	13	濃厚な味がやみつき。細い麺もよい。
Shoyu(醤油)	7	安心する味。

Step 2 考えを整理する

解答例

Opening（初めのことば）	トピック	popular *ramen* flavor （人気のあるラーメンの味）
Body（内容）	（調査結果）	– the most popular → *miso* （一番人気→味噌） – in the second → *tonkotsu* （二番目→とんこつ） – in the third most popular → *shoyu* （三番目に人気→醤油）
Closing（終わりのことば）	まとめ	I think that my classmates like rich and strong flavors better than plain and simple flavors. （私は私のクラスメイトは，あっさりしたシンプルな味よりも，濃厚で強い味が好きだと思います。）

Step 3 文章を書く

解答例 Title: Favorite *Ramen* Flavor

Japanese people like *ramen* very much. There are many *ramen* shops in Japan. We have many in our town, too. Each *ramen* shop has its own flavor. What is the most popular flavor? I asked my classmates this question.

38 of my classmates answered my question. The most popular flavor is *miso*. *Tonkotsu* is the second. The third is *shoyu*. I think that my classmates like rich and strong flavors better than plain and simple flavors. What about me? I love *tonkotsu*!

タイトル：お気に入りのラーメンの味

日本人はラーメンがとても好きです。日本にはたくさんのラーメン店があります。私たちの町にもたくさんあります。それぞれのラーメン店ごとに独自の味があります。最も人気のある味は何でしょう。私はクラスメイトにこの質問をたずねました。

私のクラスメイトのうち 38 人が私の質問に答えました。最も人気のある味は味噌です。とんこつは 2 番目です。3 番目は醤油です。私のクラスメイトは，あっさりしたシンプルな味よりも，濃厚で強い味が好きだと思います。私はどうでしょう？ 私はとんこつが大好き！

3. Write by Yourself

あなたの身の回りで人気のあるものについてレポートを書こう。解答例（略）

Idea Box

【トピック】

sports スポーツ　music 音楽　TV show テレビ番組　singer 歌手　actor 俳優
athlete スポーツ選手　song 曲　movie 映画　character キャラクター　snack お菓子
potato chips ポテトチップス　drink 飲み物　popular 人気のある　famous 有名な

【その他】

Students in my class like these kinds of movies.
私たちのクラスの生徒はこれらの種類の映画が好きです。

Our class likes action movies the best. 私たちのクラスはアクション映画が一番好きです。

Take Action!  イベントの紹介

話し手が伝えたいことを聞き取る

10月の後半に，夏海がマリアと遊園地に行くことになりました。ある夜，夏海がラジオを聞いていると，遊園地のイベント情報が流れてきました。

Expressions

cooking activity　料理のアクティビティ
pumpkin pie　カボチャのパイ
meat pie　肉の入ったパイ
tenth anniversary　10周年記念
hat　帽子

STAGE 1 Get Ready

1. 遊園地ではどんなイベントが行われると思いますか。
   ハロウィン／バーベキュー大会／キャラクターグッズが当たるイベント／キャラクター1日体験
2. 右のExpressionsを参考に，イベントの案内で使われる表現を確認しよう。
   解答例 (略)

STAGE 2 Listen 

1st Listening　イベントの案内を聞いて，10月の後半にできることにチェック☑しよう。

Autumn Festival in CROWN LAND
(クラウンランドのオータム・フェスティバル)

Season 1: September 10 → October 10
(シーズン1：9月10日～10月10日)

Season 2: October 11 → November 10
(シーズン2：10月11日～11月10日)

ACTIVITY (アクティビティ)	□make a meat pie (肉の入ったパイを作る)		□make a pumpkin pie (カボチャのパイを作る)
FOOD (食べもの)	□fresh fruit (新鮮な果物)	□popcorn (ポップコーン)	□pumpkin pie (カボチャのパイ)
SHOPPING (買い物)	□key chain (キーホルダー)	□hat (帽子)	□T-shirt (Tシャツ)

〔season 時期〕

2nd Listening　聞き取れなかった部分に注意しながら，もう一度聞いてみよう。

3rd Listening　巻末の**Audio Scripts**を見ながら音声を確認しよう。(スクリプトはp. 219) 

STAGE 3 Think & Act

遊園地でどんなことができるか説明しよう。解答例 (略)

BONUS STAGE　別のイベントの説明を聞いてみよう。(スクリプトはp. 222) 

語句を確かめよう (p. 130) 

☐ pumpkin [pʌ́mpkin / パンプキン]
名 西洋カボチャ

☐ anniversary [æ̀nəvə́ːrsəri / アニヴァーサリ]
名 (年ごとの) 記念日，記念祭

確認しよう

☐ hat [hǽt / ハト] 名 ぼうし (縁のあるもの)

Take Action! Talk 4 一緒に遊園地に行かない？

誘う　誘いに応じる・誘いを断る

Skit ジンがマークに電話をかけています。

Jing

Jing: ❶ Hello, this is Jing. ❷ Can I speak to Mark?

Mark: ❸ Speaking.

電話で「私です。」と答えるときは，Speaking. を使う。

Jing: ❹ Guess what? ❺ I have two Wakaba Amusement Park tickets!

Mark

Mark: ❻ That's nice.

Jing: ❼ Well, if you are free (ひまな) on Sunday, why don't we go together?

Mark: ❽ Sunday? ❾ Sure. ❿ Thank you.

ジン：❶もしもし，ジンです。❷マークをお願いできますか。
マーク：❸ぼくだよ。
ジン：❹ちょっと聞いて。❺私はわかば遊園地のチケットを２枚持っているの！
マーク：❻それはいいね。
ジン：❼ええと，もしあなたが日曜日にひまだったら，一緒に行かない？
マーク：❽日曜日？ ❾もちろん。❿ありがとう。

Expressions

誘う
Why don't we ...?　…しませんか。
Shall we ...? / Let's ....
　…しましょうか。／…しましょう。

誘いに応じる
Sure. / Yes, let's.
　もちろん。／はい，しましょう。

誘いを断る
Next time. / I'd like to, but ....
　次の機会にね。／…したい，でも
I'm sorry, I can't. I have ....
　すみません，できません。私は…があって

Work in Pairs

1. 上のスキットをペアで演じてみよう。
2. 巻末のロールプレイシートを使って，A・Bの役割をペアで演じてみよう。

解答例

A: Hello, this is A. Can I speak to B? (もしもし，Aです。Bをお願いできますか。)
B: Speaking. (ぼくだよ。)
A: Guess what? I have two amusement park tickets!
(ちょっと聞いて。私は遊園地のチケットを２枚持っているのよ！)
B: That's nice. (それはいいね。)
A: Well, if you are free on Saturday, why don't we go together?
(ええと，もしあなたが土曜日にひまだったら，一緒に行かない？)
B: I'm sorry, I can't. I have a piano lesson on Saturday. How about Sunday?
(ごめんね，行けないよ。ぼくは土曜日にピアノのレッスンがあるんだ。日曜日はどう？)
A: Sure. Let's go together on Sunday. (もちろん。日曜日に一緒に行きましょう。)

語句を確かめよう (p. 131)

- ☐ *Can I speak to ...?* 〔電話で〕…さんをお願いできますか。
- ☐ *Speaking.* 私です。
- ☐ **I'd** I wouldの短縮形

確認しよう

- ☐ would [wúd / ウド] 助 (…する)だろう，…でしょう：(…する)つもりだ，…しよう

GET Plus 5 演奏の仕方を教えましょう

Dialog 文化祭で，和太鼓を演奏した花に，ケイトのお母さんが話しかけました。

Your performance was great.

Thank you. I'll show you **how to** play the Japanese drum.

ケイトの母：あなたの演奏はすばらしかったですよ。
花：ありがとうございます。どうやって和太鼓をたたくか教えましょう。

「どのように…するか」と言うときは how to ...を使います。

Exercise 1 花になったつもりで，「どのように…するか教えましょう」と伝えよう。

❶ 

解答例 I'll show you how to play *kendama* tricks.（私はあなたにけん玉の仕方を見せましょう。）

❷ 

解答例 I'll teach you how to do karate.（私はあなたに空手の仕方を教えましょう。）

❸ 

解答例 I'll show you how to perform *rakugo*.（私はあなたに落語の仕方を見せましょう。）

Exercise 2 例を参考にペアで会話しよう。（➡Word Bank p. 133）

次の□から１つ選んで，それを知っているかたずねたり，質問に答えたりしよう。

そばを作る方法	折り鶴を折る方法 ／	花見ができる場所	忍者に会える場所

例 *A:* Do you know how to make *soba*?（あなたはそばの作り方を知っていますか。）
B: Yes. I made it last week.（はい。私は先週それを作りました。）

解答例 ・折り鶴を折る方法
A: Do you know how to fold paper cranes?（あなたは折り鶴の折り方を知っていますか。）
B: Yes. I made some last week. [No. I heard it's difficult.]
（はい。私は先週いくつか作りました。[いいえ。それは難しいと聞きました。]）

Write 上で方法や場所についてたずねた文を書こう。解答例（略）

Try ペアで，何かをする方法や場所について，自由に会話しよう。解答例（略）

Try Idea Box

send a letter overseas 海外に手紙を送る
use a dictionary 辞書を使う
draw manga 漫画を描く
whistle 口笛を吹く
snowboard スノーボードをする

Word Bank 日本の文化や観光に関することば

make *soba*
（そばを作る）

fold paper cranes
（折り鶴を折る）

put on a kimono
（着物を着る）

arrange flowers
（生け花をする）

do *shodo*
（書道をする）

drink *matcha*
（抹茶を飲む）

play the *shamisen*
（三味線をひく）

cook *okonomiyaki*
（お好み焼きを作る）

see cherry blossoms
（桜を見る）

meet a ninja
（忍者に会う）

buy a bonsai
（盆栽を買う）

dance at a festival
（祭りで踊る）

choose Japanese souvenirs
（日本のお土産を選ぶ）

find a guidebook
（ガイドブックを見つける）

see pandas
（パンダを見る）

eat good seafood
（おいしい魚介を食べる）

語句を確かめよう（p. 133） 

- ☐ fold [fóuld / フォウルド] 動 折りたたむ
- ☐ arrange [əréindʒ / アレインヂ] 動 整える
- ☐ ninja [níndʒə / ニンヂャ] 名 忍者
- ☐ bonsai [bànsái / バンサイ] 名 盆栽

文法のまとめ ⑤

―● 比較の用法を確認しよう。

形容詞の比較級

→ Lesson 5 GET Part 1, 2

◆「…よりも～です」などと２つのものを比べて言うときには，形容詞の比較級を使います。比較級は，短い単語は〈形容詞＋-er〉の形，長い単語は〈more＋形容詞〉の形になります。

		比較級	「…よりも」	英文の意味
短い形容詞	The Amazon is	longer	than the Shinano River.	アマゾン川は信濃川よりも長いです。
長い形容詞	In our class, English is	more popular	than science.	私たちのクラスでは，英語は理科よりも人気があります。

形容詞の最上級

→ Lesson 5 GET Part 1, 2

◆「…の中で最も[いちばん]～です」などと３つ以上のものを比べて言うときには，形容詞の最上級を使います。最上級は，短い単語は〈the＋形容詞＋-est〉の形，長い単語は〈the most＋形容詞〉の形になります。

		最上級	「～の中で」	英文の意味
短い形容詞	The Amazon is	the longest	in South America.	アマゾン川は南アメリカでいちばん長いです。
長い形容詞	In our class, English is	the most popular	of all the subjects.	私たちのクラスでは，英語はすべての教科の中で最も人気があります。

○比較級・最上級のつくり方

①形容詞を変化させるもの

high（高い）– higher – highest　　（そのままer，estをつける）

large（大きい）– larger – largest　　（-eで終わる語は，r，stをつける）

big（大きい）– bigger – biggest　　（語尾が〈母音字＋子音字〉の語は，最後の文字を重ねてer，estをつける）

happy（幸せな）– happier – happiest　　（語尾が〈子音字＋y〉の語は，yをiにかえてer，estをつける）

②more，mostをつけるもの

famous（有名な）– more famous – most famous　　（語尾が-ful，-ous，-ish，-ingなどの語）

difficult（難しい）– more difficult – most difficult　　（３音節以上の語（dif-fi-cult））

③不規則変化させるもの

good（よい）– better – best　well（上手に）– better – best　bad（悪い）– worse – worst

many（多くの）– more – most　much（たくさんの）– more – most　little（少ない）– less – least

Drill 1 各文の下線部を比較級か最上級に変え，日本語に合うように英文を書き換えましょう。

1. This question is easy.（この問題のほうがあれよりも簡単だ。）
2. The pencil is long.（そのえんぴつは5本の中でいちばん長い。）

副詞の比較級・最上級

→ Lesson 5 GET Part 3

◆動作の速さやうまさなどについて比べて言うときには，副詞を比較級や最上級にします。

		比較級・最上級	「～よりも，～の中で」	英文の意味
比較級	Tom walks	faster	than Koji.	トムは耕司よりも速く歩きます。
最上級	Miki can run	the fastest	in our class.	美紀は私たちのクラスで最も速く走ることができます。

- 副詞の比較級・最上級は，動詞・形容詞・副詞を修飾するという点を除けば，形も比較対象の表し方も形容詞の比較級・最上級の場合と同じです。ただし，副詞の最上級ではtheを省略することができます。
  (例) Miki can run **fastest** in our class.

as ... as ～

→ Lesson 5 GET Part 3

◆「～と同じくらい…」と程度が同じことを言うときは，〈as＋形容詞[副詞]＋as〉で表します。ただし，as ... as ～が否定文で使われると「～ほど…ない」という意味になります。

My cat	is		as cute as yours.	私のネコはあなたのネコと同じくらいかわいいです。
My cat	is	not	as cute as yours.	私のネコはあなたのネコほどかわいくありません。

Drill 2 文の下線部の形を変えて，日本語に合うように文を書き換えましょう。

Your bag is heavier than mine.

1. あなたのかばんは私のと同じくらい重い。
2. あなたのかばんは私のほど重くない。

〈疑問詞(howなど)＋to ...〉

→ Lesson 5 GET Plus 5

◆「どのように…するか」などと言うときは，〈疑問詞＋to＋動詞の原形〉で表します。

I'll show you **how to** play the Japanese drum.
〈how to＋動詞の原形〉→「…の仕方」
(私はあなたに和太鼓の演奏の仕方を見せましょう。)

- **〈疑問詞＋to ...〉の表現**
  - what to ...「何を…するか」
  - when to ...「いつ…するか」
  - where to ...「どこへ[で]…するか」

Drill 3 日本語に合うように，(　　)に当てはまる語を1語ずつ答えましょう。

1. I don't know (　　　) (　　　) do next.（私は次に何をすればよいかわかりません。）
2. Do you know (　　　) (　　　) start?（あなたはいつ始めればよいか知っていますか。）

Reading for Information 3 公園の看板

WELCOME to Midori Park

Dog Park

OPEN 6:00 a.m. – 7:00 p.m.

PROHIBITED

- sick dogs
- aggressive dogs
- dogs younger than 4 months

Saturdays	Sundays
9:00 – 11:00 a.m. - training class - small dogs only	7:00 – 8:00 a.m. - dog care class - no reservation
2:00 – 4:00 p.m. - dog care class - need reservation	4:00 – 6:00 p.m. - training class - big dogs only

RULES

▶ Use the park at your own risk.
▶ Owners must be in the park to supervise their dogs at all times.
▶ Close the gate before you unleash the dog.
▶ Children under 7 cannot enter the field.
▶ Do not bring in food or treats.

みどり公園へようこそ

ドッグパーク

・開園　午前6時～午後7時

禁止されていること

・病気の犬
・攻撃的な犬
・4か月より若い犬

土曜日	日曜日
午前9:00～11:00 ・訓練クラス ・小型犬のみ	午前7:00～8:00 ・犬の世話クラス ・予約不要
午後2:00～4:00 ・犬の世話クラス ・要予約	午後4:00～6:00 ・訓練クラス ・大型犬のみ

ルール

▶自分の責任において公園を使ってください。
▶飼い主は常にイヌを監督するために公園にいる必要があります。
▶イヌを放す前に門を閉めてください。
▶7歳未満の子どもはフィールドに入ることができません。
▶食べものやごほうびは持ちこんではいけません。

1. この施設に入れる犬と飼い主に○をつけよう。

解答例 ②, ③

トモは食べものを持っているので入れない。

2. 花と陸の質問に答えよう。

5歳のいとこと散歩に来たんだけど，一緒に入ってもいいのかな？

解答例

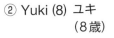

No. Children under 7 cannot enter the park.
(いいえ。7歳未満の子どもはそのパークに入れません。)

おばあちゃんが飼っている小型犬をトレーニング教室に連れて行きたいんだけど，いつ行けばいいのかな？

解答例

You can come to the dog park with her dog at 9:00 a.m. on Saturday.
You can bring her dog to the dog park between 9:00 and 11:00 a.m. on Saturday.
(あなたは土曜日の午前9時に彼女のイヌと一緒にドッグパークに来ることができます。
あなたは彼女のイヌをドッグパークに土曜日の午前9時から11時の間に連れてくることができます。)

(p. 136)

prohibited 禁止されていること　aggressive 攻撃的な　training 訓練　only …だけ　reservation 予約　care 世話　at one's own risk 自分の責任において　owner 飼い主　close 閉める　unleash (つないだ犬)を解き放つ　under 未満で　enter 入る　treat ごほうび

修学旅行のプランを提案しよう

海外にある3つの姉妹校が，修学旅行で日本を訪れることを検討しています。
それぞれの学校のアンケート結果を参考にして，おすすめの行き先を提案しよう。

Check 設定を確認しよう。

（何のために） 姉妹校に，日本に修学旅行に来てもらうために

（何をする）

1. Read 3つの学校の生徒が日本でしたいことについてのアンケート結果を読んでみよう。

School A

Country : Australia
City : Cairns

Results of the Survey

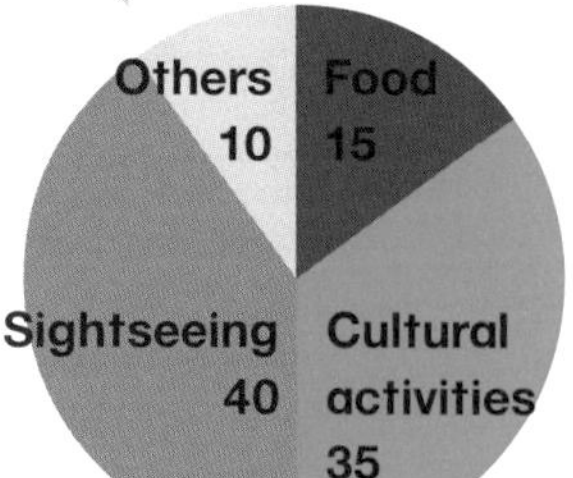

Sightseeing :

- temples and shrines
- beautiful landscape

Food :

- sushi
- Japanese curry
- *ramen*

Cultural activities :

- skiing, snowboarding
- become a ninja
- *kabuki*

School B

Country : China
City : Beijing

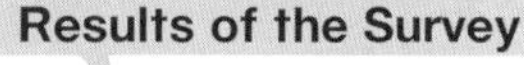

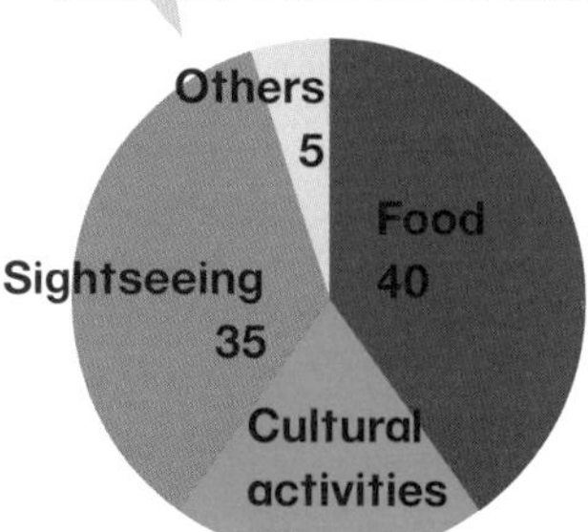

Sightseeing :

- cherry blossoms
- Japanese-style garden

Food :

- tempura
- Japanese noodles
- cute sweets

Cultural activities :

- *kabuki*
- hot springs

School C

Country : Thailand
City : Chiang Mai

Results of the Survey

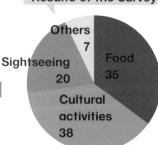

Others 7
Food 35
Sightseeing 20
Cultural activities 38

Sightseeing :

- Mt. Fuji, Shirakawago, etc ...
- museums of anime and manga
- amusement parks

Food :

- sushi
- Japanese beef
- *takoyaki*

Cultural activities :

- wear traditional clothes
- hot springs
- make Japanese sweets

学校 A	アンケート結果	食べ物：すし，日本のカレー，ラーメン
国：オーストラリア	食べ物：15	文化活動：スキー，スノーボード，忍者になる，歌舞伎
都市：ケアンズ	文化活動：35	
観光：寺や神社，美しい風景	観光：40	
	その他：10	

学校 B	アンケート結果	食べ物：天ぷら，（うどん・そばなどの）和風の麺，かわいいお菓子
国：中国	食べ物：40	文化活動：歌舞伎，温泉
都市：北京	文化活動：20	
観光：桜，日本庭園	観光：35	
	その他：5	

学校 C	アンケート結果	食べ物：すし，和牛，たこ焼き
国：タイ	食べ物：35	文化活動：伝統衣装を着る，温泉，和菓子を作る
都市：チェンマイ	文化活動：38	
観光：富士山，白川郷など，アニメや漫画の博物館，遊園地	観光：20	
	その他：7	

(1) それぞれの学校の生徒が日本でしたいことは何ですか。

解答例

School A：1. Sightseeing, 2. Cultural activities, Food
School B：1. Food, 2. Sightseeing, 3. Cultural activities
School C：1. Cultural activities, 2. Food, 3. Sightseeing
※アンケートで比率の高いカテゴリーである。

(2) 行き先を提案するときに，参考になりそうな部分に下線を引こう。

解答例

School A：Sightseeing, Food, Cultural activities の項目すべて
School B：Sightseeing, Food, Cultural activities の項目すべて
School C：Sightseeing, Food, Cultural activities の項目すべて

語句を確かめよう (p. 138) 

重要 ☐ result(s) [rizʌ́lt(s) / リザルト〔ツ〕] 名 結果；成果
☐ survey [sə́ːrvei / サーヴェイ] 名 調査
☐ skiing [skíːiŋ / スキーイング] 名 スキー（ですべること）
☐ snowboarding [snóubɔ̀ːrdiŋ / スノウボーディング] 名 スノーボード
☐ landscape [lǽndskèip / ランドスケイプ] 名 風景，景色
☐ Thailand [táilænd / タイランド] 名 タイ《国名》
☐ Cairns [kéərnz / ケアンズ] 名 ケアンズ《地名》
☐ Beijing [bèidʒíŋ / ベイヂング] 名 北京《地名》
☐ tempura [tempúərə / テンプ(ア)ラ] 名 天ぷら
☐ Chiang Mai [tʃiàːŋ mái/ チャーング マイ] 名 チェンマイ《地名》
☐ etc. [etsétərə/ エトセテラ] …など

2. Listen マークたちのグループの提案を聞いてみよう。 

(1) マークたちのグループが提案している行き先はどこですか。

(2) もう一度聞いて，おすすめのポイントをメモしよう。

Place to Visit	
Good Points	

解答例

Place to visit	Beppu in Oita (the Hells of Beppu) (大分の別府(別府地獄))
Good points	· The Hells of Beppu are very impressive. (別府地獄は深い印象を与えます。) · The color of the water of Umi Jigoku is a beautiful light blue. (海地獄の水の色は美しい，明るい青です。) · The Hells show you the great power of nature. (その地獄はあなたに自然の偉大な力を見せます。)

3. Think & Talk ペアやグループで提案する内容を考えよう。

(1) 学校を 1 つ選び，アンケート結果 (p.138) を参考に，どのようなテーマで行き先を提案したらよいか考えよう。

(2) それぞれのテーマに合う行き先について話し合おう。

解答例

School: A
(学校)
Theme
(テーマ)
☐ Sightseeing (観光)
☐
☐
☐
☐

Theme: Sightseeing (観光)

Place to Visit: Nara Park
訪れるべき場所(奈良公園)

Good Points (良い点):
· Can learn a part of Japanese history (日本の歴史の一部を学ぶことができる)
· Can see a lot of old temples (たくさんの古い寺院を見ることができる)
· Can see a lot of deer (たくさんの鹿を見ることができる)
· Can see the Nara Daibutsu (Great Buddha) (奈良の大仏を見ることができる)

Place to Visit: Kasuga Taisha
訪れるべき場所(春日大社)

Good Points:
· Can learn a part of Japanese history (日本の歴史の一部を学ぶことができる)
· Can enjoy walking in beautiful woods (美しい森の中を歩くことを楽しめる)
· Can see a lot of old shrines (たくさんの古い神社を見ることができる)

(3) 提案する行き先を１つ選び，おすすめのポイントを整理しよう。

Place to Visit	
Good Points	

解答例

Place to Visit	Nara Park (奈良公園)
Good Points	· Can see a lot of old temples (たくさんの古い寺院を見ることができる) · Can see a lot of deer (たくさんの鹿を見ることができる) · Can see the Nara Daibutsu (Great Buddha) (奈良の大仏を見ることができる)

Idea Box

【場所】

museum 美術館，博物館　shrine 神社　temple 寺　port 港　beach 浜　forest 森
hill 丘　island 島　mountain 山　river 川

【交通手段】

by bus バスで　take the subway 地下鉄に乗る　on foot 徒歩で

【時期】

during the winter 冬に　in the evening 夕方に　at midnight 真夜中に

【その他】

traditional 伝統的な　modern 近代的な　local 地域の

4. Write ペアやグループで提案を企画書にまとめよう。

Recommendation
for School ______

Things to Do:
cultural activities · sightseeing ·
food · others (　　　　　　)

Place to Visit:

Good Points:

〔recommendation 推薦〕

解答例

Recommendation
for School __A__
(学校 A のためのおすすめ)

Things to Do:
cultural activities · sightseeing ·
food · others (　　　　　　)
(すべきこと：文化活動・観光・食べ物・ほか)

Place to Visit:
(訪れるべき場所)

Nara Park（奈良公園）

Good Points :
You can: learn a part of Japanese history; see a lot of old temples; see a lot of deer; see the Nara Daibutsu (Great Buddha)
（よい点：日本の歴史の一部を学ぶことができる，たくさんの古い寺院を見ることができる，たくさんの鹿を見ることができる，奈良の大仏を見ることができる）

TRY Speak 企画書をもとに提案しよう。 解答例（略）

Tips for Writing　企画書の書き方

企画書は読み手が提案の内容に魅力を感じるように書くことが大切です。
マークたちの企画書を読んで，肯定的な意味を持つ単語に○を付けよう。

Recommendation for School B

Things to Do:
cultural activities · sightseeing · food · others (　　　　)

Place to Visit:

Beppu, Oita

Good Points:
Beppu in Oita is famous for hot springs. You must visit the Hells of Beppu. The hot springs are for viewing, not bathing. They are very impressive. One of the hells is Umi Jigoku, or Sea Hell. The color of the water is a beautiful light blue. Please visit all the hells. They show you the great power of nature.

よい点：
大分の別府は温泉で有名です。あなたは別府地獄を訪れなければいけません。その温泉は入浴のためでなく見ることのためのものです。それらはとても深い印象を与えます。地獄の１つは海地獄です。その水の色は美しい，明るい青です。すべての地獄を訪れてください。それらはあなたに自然の偉大な力を見せるでしょう。

〔hell 地獄　viewing 見ること　bathing 入浴　impressive 深い印象を与える　power 力〕

マークたちは，おすすめする場所を１つにしぼって，そこについて詳しく説明しているね。どんな場所か想像しやすいと，魅力が伝わりやすくなるよ。たくさんの魅力があることを伝えた方がよい場合もあるから，相手がどんなことに興味があるか，何を求めているかを自分なりに分析した上で，企画書を書こう。

定期テスト対策 2（Lesson 3~5）

合計　　/100

1 次の英語は日本語に，日本語は英語になおしなさい。（2点×6）

(1) large ＿＿＿＿＿　(2) society ＿＿＿＿＿　(3) daughter ＿＿＿＿＿

(4) 建てる ＿＿＿＿＿　(5) (時間を)過ごす ＿＿＿＿＿　(6) 国，国土 ＿＿＿＿＿

2 意味が通るように，(　　)内から適する語を選んで○で囲みなさい。（2点×5）

(1) The bus was late because (in, for, of) the traffic accident.

(2) It was rainy this morning, (was, wasn't, weren't) it?

(3) That cloud looks (at, for, like) a panda.

(4) We (had, got, took) fun at the party.

(5) Thank you (on, to, for) your e-mail.

3 日本語に合うように，(　　)に適切な語を書きなさい。（2点×6）

(1) かばんの中には１さつの本があります。
(　　) (　　) a book in the bag.

(2) 私たちはいっしょにテニスをして楽しみました。
We (　　) (　　) tennis together.

(3) 私をマリと呼んでください。
Please (　　) (　　) Mari.

(4) あなたにこのラケットをあげましょう。
I will (　　) (　　) this racket.

(5) ボブは私たちのクラスの中でいちばん背が高いです。
Bob is the (　　) (　　) our class.

(6) この雑誌はあれよりもおもしろいです。
This magazine is (　　) interesting (　　) that one.

4 日本語に合うように，(　　)内の語(句)を並べかえなさい。（4点×5）

(1) 本を読むことは私を幸せにします。(books / me / happy / reading / makes).
＿＿＿＿＿＿＿＿＿＿＿＿＿＿＿＿.

(2) その公園にはたくさんの花がありますか。(a lot of / there / the park / flowers / in / are)?
＿＿＿＿＿＿＿＿＿＿＿＿＿＿＿＿?

(3) 動物の本をあなたに見せてあげましょう。(you / the book / I'll / about / show) animals.
＿＿＿＿＿＿＿＿＿＿＿＿＿＿＿＿ animals.

(4) 兄は家族でいちばん早く起きます。
My brother (my family / the / in / earliest / gets up).
My brother ＿＿＿＿＿＿＿＿＿＿＿＿＿＿＿＿.

(5) 私はあなたに会うのを楽しみに待っています。
I (you / seeing / looking / am / to / forward).
I ＿＿＿＿＿＿＿＿＿＿＿＿＿＿＿＿.

5 次のメールの一部を読んで，あとの問いに答えなさい。（5点×7）

Karate is as popular as ①(wear) a kimono. Another eight students chose this activity. Half of ②them are members of a karate *dojo* in Auckland. They think karate practice in Japan is ③(hard) than in New Zealand, so they want to practice karate with Japanese students.

A couple of my students chose *shodo*. These students are interested in languages. ④They think (the / Japanese writing / beautiful / is / most). They want to use *shodo* brushes and write their names and some words in Japanese.

(1) ①，③の（　）内の語を適する形（1語）に変えなさい。

①（　　　　　　）　③（　　　　　　）

(2) 下線部②が指す内容を日本語で答えなさい。

____

(3) 下線部④の（　）内の語（句）を，正しい英文になるよう並べかえなさい。

They think ______________________________.

(4) 次の各文が本文の内容と合っていれば○を，合わなければ×を書きなさい。

(a) Eight students chose the kimono activity.　（　　）

(b) Members of a karate *dojo* in Auckland want to practice karate with Japanese students in New Zealand.　（　　）

(c) Some students chose *shodo*. They want to write their names in Japanese.　（　　）

6 次の質問に，あなた自身の立場で，理由も含めて1～2文の英語で答えなさい。（11点）

Which food do you like the best?

____

____

教科書 91～93ページ

GET Part 1 Tea from China

現在完了形（継続用法）「（ずっと）…しています」の表し方を覚えよう。

声を出して読んでみよう 

●中国の北京から日本に遊びに来ているジンのいとこが話しています。

❶ I'm Mei.（メイ） ❷ I'm from Beijing. ❸ I have stayed at Jing's house for nearly（ニアリ） a week. ❹ Here are（ここに…があります） some presents for you. ❺ These paper cutouts（カタウツ） of lions, dragons（ドラゴンズ）, and plants express happiness. ❻ I have plenty of（プレンティ）（たくさんの…） them. ❼ Please take（（手に）とる） one. ❽ You can put it on（それを…に貼る） your window.

- nearly：「ほとんど，ほぼ」という意味を表す。
- them：❺のpaper cutoutsを指している。
- one：いくつかある「切り抜き（絵）」の中から「1つ」ということ。
- it：❼で選んだ切り抜き（絵）を指す。

POINT

「（ずっと）…しています」（現在完了形（継続用法）の肯定文）

❶ *I live in this town.*（アイ リヴ イン ズィス タウン） （私はこの町に住んでいます。）

❷ **I have lived in this town for many years.**（ハヴ リヴド フォー メニ イアズ）
（私はこの町に何年もの間ずっと住んでいます。）

❸ *Miki lives in this town.*（リヴズ） （美紀はこの町に住んでいます。）

❹ **Miki has lived in this town since 2016.**（ハズ スィンス）
（美紀はこの町に2016年からずっと住んでいます。）

[I have → I've]（アイヴ）

- 過去から今まで，ずっと続いていることを表すには，現在完了形を使います。
- 現在完了形は〈**have[has]＋動詞の過去分詞**〉の形です。I haveの代わりに，短縮形のI'veを使うこともあります。

• いつから続いているかを言いたいときには，２つの言い方があります。

for ＋期間(…の間)	for three years(３年間)，for a long time(長い間)
since ＋過去のある時(…から，…以来)	since last year(昨年から)，since I got up(起きてから)

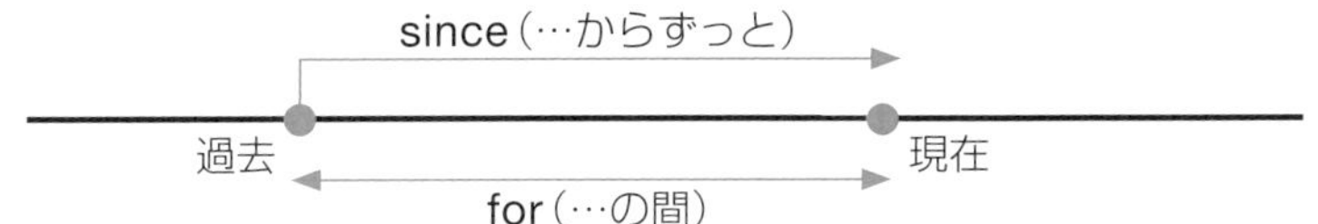

くらべてみよう

① 過去の文　I came to this town in 2016.　(私は2016年にこの町に来ました。)

② 現在形の文　I still live in this town.　(私はまだ，この町に住んでいます。)

①＋② 現在完了の文　I have lived in this town since 2016.　(私は2016年からずっとこの町に住んでいます。)

ここがポイント！

❸ I have stayed at Jing's house for nearly a week.

• 〈have＋動詞の過去分詞〉現在完了形の文で，継続の意味を表しています。
• for 以下は，どのくらいの間「滞在している」のかを表しています。

本文の意味をつかもう

❶私はメイです。❷北京出身です。❸ジンの家に約一週間滞在しています。❹みなさんにプレゼントがあります。❺この獅子や竜，植物の紙の切り抜き(絵)は，幸福を表現しています。❻私はそれらをたくさん持っています。❼一つ取ってください。❽窓に貼ることができますよ。

Q&A What shapes are the paper cutouts? (その紙の切り抜き(絵)は何の形をしていますか。)

解答例 They are (in the shapes of) lions, dragons, and plants.(それらは獅子や竜や植物(の形)です。)

ジンのお母さんとお兄さんが自己紹介をしています。二人のプロフィールメモを完成させよう。

Li Tao
・職業は＿＿＿＿＿＿＿＿。
・わかば市の事務所で＿＿＿＿年間働いている。
・＿＿＿＿歳のとき建物に興味をもった。

Li Ming
・職業は＿＿＿＿＿＿＿＿。
・中国で＿＿＿＿年間＿＿＿＿として活動している。
・北京に＿＿＿＿歳から住んでいるが，＿＿＿＿に引っ越す。

Speak & Write

(1) ずっと興味のあることについて話そう。

㊙ I've been interested in rock music since I was three years old.
（私は３歳のときからずっとロックに興味があります。）
My favorite is the Beatles. I listen to their music every day.
（私のお気に入りはビートルズです。私は毎日，彼らの音楽を聞きます。）

解答例 I have been interested in robots since I worked on a science project last year. My favorite is Robomi. I read a magazine on robot technology every week.
（私は昨年，科学プロジェクトで勉強してからずっとロボットに興味を持っています。私のお気に入りはロボミです。私は毎週ロボット技術の雑誌を読んでいます。）

(2) (1)で話したことを書こう。

解答例 （略）

Word Bank

jazz ジャズ　foreign languages 外国語
space 宇宙　magic tricks 手品

・扉ページ（教科書p. 91）
① What kind of tea do you like?（あなたはどんな種類のお茶が好きですか。）
② What other drinks do you like?（あなたはどんな他の飲みものが好きですか。）

解答例 ① I like green tea.（私は緑茶が好きです。）
② I like coffee.（私はコーヒーが好きです。）

語句を確かめよう（p. 146）

重要 ☐ nearly [níərli / ニアリ]
副 ほとんど，ほぼ
☐ dragon(s) [drǽgən(z) / ドラゴン(ズ)]
名 竜，ドラゴン
重要 ☐ plenty [plénti / プレンティ]
名 たくさん
☐ *plenty of ...* たくさんの…
重要 ☐ since [síns / スィンス]
前 …から（今まで），…以来（ずっと）
☐ Mei [méi / メイ]
名 メイ（名前）
☐ cutout(s) [kʌ́tàut(s) / カタウト〔ツ〕]
名 切り抜き（絵）

語句を確かめよう（p. 148～149）

重要 ☐ been [bíːn / ビーン] 動 be の過去分詞
☐ *... year(s) old* …歳
☐ jazz [dʒǽz / ヂャズ] 名 ジャズ
重要 ☐ known [nóun / ノウン]
動 know（知っている）の過去分詞
重要 ☐ kept [képt / ケプト]
動 keep（保存する）の過去形・過去分詞
☐ The Beatles [ðə bíːtlz / ザ ビートルズ]
名 ビートルズ（バンド）
☐ Giants [dʒáiənts / ヂャイアンツ]
名 ジャイアンツ（チーム）

Drill POINT の文を練習しよう。1 Listen / 2 Repeat / 3 Say ♪

Ⓐ belong (…に所属している)
Ⓑ stay (滞在する)
Ⓒ want a pet (ペットがほしい)
Ⓓ use the computer (そのコンピューターを使う)
Ⓔ know Tom (known) (トムを知っている)
Ⓕ keep the letter (kept) (手紙を保存する)
Ⓖ be in Tokyo (been) (東京にいる)
Ⓗ be a Giants fan (been) (ジャイアンツのファンである)

〈Repeat する英文〉

Ⓐ I have belonged to the band for many years.
(私はその楽団に何年もの間ずっと所属しています。)

Ⓑ I have stayed in this town for many years.
(私はこの町に何年もの間ずっと滞在しています。)

Ⓒ I have wanted a pet for many years.
(私はペットを何年もの間ずっとほしがっています。)

Ⓓ I have used the computer for many years.
(私はそのコンピューターを何年もの間ずっと使っています。)

Ⓔ I have known Tom for many years. (私はトムを何年もの間ずっと知っています。)

Ⓕ I have kept the letter for many years.
(私はその手紙を何年もの間ずっと保存しています。)

Ⓖ I have been in Tokyo for many years. (私は東京に何年もの間ずっといます。)

Ⓗ I have been a Giants fan for many years.
(私は何年もの間ずっとジャイアンツのファンです。)

Ⓐ Koji has belonged to the band since 2016.
(耕司はその楽団に 2016 年からずっと所属しています。)

Ⓑ Koji has stayed in this town since 2016.
(耕司はこの町に 2016 年からずっと滞在しています。)

Ⓒ Koji has wanted a pet since 2016.
(耕司はペットを 2016 年からずっとほしがっています。)

Ⓓ Koji has used the computer since 2016.
(耕司はそのコンピューターを 2016 年からずっと使っています。)

Ⓔ Amy has known Tom since 2016.
(エイミーはトムを 2016 年からずっと知っています。)

Ⓕ Amy has kept the letter since 2016.
(エイミーはその手紙を 2016 年からずっと保存しています。)

Ⓖ Amy has been in Tokyo since 2016.
(エイミーは東京に 2016 年からずっといます。)

Ⓗ Amy has been a Giants fan since 2016.
(エイミーは 2016 年からずっとジャイアンツのファンです。)

GET Part 2 Tea from China

● 現在完了形（継続用法）の疑問文を理解し，使おう。

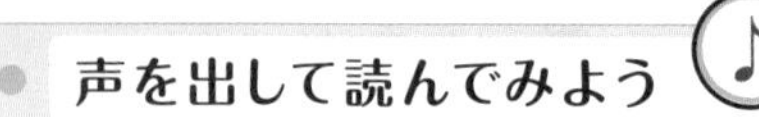

声を出して読んでみよう ♪

●メイが陸と話しています。

Mei: ❶ I work at a tea shop in Beijing.

Riku: ❷ Cool. ❸ How long have you worked there?

Mei: ❹ Since 2016.（2016年から） ❺ I want to be a Chinese tea master. ❻ I have a test next week.

Riku: ❼ Have you studied hard for it?

Mei: ❽ Yes, I have. ❾ For two years. ❿ I'm almost（用意ができて）ready（レディ）. ⓫ Here, try（…を試す） this flowering（フラウアリング） tea.

Riku: ⓬ Wow, it looks beautiful.

- Cool：ここでは「かっこいい，すごい」という意味で使われている。
- there：❶のa tea shopを指している。
- to be：不定詞の名詞用法。I want to be ...で「私は…になりたい」。
- it：❻のa testを指している。
- For two years.：I have studied hard for a test for two years.ということ。
- Here：「さあ」という間投詞。

POINT ♪

「ずっと…していますか」（現在完了形（継続用法）の疑問文と応答文）

❶ *I have lived in this town for a long time.*（アイ ハヴ リヴド イン ズィス タウン フォー ア ローング タイム）

（私はこの町に長い間ずっと住んでいます。）

❷ **Have you lived in this town for a long time?**（ユー）

（あなたはこの町に長い間ずっと住んでいますか。）

Yes, I have. / No, I have not.（イェス／ノウ／ナト）

（はい，住んでいます。／いいえ，住んでいません。）　**[have not → haven't]**（ハヴント）

- 現在完了形の文を疑問文にするには，〈**Have[Has]＋主語＋動詞の過去分詞 ...?**〉の形にします。
- 〈**Have[Has] ...?**〉の疑問文には，〈**Yes, 主語＋have[has].**〉か〈**No, 主語＋have[has] not.**〉と答えます。
- have notの短縮形はhaven't，has notの短縮形はhasn'tです。

「どれくらい(長く)…していますか」

ハウ　ローング　ハヴ　ユー　リヴド　イン　ズィス　タウン
How long have you lived in this town?

(あなたはこの町にどれくらい長く住んでいますか。)

フォー　ファイヴ　イアズ　スィンス　アイ　ワズ　テン
For five years. / Since I was ten.

(5年間住んでいます。/10歳の時から住んでいます。)

- 「どれくらい(長く)…していますか」とたずねるときは，How longで文を始め，〈**How long＋have[has]＋主語＋動詞の過去分詞 ...?**〉の形にします。
- 応答文では，**for ...**(…の間)や**since ...**(…から)を使って答えます。Yes，Noは使いません。

ここがポイント!

③ How long have you worked there?

- 「どれくらい(長く)…していますか」とたずねる文です。
- How longで始めて，あとに〈have＋主語＋動詞の過去分詞 ...?〉を続けています。

⑦ Have you studied hard for it?

- 〈Have＋主語＋動詞の過去分詞 ...?〉現在完了形の疑問文です。
- 「ずっと…していますか」とたずねています。

本文の意味をつかもう

メイ：①私は北京にあるお茶のお店で働いています。
陸：②すてきですね。③どれくらいの期間そこで働いているのですか。
メイ：④2016年からです。⑤中国茶の専門家(評茶員)になりたいんです。⑥来週，試験があります。
陸：⑦それに向けて猛勉強してきたんですか。
メイ：⑧ええ，してきました。⑨2年間です。⑩ほぼ準備はできています。⑪さあ，この工芸茶を飲んでみてください。
陸：⑫うわあ，きれいですね。

Q&A What test does Mei have next week?(メイは来週何の試験がありますか。)

解答例 She has a test on Chinese tea.(彼女は中国茶の試験があります。)

ジンのいとこのメイが，陸，マーク，花と話しています。会話を聞いて，メモを完成させよう。

① 陸	② マーク	③ 花
興味があること：＿＿＿	好きなチーム：＿＿＿	お気に入りのもの：＿＿＿
期間：＿＿＿	期間：＿＿＿	期間：＿＿＿

Talk & Write

(1) 好きなことについてペアで話そう。

㊑ *A* : I'm a high school baseball fan.（私は高校野球のファンです。）

B : How long have you been a fan of high school baseball?

（あなたはどのくらい長く高校野球のファンですか。）

A : For about three years. I like it because the high school baseball players are very cool and skillful.

（約３年間です。高校野球の選手はとてもかっこよくて腕がいいので，私はそれが好きです。）

解答例 *A:* I'm a Hollywood movies fan.（私はハリウッド映画のファンです。）

B: How long have you been a fan of Hollywood movies?

（あなたはどのくらい長くハリウッド映画のファンですか。）

A: For about ten months. I like them because I can cry and laugh when I watch them.

（約10か月です。私はハリウッド映画を見るとき，泣いたり笑ったりできるのでそれらが好きです。）

(2) (1)でたずねた質問とその答えを書こう。

㊑ How long have you been a fan of high school baseball?

（あなたはどのくらい長く高校野球のファンですか。）

— For about three years.（約３年間です。）

解答例（略）

Word Bank

- the Japan national team 日本代表チーム
- lead singer リードボーカル
- leader リーダー
- manager 監督
- coach コーチ

語句を確かめよう（p. 150）

重要 ☐ ready [rédi / レディ]
形 用意ができて

☐ flowering [fláuəriŋ / フラウアリング]
形 花の咲いている

☐ *for a long time* 長い間

語句を確かめよう（p. 152～153）

重要 ☐ lead [líːd / リード] 形 主要な

☐ leader [líːdər / リーダ]
名 指導者，リーダー

重要 ☐ manager [mǽnidʒər / マニヂャ]
名 管理する人，（野球などの）監督

☐ coach [kóutʃ / コウチ]
名（競技の）コーチ，指導者

☐ Tigers [táigərz / タイガズ]
名 タイガーズ《チーム》

Notes

● **flowering tea**（教科書 p. 94）
工芸茶。中国茶の一つ。乾燥させた茶葉を糸で束ねて成形したもので，湯を注ぐとしだいに茶葉が開き，花が咲く様子を楽しめる。

Drill POINTの文を練習しよう。1 Listen / 2 Repeat / 3 Say

Ⓐ 
belong
（所属している）

Ⓑ 
stay
（滞在する）

Ⓒ 
want the bag
（そのバッグをほしがる）

Ⓓ 
use the phone
（その電話を使う）

Ⓔ 
know Koji
(known)
（耕司を知っている）

Ⓕ 
keep the picture
(kept)
（その写真を保存する）

Ⓖ 
be in Osaka
(been)
（大阪にいる）

Ⓗ 
be a Tigers fan
(been)
（タイガーズのファンである）

〈Repeatする英文〉

Ⓐ Have you belonged to the soccer team for a long time?
（あなたはサッカー部に長い間所属していますか。）

Ⓑ Have you stayed in this town for a long time?
（あなたはこの町に長い間滞在していますか。）

Ⓒ Have you wanted the bag for a long time?
（あなたはそのバッグを長い間ほしがっていますか。）

Ⓓ Have you used the phone for a long time?
（あなたはその電話を長い間使っていますか。）

Ⓔ Have you known Koji for a long time?
（あなたは耕司を長い間知っていますか。）

Ⓕ Have you kept the picture for a long time?
（あなたはその写真を長い間保存していますか。）

Ⓖ Have you been in Osaka for a long time?
（あなたは大阪に長い間いますか。）

Ⓗ Have you been a Tigers fan for a long time?
（あなたは長い間タイガーズのファンですか。）

Ⓐ How long have you belonged to the soccer team?
（あなたはサッカー部にどのくらい長く所属していますか。）

Ⓑ How long have you stayed in this town?
（あなたはこの町にどのくらい長く滞在していますか。）

Ⓒ How long have you wanted the bag?
（あなたはそのバッグをどのくらい長くほしがっていますか。）

Ⓓ How long have you used the phone?
（あなたはその電話をどのくらい長く使っていますか。）

Ⓔ How long have you known Koji?
（あなたは耕司をどのくらい長く知っていますか。）

Ⓕ How long have you kept the picture?
（あなたはその写真をどのくらい長く保存していますか。）

Ⓖ How long have you been in Osaka?
（あなたは大阪にどのくらい長くいますか。）

Ⓗ How long have you been a Tigers fan?
（あなたはどのくらい長くタイガーズのファンですか。）

SETTING ジンのいとこのメイが働いている，北京のお茶のお店のウェブサイトに，中国茶の説明が掲載されています。

● 声を出して読んでみよう 

現在完了形で，「ずっと楽しんできている」という意味を表す。

❸の tea を指す。

〈数字＋s〉で「…年代」という意味。

leaf「葉」の複数形。

すぐ前の tea leaves を指している。

同じ英文中の the leaves を指す。

❶ **About Chinese Tea**

[1] ❷ Tea has its roots (ルーツ) in China. ❸ We Chinese have enjoyed tea for thousands of (非常に長い…) years. ❹ We drink it with every meal (ミール).

[2] ❺ Experts (エクスパーツ) think that Chinese people first used tea as a kind of (一種の…) medicine (メディスィン). ❻ They soon learned that tea also made people active (アクティヴ) and realized (理解した) that it was delicious. ❼ It became a popular drink during the 700s, almost 1,300 years ago.

[3] ❽ Generally (ヂェネラリ), there are six types (タイプス) of tea: green, black, yellow, white, oolong (ウーローング), and *pu'er* (プーアー). ❾ All tea comes from (…から生じる) the same plant, the camellia (カミーリア) of China, but the way of preparing (プリペアリング) tea leaves (リーヴズ) is different. ❿ For example, if you roast (ロウスト) tea leaves, they keep their fresh and bitter taste. ⓫ This makes green tea. ⓬ If you put the leaves in a humid (ヒューミド) room, they age (熟成する) and become rich (リチ) in flavor. ⓭ In this way, you make black tea.

● 語句を確かめよう (p. 154) 

- ☐ root(s) [rú:t(s) / ルート〔ツ〕] 名 ルーツ
- ☐ meal [mí:l / ミール] 名 食事
- ☐ expert(s) [ékspə:rt(s) / エクスパート〔ツ〕] 名 専門家
- ☐ medicine [médəsən / メディスィン] 名 薬
- ☐ active [æktiv / アクティヴ] 形 活発な
- ☐ generally [dʒénərəli / ヂェネラリ] 副 一般に
- 重要 ☐ type(s) [táip(s) / タイプ〔ス〕] 名 種類
- 重要 ☐ prepare, preparing [pripéər(iŋ) / プリペア(リング)] 動 作る
- ☐ leaf, leaves 名 葉 [lí:f, lí:vz / リーフ，リーヴズ]
- ☐ roast [róust / ロウスト] 動 いる
- ☐ humid [hjú:məd / ヒューミド] 形 湿気の多い

- ☐ rich [rítʃ / リチ] 形 豊かな
- ☐ oolong [ú:lɔ:ŋ / ウーローング] 名 ウーロン
- ☐ *pu'er* [pú:ə́:r / プーアー] 名 プーアル
- ☐ camellia [kəmí:liə / カミーリア] 名 ツバキ

声を出して読んでみよう

4 ⑭ Now people around the world (世界中の) enjoy tea every day. ⑮ People drink **more** black tea than any other tea. ⑯ Black tea has been popular in Europe (ユアロプ) since the 1750s (1750年代から). ⑰ Green tea is **the second most popular** tea in the world. ⑱ People in East Asia (イースト エイジャ) often drink **it**. ⑲ Japanese (日本人) have enjoyed green tea since the ninth century.

5 ⑳ Remember **this** when you buy and drink our shop's tea. ㉑ Tea is **one of China's greatest gifts** (ギフツ) to the world.

- muchの比較級。
- 〈序数＋最上級〉で「何番目に…の」という意味を表す。
- ⑰のGreen teaを指している。
- 次の㉑の英文の内容を指す。
- 〈one of＋最上級＋名詞の複数形〉で「最も…なものの1つ」という意味になる。

語句を確かめよう (p. 155)

- ☐ Europe [júərəp / ユアロプ] 名 ヨーロッパ
- ☐ east [í:st / イースト] 名 形 東(の)
- ☐ Asia [éiʒə / エイジャ] 名 アジア
- ☐ East Asia [í:st éiʒə / イースト エイジャ] 名 東アジア
- ☐ gift(s) [gíft(s) / ギフト〔ツ〕] 名 贈り物

本文の意味をつかもう

❶中国茶について

[1] ❷お茶のルーツは中国にあります。❸私たち中国人は非常に長い間，お茶を楽しんできました。❹私たちは食事のたびにお茶を飲んでいます。

[2] ❺専門家は，中国人は初め，お茶を一種の薬として使っていた，と考えています。❻まもなく中国人は，お茶を飲むと人々が活発になることも知り，お茶がおいしいと理解しました。❼ 700 年代，つまり約 1,300 年前に，お茶は一般的な飲み物になりました。

[3] ❽一般に，お茶には 6 種類あります。緑茶，紅茶，黄茶，白茶，ウーロン茶，プーアル茶です。❾お茶は全て同じ植物，チャノキに由来しますが，茶葉を作る方法が異なります。❿例えば，茶葉をいれば，茶葉の新鮮で苦みのある味が保たれます。⓫これが緑茶になります。⓬茶葉を湿気の多い部屋に置けば，熟成して豊かな香りになります。⓭こうして，紅茶を作ります。

[4] ⓮現在，世界中の人々が毎日お茶を楽しんでいます。⓯人々は，他のお茶よりも紅茶を最も多く飲んでいます。⓰紅茶は，1750 年代以来ヨーロッパで最も人気があります。⓱緑茶は，世界で二番目に人気のあるお茶です。⓲東アジアの人々がよく緑茶を飲みます。⓳日本人は 9 世紀から緑茶を楽しんできました。

[5] ⓴私たちのお店のお茶を買って飲むとき，このことを思い出してください。㉑お茶は，中国の世界への最もすばらしい贈り物の一つです。

STAGE 1 Get Ready 記事を読む前に確認しよう。

(1) 知っているお茶の種類をできるだけたくさん書き出そう。

解答例 煎茶，ほうじ茶，抹茶，ウーロン茶，ジャスミン茶，ダージリン，アッサム，玄米茶，麦茶，など

(2) それぞれのお茶の味や色の違いを考えてみよう。

解答例 煎茶は薄緑色で渋みがある，ほうじ茶は薄茶色で甘みがある，抹茶は深緑色で苦みがある，など

STAGE 2 Read 記事の概要をとらえよう。

Guide 1

次のことが説明されている段落番号を書こう。

(a) 現在世界で飲まれているお茶 :_____ (b) お茶の起源 :_____ (c) お茶の種類と作り方 :_____

解答例 (a) [4] (b) [2] (c) [3]

Guide 2

次の質問に答えよう。

(1) Do experts think that Chinese people started to drink tea as a dessert?
(専門家は，中国人はデザートとしてお茶を飲み始めたと考えていますか。)

(2) What are the six types of tea?（6 種類のお茶は何ですか。）

(3) Who drinks black tea often? What about green tea?
(だれが紅茶をよく飲みますか。緑茶はどうですか。)

解答例

(1) No, they do not.（いいえ，彼らは考えていません。）
(❺に as a kind of medicine「一種の薬として」とあるので No である。)

(2) They are green, black, yellow, white, oolong, and *pu'er*.
(それらは，緑茶，紅茶，黄茶，白茶，ウーロン茶，プーアル茶です。)（❽を参照。）

(3) People in Europe drink black tea often. People in East Asia often drink green tea.
(ヨーロッパの人々は紅茶をよく飲みます。東アジアの人々は緑茶をよく飲みます。)（⓰，⓲を参照。）

Goal 記事の概要を表にまとめよう。

Origin of Tea（お茶の起源）	• used tea as a kind of medicine（お茶を一種の薬として使った） • became popular almost 1,300 years ago（約1,300年前に一般的になった）
Types of Tea（お茶の種類）	• six types of tea → green , black , yellow , white , oolong, and *pu'er*（6種類のお茶→緑茶，紅茶，黄茶，白茶，烏龍茶，プーアル茶） • all tea comes from the same plant, but the way of preparing tea leaves is different（お茶はすべて同じ植物に由来するが，茶葉を作る方法が異なる）
Popular Tea（人気のあるお茶）	No.1 black (popular in Europe)（最も人気のあるお茶　紅茶(ヨーロッパで人気)） No.2 green (popular in East Asia)（二番目に人気のあるお茶　緑茶(東アジアで人気)）

〔origin 起源〕

STAGE 3 Think

中国以外の国や地域ではどんなお茶が飲まれているか調べよう。

解答例

・ヨーロッパやアメリカでは紅茶が主流だが，健康ブームで緑茶も好まれるようになってきた。
・インドなどの南アジアでは，ミルクで煮出して砂糖を入れた甘い紅茶や，香辛料を加えたマサラ・チャイが好まれる。西アジアやアフリカでも，甘い紅茶が広く普及している。
・ベトナムでは，蓮茶やジャスミン茶がよく飲まれている。
・モロッコでは，ミントなどのハーブティーがよく飲まれる。

Tips for Reading

複数の観点を対比しながら読むときは，表などに整理しながら読んでみよう。

☑ Check

●次の語句は何を指していますか。 This (⑪)， this way (⑬)

解答

This：roast(ing) tea leaves (⑩)（茶葉をいること）
this way：put(ting) the leaves in a humid room (⑫)（茶葉を湿気の多い部屋に置くこと）

お礼のカードを書こう

中国のおみやげをくれたメイに，カードを添えて日本のおみやげをあげることになりました。
日本らしいおみやげを選び，お礼のことばとおみやげの説明をカードに書こう。

Check 設定を確認しよう。

(何のために) メイに日本のおみやげをあげるために

(何を)

(何をする)

1. Follow the Steps 花がカードを書いています。どんなことを考えながら書いているか確認しよう。

Step 1  内容を考える

花のひとりごと

What's a good gift for Mei?

メイはお茶が好きだからお茶に関連したものがいいかな？　でも普段も使えるかわいい「手ぬぐい」をあげたいな。

What can I explain about it?

用途の説明は必要だよね。あとは…，そういえば買いに行ったときに柄の説明を聞いたな。

Souvenirs
(おみやげ)
- ☐ せんす
- ☐ 抹茶
- ☐ まねきネコ
- ☐ 手ぬぐい
- ☐ だるま

手ぬぐい

How to Use It (用途)	Special Points (特徴)	Others (ほか)
☐ ふきん	☐ いろんな色や柄がある	☐ 古くから日本で使われてきた
☐ ハンドタオル	☐ 柄に意味がある	☐ 好みの大きさに切って使ってもよい
☐ ランチョンマット	→☐ 鈴：魔除け	
☐ バンダナ	→☐ フクロウ：「不苦労」	
☐ 何かを包むのも OK		

Step 2  考えを整理する

花のひとりごと

What can I write?

どうやって使うかは説明した方がよさそう。柄に意味があることも説明しよう。

How can I write?

柄は絵のことだから picture でいいのかな？　辞書を調べてみよう…。へぇ～！ designっていうんだ。

Opening (始めのことば)	おみやげ	*tenugui* (手ぬぐい)
Body (内容)	特徴，用途	— design has a meaning (柄には意味がある) → owl (*fukuro*) = "without trouble or stress" (オウル(フクロウ)＝「苦労や(精神的)ストレスがない」) — Japanese people have used them for many years. (日本人は手ぬぐいを何年にもわたって使ってきました。) — use it ... 1) as a kitchen towel (これを使って… 台所ふきんとして) 2) to wrap things in it (物を包むために)
Closing (終わりのことば)	ひとこと	I hope you like it. (気に入ってくれるとうれしいです。)

Q Step❶の日本語のメモのうち，Step❷で花が取り上げたものにチェック☑しよう。

解答 Souvenirs…手ぬぐい　How to Use It…ふきん，何かを包むのもOK　Special Points…柄に意味がある，フクロウ：「不苦労」　Others…古くから日本で使われてきた

Step❸ 文章を書く

花のひとりごと

Now, let's write!

・手紙を書くときは Dear か To から始めるんだよね。あと自分の名前の上に Sincerely, とか Best wishes, をつけるんだった。
・実物を見ながら柄の説明を読んでもらえるような英文にしよう。

Dear Mei,

This is a gift for you. It is a *tenugui*. Look at the design. There are owls on it. 'Owl' is *fukuro* in Japanese. *Fukuro* means "without trouble or stress". Japanese people have used *tenugui* for many years. You can use it as a kitchen towel. You can wrap things in it, too. I hope you like it.

Sincerely,
Hana

メイさんへ，これは，あなたへの贈り物です。手ぬぐいです。柄を見てください。フクロウがいます。'owl' は日本語でフクロウです。フクロウは「苦労や(精神的)ストレスがない」という意味があります。日本人は何年にもわたって手ぬぐいを使ってきました。それを台所ふきんとして使うことができます。物を包むこともできます。気に入ってくれることを望みます。

心を込めて　花

Q Step ❸の英文のうち，Opening, Body, Closing はどの部分ですか。／で区切ろう。

解答 Opening : This is a gift for you. It is a *tenugui*.

Body: Look at the design. There are owls on it. 'Owl' is *fukuro* in Japanese. *Fukuro* means "without trouble or stress." Japanese people have used *tenugui* for many years. You can use it as a kitchen towel. You can wrap things in it, too.

Closing : I hope you like it.

2. Work in Class クラスやグループで協力して書こう。

Step ❶ 内容を考える

解答例

Souvenirs
- □ようかん
- □寿司屋の湯飲み
- □食品サンプル
- □弁当箱

寿司屋の湯飲み

How to Use It	Special Points	Others
□お茶を飲む	□魚の名前	□魚へんとつくりでできた漢字
□ペン立て	□有名なデザイン	□昔は食後に湯飲みで手を洗った
□	□大きく重い	

Step ❷ 考えを整理する

Opening	おみやげ	
Body	(　　　)	
Closing	ひとこと	

解答例

Opening	おみやげ	sushi restaurant cup (寿司屋の湯飲み)
Body	(特徴，用途)	・well-known (よく知られている) ・each *kanji* is a name of a fish (それぞれの漢字は魚の名前) ・use it as a pen holder (それをペン立てとして使う)
Closing	ひとこと	I hope you remember Japan when you see it. (あなたがそれを見るとき日本を思い出してくれることを願います。)

Step 3  文章を書く

解答例 Dear Mei,

This cup is a present for you. Its design is well-known because many sushi restaurants use cups of this design. You see many different *kanji* on it. They are names of different kinds of fish. Please enjoy green tea with the cup when you eat sushi. You can also use it as a pen holder, because it's large and heavy. I hope you remember Japan when you see it.

Your Friend,
Hana

親愛なるメイ，

この湯飲みはあなたへの贈り物です。多くの寿司屋がこの柄の湯飲みを使用しているため，その柄はよく知られています。いろいろな漢字があるのが見えるでしょう。それらはさまざまな種類の魚の名前です。寿司を食べるときは，この湯飲みで緑茶をお楽しみください。大きくて重いので，ペン立てとしても使えます。それを見るとき日本を思い出してくれるとうれしいです。

あなたの友だち，
花

3. Write by Yourself

あなたが選んだおみやげの説明とお礼をカードに書こう。

解答例 (略)

Idea Box

【おみやげ】

accessory アクセサリー　bookmark しおり　toy おもちゃ
picture 写真，絵　snack お菓子　stationery 文房具
paper craft 紙細工　lucky charm 幸運を呼ぶお守り

【説明するときに使える表現】

Japanese-style 日本式の　new 新しい　special 特別な
traditional 伝統的な　modern 最新式の
taste like ... …のような味がする　put it on ... それを…に置く
use ... as ～ ～として…を使う　shapes of ... …の形

【ひとこと】

Try using it. 試しに使ってみてください。

語句を確かめよう (p. 159) 

- owl [ául / アウル] 名 フクロウ
- stress [strés / ストレス] 名 (精神的) ストレス
- towel [táuəl / タウアル] 名 タオル
- wrap [rǽp / ラプ] 動 包む，包装する
- sincerely [sinsíərli / スィンスィアリ] 副 心から；〔手紙の結び文句として〕敬具

Take Action!  ラジオニュース

話の全体的な内容を聞き取る

夏海がラジオを聞いていると，近所で起こった事件の臨時ニュースが流れてきました。

Expressions

capybara　カピバラ
missing　行方不明の
staff　職員，スタッフ
... meter long　…メートルの長さ
... centimeter tall　…センチメートルの高さ
under ...　…の下に
escape　逃げる

STAGE 1 Get Ready

1. ニュースでは，どんなできごとが取り上げられているか考えてみよう。
   政治，国際情勢，刑事事件，文化的行事，天気，火災，行方不明者，選挙速報，注意報
2. 右のExpressionsを参考に，ニュースで使われる表現を確認しよう。

解答例 （略）

STAGE 2 Listen

1st Listening　ニュースを聞いて，できごとの概要をメモにまとめよう。

Headline：The Great Escape
（ニュースの主な項目）
When：＿＿＿＿＿＿
（いつ）
Where：＿＿＿＿＿＿
（どこで）
What：＿＿＿＿＿＿
（何を）
Other information：＿＿＿＿＿＿
（ほかの情報）
＿＿＿＿＿＿

〔headline ニュースの主な項目〕

2nd Listening　聞き取れなかった部分に注意しながら，もう一度聞いてみよう。

3rd Listening　巻末の**Audio Scripts**を見ながら音声を確認しよう。（スクリプトはp. 219） 

STAGE 3 Think & Act

どんな事件が起こったのか説明しよう。 解答例 （略）

BONUS STAGE 別のニュースを聞いてみよう。（スクリプトはp. 222） 

語句を確かめよう（p.162） 

- ☐ missing [mísiŋ / ミスィング] 形 行方不明の
- ☐ staff [stǽf / スタフ] 名 職員
- ☐ meter [míːtər / ミータ] 名 メートル《メートル法の長さの単位》
- ☐ centimeter [séntəmìːtər / センティミータ] 名 センチメートル
- ☐ escape [iskéip / イスケイプ] 動 逃げる
- ☐ capybara [kæ̀pibáːrə / キャピバーラ] 名 カピバラ

確認しよう

- ☐ under [ʌ́ndər / アンダ] 前 〔位置・方向〕…の下に，…の下の〔を，で〕

Take Action! 

お手伝いしましょうか

申し出る　困っていることを伝える

 わかば駅で，困っている海外からの旅行者に花が話しかけました。 

I appreciate it. で「感謝します。」の意味を表す。

Hana

❶ Can I help you?

❷ Yes, please. ❸ I have a problem.

❹ I can't find my phone. ❺ It was in my pocket (パケト). ❻ I think it fell out in the train (トレイン).

Man

I think (that) ... で，「私は…だと思う。」の意味を表す。that は会話ではしばしば省略される。

❼ Oh no. ❽ Shall I ask that station attendant for help?

❾ I really appreciate (アプリーシエイト) it.

Expressions

申し出る

Can I help you? / Shall I ...?
　お手伝いしましょうか。／…しましょうか。

What's the matter with you?
　いったいどうしたの。

Do you need some help?
　何か助けが必要ですか。

困っていることを伝える

I have a problem.
　私は問題があるのです。

I'm in trouble.
　私はトラブルに巻き込まれています。

花：❶お手伝いしましょうか。
男性：❷はい，お願いします。❸問題があるんです。❹私の携帯電話が見つからないんです。❺ポケットにありました。❻電車で落としてしまったのだと思います。
花：❼まあ。❽あの駅員に助けを頼みましょうか。
男性：❾本当にありがとうございます。

Work in Pairs

1. 上のスキットをペアで演じてみよう。
2. 巻末のロールプレイシートを使って，A・Bの役割をペアで演じてみよう。

解答例

A: Hi. Do you need some help?
（こんにちは。何か助けが必要ですか。）
B: Yes, I'm in trouble. I left my cell phone on the train.
（はい，私はトラブルに巻き込まれています。私は電車で携帯電話を落としてしまいました。）
A: Oh, I'm sorry. I'll speak with the station staff for you. Come with me.
（まあ，お気の毒に。私はあなたのために駅のスタッフと話してみます。一緒に来てください。）
B: Thank you very much for your help.（助けてくれて本当にありがとうございます。）

語句を確かめよう (p.163) 

- ☐ pocket [pákət / パケト] 名 ポケット
- 重要 ☐ train [tréin / トレイン] 名 列車，電車
- ☐ *ask for ...* …を求める
- ☐ appreciate [əpríːʃièit / アプリーシエイト] 動 感謝する
- ☐ *I appreciate it.* 感謝します
- 重要 ☐ matter [mǽtər / マタ] 名〔the をつけて〕困った事；故障，ぐあいの悪い所

GET Plus 6 大きい声で話していただけますか

Dialog 授業中，ケイトが手を挙げています。 

Could you speak louder, please?

Yes, of course.

ケイト：もっと大きな声で話していただけますか。
丘先生：はい，もちろんです。

「…していただけますか」とていねいに依頼するときは，Could you ...? を使います。

Exercise 1 ケイトになったつもりで，丘先生にていねいに依頼しよう。

❶

解答例 Could you check my work, please?
（私の勉強を確認していただけますか。）

❷

解答例 Could you give me a handout, please?
（私にプリントをいただけますか。）

❸

解答例 Could you lend me a dictionary, please?
（私に辞書を貸していただけますか。）

Exercise 2 Dialogと例を参考にペアで会話しよう。(➡Word Bank p. 165)

p.165のWord Bankから動作を１つ選んで，ていねいに依頼したり，応じたりしよう。

例 *A:* Could you lend me a dictionary?（辞書を貸していただけますか。）
B: I'm afraid I can't.（すみませんができません。）

解答例 *A:* Could you speak more slowly?（もっとゆっくり話していただけますか。）
B: Sure.（もちろん。）
A: Thank you.（ありがとう。）

Write 上でていねいに依頼した文を書こう。

解答例（略）

Try ペアで，ていねいに依頼したり，応じたりして，自由に話そう。

（略）

Try Idea Box

【お店で】

put this card in the box
カードを箱に入れる

wrap each item separately
商品を別々に包む

deliver it to my house
私の家に配達する

send this present to my aunt
おばにプレゼントを送る

Word Bank いろいろな動作

check my work
（私の勉強をチェックする）

give me a handout
（私にプリントをわたす）

lend me a dictionary
（私に辞書を貸す）

speak more slowly
（もっとゆっくり話す）

give me a hint
（私にヒントを与える）

say that again
（それをもう一度言う）

make a copy
（コピーを取る）

turn up the volume
（ボリュームをあげる）

have a problem
（問題がある）

have no idea
（まったくわからない）

find the book
（その本を見つける）

solve the problem
（その問題を解く）

いろいろな場面で Could you ...? を使ってみよう。

例 1

Jing: Mom, my piano lesson will finish at three o'clock today. **Could you** pick me up?
Mother: Sure. I'll be there at three.
Jing: Thank you so much.

ジン：お母さん，私のピアノのレッスンは今日３時に終わるわ。私を迎えに来てくれる？
母親：もちろん。３時にそこに行くわね。
ジン：どうもありがとう。

例 2

Dinu: Mr. Oka, **would you** say that again?
Mr. Oka: Rakugo.
Dinu: And **would you** spell that, please?
Mr. Oka: Yes, of course. R-A-K-U-G-O.

ディヌー：丘先生，それをもう一度言っていただけますか。
丘先生：落語。
ディヌー：それから，そのスペルを言っていただけますか。
丘先生：はい，もちろんです。R-A-K-U-G-O。

• Could you ...? や Would you ...? は，Can you ...? や Will you ...? よりていねいに依頼するときに使う。

語句を確かめよう (p. 165) 

☐ handout [hǽndàut / ハンダウト] 名（教室などで配る）プリント
☐ slowly [slóuli / スロウリ] 副 ゆっくりと
☐ hint [hínt / ヒント] 名 ヒント；有益な助言
重要 ☐ copy [kápi / カピ] 名 コピー，複製
☐ volume [váljəm / ヴァリュム] 名 音量

Reading for Information 4 オリビエサラダのレシピ

Olivier Salad / Russian Style Potato Salad

40 minutes

Ingredients

4 servings

- 3 potatoes
- 3 carrots
- 6 eggs
- 50g peas
- 350g ham
- 1 onion
- 2 pickled cucumbers
- 1 cup mayonnaise
- salt and pepper

Instructions

1. Boil potatoes and carrots in a pot until you can cut them easily.
2. Put eggs into another pot, and boil them for 10 minutes.
3. Cut all the vegetables, eggs, and ham into small cubes.
4. Put the cut ingredients, peas, and mayonnaise into a large bowl.
5. Mix all of them with a spoon.
6. Season it with salt and pepper.

● *ADVICE FOR YOU* ●

Depending on your preference, add vinegar or sugar. You can use chicken instead of ham. Enjoy your meal!

オリビエサラダ ロシア式のポテトサラダ

40分

材料

4人前
- ・ジャガイモ 3個
- ・ニンジン 3本
- ・卵 6個
- ・エンドウ豆 50g
- ・ハム 350g
- ・タマネギ 1個
- ・キュウリのピクルス 2個
- ・マヨネーズ 1カップ
- ・塩とコショウ

作り方

1. ジャガイモとニンジンは，容易に切ることができるまで鍋でゆでてください。
2. 卵を別の鍋に入れて，10分間ゆでてください。
3. すべての野菜，卵とハムを小さな立方体に切ってください。
4. 切った材料，エンドウ豆，マヨネーズを大きなボウルに入れてください。
5. それらすべてをスプーンで混ぜてください。
6. 塩とコショウで味付けをしてください。

あなたへの助言 好みに応じて，酢または砂糖を加えてください。ハムの代わりに鶏肉を使うことができます。あなたの食事を楽しんでください！

レシピを読んで，サラダを作るために必要なものを考えよう。

① 家にある材料や調味料を見て，買い物リストを作ろう。

② 料理を作るために必要な道具に○をしよう。

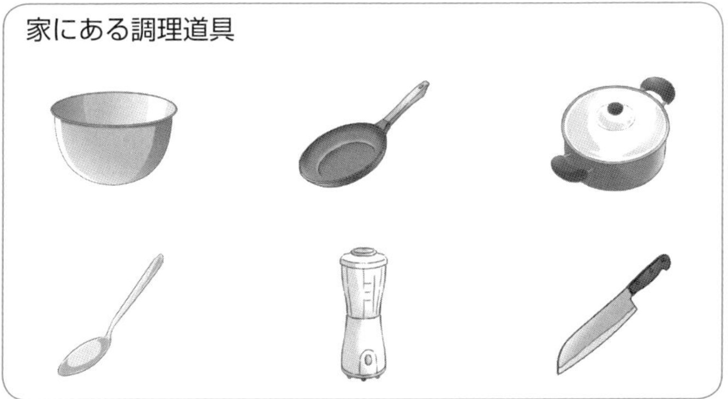

解答例

① 3 potatoes, 1 carrot, 3 eggs, ham (150g), 1 onion, 1 cup of mayonnaise
② ボウル　鍋　スプーン　包丁

①レシピの Ingredients(材料)と，家にある材料や調味料を見比べて，足りないものを書き出す。
②レシピの Instructions(作り方)の 1. と 2. に pot(鍋)，4. に bowl(ボウル)，5. に spoon(スプーン)がある。3. に cut(切る)があり，これには包丁を使う。

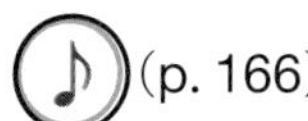
(p. 166)

Olivier Salad オリビエサラダ《サラダの名前》　Russian ロシアの　ingredient 材料　serving 1人前
gram (g) グラム　ham ハム　pea エンドウ豆　mayonnaise マヨネーズ　salt 塩　instruction 作り方
boil 煮る　pot 鍋　easily 容易に　cube 立方体　mix 混ぜる　spoon スプーン　season 味付けする
advice 助言　depend …次第である　preference 好み　add 加える　vinegar 酢

GET Part 1 *Rakugo* Goes Overseas

● 現在完了形（完了用法）「…したところです」を理解し，使おう。

声を出して読んでみよう ♪

●放課後，教室に残っていた花とマークが話しています。

Hana : ❶ Do you have a minute?

Mark : ❷ Yes. ❸ I've just finished my homework.

Hana : ❹ Look! ❺ I got（手に入れた） two tickets for an English *rakugo* show.

Mark : ❻ Front（フラント） row（ロウ） seats! ❼ Lucky（ラキ） you.（あなたって本当に運がいいね。）

Hana : ❽ I'm looking for（…を探している） someone to go with.

❾ Why don't you come with me?

Mark : ❿ I'd love to.（喜んで。） ⓫ I've been interested in *rakugo* for a long time.

相手に「ちょっと時間がありますか」とたずねるときの表現。

to go withは「一緒に行く」の意味でsomeoneを説明する不定詞の形容詞用法。go withでひとかたまりなので，前置詞withがgoのあとにそのまま残る。

「…しませんか」と誘う表現。

継続用法の現在完了形。

POINT 

「…したところです」（現在完了形（完了用法）の肯定文）

I have just finished lunch.（アイ ハヴ ヂャスト フィニシュト ランチ）（私はちょうど昼食を終えたところです。）

• 現在完了形〈**have [has]＋動詞の過去分詞**〉は，「…したところです」と，何かが完了したことを表すのにも使われます（完了用法）。よくjust（ちょうど）やalready（すでに）などとともに使われます。

「…しましたか」（現在完了形（完了用法）の疑問文と応答文）

Have you finished lunch yet?（ユー イェト）（あなたはもう昼食を終えましたか。）

Yes, I have. / No, I have not.（イェス ノウ ナト）（はい，終えました。／いいえ，終えていません。）

• 疑問文は，have [has] を主語の前に出して〈**Have [Has]＋主語＋動詞の過去分詞**〉とします。
• 完了用法の疑問文では，文の最後にyet（もう）をつけることがあります。
• 答えの文は，〈Yes, 主語＋have [has].〉，〈No, 主語＋have [has] not.〉を使って答えます。

「まだ…していません」(現在完了形(完了用法)の否定文)

アイ　ハヴ　ナト　フィニシュト　ランチ　イェト
I have not finished lunch yet. (私はまだ昼食を終えていません。)

- 否定文は,〈**have[has] not＋動詞の過去分詞**〉です。短縮形haven't, hasn'tを使うこともあります。
- 完了用法の否定文では,文の最後によくyetが置かれます。not ... yetで「まだ…していない」という意味です。

ここがポイント!

❸ I've just finished my homework.

本文の意味をつかもう

花：❶ちょっといい?
マーク：❷うん。❸ちょうど宿題を終えたところだよ。
花：❹見て!❺英語落語公演のチケットを2枚手に入れたのよ。
マーク：❻最前列の座席だね!❼本当に運がいいね。
花：❽誰か一緒に行く人を探しているの。❾私と一緒に行かない?
マーク：❿喜んで。⓫落語には長い間興味があったんだ。

Q&A

Why is Hana talking to Mark? (花はなぜマークに話していますか。)

解答例 Because she is looking for someone to go with to an English *rakugo* show.
(彼女は英語落語公演に一緒に行く人を探しているから。)

Listen

マークと花が今日のできごとについて電話で話しています。今の状況に合うものを1つずつ選ぼう。

① Hana (　　)
(花)

② Mark (　　)
(マーク)

③ Mark (　　)
(マーク)

Ⓐ

Ⓑ

Ⓐ

Ⓑ

Ⓐ

Ⓑ

Speak & Write

(1) ①～③の絵の登場人物になったつもりで今の状況を説明しよう。このあとすることを付け加えて言おう。

㊎ I've just finished my homework.（私はちょうど宿題を終えたところです。）
I'll play video games.（私はテレビゲームをするつもりです。）

① 

finish / homework

② 
finish / practice

③ 
lose / love

(2) (1)で話したことを書こう。

解答例 ② I've just finished my practice.（私はちょうど練習を終えたところです。）
I'll stretch my legs.（私は足を伸ばすつもりです。）
③ I've just lost my love.（私はちょうど失恋したところです。）
I'll cry.（私は泣いてしまうでしょう。）

Word Bank

go to bed early　早く寝る
take a slow deep breath　ゆっくり深呼吸する
stretch my legs　足を伸ばす
cry　泣く

語句を確かめよう (p. 168) 

☐ *Do you have a minute?*　ちょっといいですか
重要 ☐ front [frʌ́nt / フラント]
形 名 前(の)；前方(の)
☐ row [róu / ロウ]
名 列，(劇場などの)座席の列
☐ lucky [lʌ́ki / ラキ] 形 運のよい，幸運な
☐ *Lucky you.*　あなたって本当に運がいいね
重要 ☐ someone [sʌ́mwʌ̀n / サムワン]
代 だれか，ある人
☐ *Why don't you ...?*　…してはどうか
☐ *I'd love to.*　喜んで
重要 ☐ yet [jét / イェト] 副〔否定文で〕まだ(…ない)，〔肯定の疑問文で〕もう(…したか)，すでに

語句を確かめよう (p. 170～171) 

☐ stretch [strétʃ / ストレチ]
動〔手足などを〕伸ばす
☐ breath [bréθ / ブレス] 名 息；呼吸
☐ arrive [əráiv / アライヴ]
動〔場所に〕到着する，着く
☐ hall [hɔ́:l / ホール] 名 玄関ホール；会館
☐ city hall [síti hɔ́:l / スィティ ホール]
名 市役所
重要 ☐ done [dʌ́n / ダン] 動 doの過去分詞
重要 ☐ sent [sént / セント]
動 send(送る)の過去形・過去分詞

確認しよう

☐ slow [slóu / スロウ] 形 遅い，ゆっくりとした

Drill POINTの文を練習しよう。1 Listen / 2 Repeat / 3 Say 

Ⓐ arrive at City Hall (市役所に着く)
Ⓑ wash the dishes (皿を洗う)
Ⓒ finish the report (その報告書を終える)
Ⓓ paint the wall (その壁を塗る)
Ⓔ do my homework (done) (宿題をする)
Ⓕ leave home (left) (家を出る)
Ⓖ hear the news (heard) (その知らせを聞く)
Ⓗ send an e-mail (sent) (Eメールを送る)

〈Repeatする英文〉

Ⓐ I have just arrived at City Hall. (私はちょうど市役所に着いたところです。)
Ⓑ I have just washed the dishes. (私はちょうど皿を洗ったところです。)
Ⓒ I have just finished the report. (私はちょうどその報告書を終えたところです。)
Ⓓ I have just painted the wall. (私はちょうどその壁を塗ったところです。)
Ⓔ I have just done my homework. (私はちょうど宿題をしたところです。)
Ⓕ I have just left home. (私はちょうど家を出たところです。)
Ⓖ I have just heard the news. (私はちょうどその知らせを聞いたところです。)
Ⓗ I have just sent an e-mail. (私はちょうどEメールを送ったところです。)

Ⓐ Have you arrived at City Hall yet? (あなたはもう市役所に着きましたか。)
Ⓑ Have you washed the dishes yet? (あなたはもう皿を洗いましたか。)
Ⓒ Have you finished the report yet? (あなたはもうその報告書を終えましたか。)
Ⓓ Have you painted the wall yet? (あなたはもうその壁を塗りましたか。)
Ⓔ Have you done your homework yet? (あなたはもう宿題をしましたか。)
Ⓕ Have you left home yet? (あなたはもう家を出ましたか。)
Ⓖ Have you heard the news yet? (あなたはもうその知らせを聞きましたか。)
Ⓗ Have you sent an e-mail yet? (あなたはもうEメールを送りましたか。)

Ⓐ I have not arrived at City Hall yet. (私はまだ市役所に着いていません。)
Ⓑ I have not washed the dishes yet. (私はまだ皿を洗っていません。)
Ⓒ I have not finished the report yet. (私はまだその報告書を終えていません。)
Ⓓ I have not painted the wall yet. (私はまだその壁を塗っていません。)
Ⓔ I have not done my homework yet. (私はまだ宿題をしていません。)
Ⓕ I have not left home yet. (私はまだ家を出ていません。)
Ⓖ I have not heard the news yet. (私はまだその知らせを聞いていません。)
Ⓗ I have not sent an e-mail yet. (私はまだEメールを送っていません。)

・扉ページ(教科書p.105)

① What is the woman doing in each picture? (それぞれの写真で女性は何をしていますか。)
② What are other Japanese performing arts? (ほかの日本の舞台芸術は何ですか。)

解答例 ① (一番左) She is eating noodles[*soba*]. (彼女は麺(そば)を食べています。)
(左から2つ目) She is paying money. (彼女はお金を払っています。)
(右から2つ目) She is writing a letter. (彼女は手紙を書いています。)
(一番右) She is eating sweets[*yokan*]. (彼女は甘い菓子(ようかん)を食べています。)
② For example, there is *kabuki*[*no* / *bunraku* / *kyogen*].
(たとえば,歌舞伎[能/文楽/狂言]があります。)

GET Part 2 *Rakugo* Goes Overseas

● 現在完了形（経験用法）を理解し，使おう。

● 声を出して読んでみよう 

●英語落語を始める前に，落語家の大島希巳江（きみえ）さんが落語について説明します。

❶ Welcome to（…へようこそ） my *rakugo* show.

❷ Have you ever（エヴァ） seen（スィーン） *rakugo*? ❸ If you have never seen it, here are some points to remember.

❹ A single（スィングル） performer tells a story and acts out the conversations（カンヴァセイションズ） among all the characters.

❺ The performer uses a *sensu* and a *tenugui* to represent（レプリゼント） many things.

❻ Let's begin（ビギン）.

- ❷のrakugoを指す。（it）
- 直前のpointsを修飾する形容詞用法の不定詞。（to remember）
- 3つ〔3人〕以上の間で「…の間に〔で，の〕」の意味。（among）
- 不定詞の副詞用法で「多くのものを表すために」という意味。（to represent many things）
- 「…しましょう」と誘う表現。（Let's）

POINT 

「…したことがあります」（現在完了形（経験用法）の肯定文）

Amy（エイミ） has（ハズ） visited（ヴィズィテド） Nara twice（トワイス）.（エイミーは二度，奈良を訪れたことがあります。）

- 現在完了形は「…したことがあります」と，これまでに経験したことを表すのにも使われます（経験用法）。
- 経験用法の現在完了形では，次のような回数を表す語句をよく使います。
  - once（一度）
  - twice（二度）
  - three times（三度）
  - before（以前に）

「…したことがありますか」（現在完了形（経験用法）の疑問文と応答文）

Has Amy ever（エヴァ） visited Nara?（エイミーは今までに奈良を訪れたことはありますか。）

Yes（イェス）, she（シー） has. / No（ノウ）, she has not（ナト）.（はい，あります。／いいえ，ありません。）

〔has not → hasn't〕

- 疑問文は，have［has］を主語の前に出します。
- 経験用法では，「今までに」という意味のeverがよくいっしょに使われます。

「…したことがありません」(現在完了形(経験用法)の否定文)

エイミ　ハズ　ネヴァ　ヴィズィテド
Amy has never visited Nara. (エイミーは一度も奈良を訪れたことはありません。)

- 経験用法の否定文では，notではなく，never(一度も…ない)を使うのがふつうです。
- neverはふつうhave [has] のあとに置きます。

ここがポイント!

❷ Have you ever seen *rakugo*?

- **〈Have＋主語＋ever＋動詞の過去分詞 …?〉** 経験を問う現在完了形の疑問文です。
- everは，ふつう過去分詞の前に置きます。

❸ If you have never seen it, here are some points to remember.

- here are …は「(ここに)…があります」の意味。to rememberはsome pointsを説明する不定詞の形容詞用法です。

本文の意味をつかもう

❶私の落語ショーへ，ようこそ。
❷今までに落語を見たことはありますか。❸もし一度もなければ，覚えておく点がいくつかあります。
❹一人の噺家がある話を語り，すべての登場人物の会話を演じます。❺噺家は，たくさんのものを表すのに扇子や手ぬぐいを使います。❻では，始めましょう。

Q&A

What does the *rakugo* performer use a *sensu* and a *tenugui* for?
(落語家は何のために扇子と手ぬぐいを使いますか。)

- What … for? で「何のために」という意味を表す。

解答例 To represent many things.
(多くのものを表すため。)

Listen ♪

花とマークが，歌舞伎，落語，漫才，和太鼓について話しています。 マークはそれぞれ何回見たことがあるかメモしよう。

kabuki (歌舞伎)
(　　)

rakugo (落語)
(　　)

manzai (漫才)
(　　)

wadaiko (和太鼓)
(　　)

Talk & Write

(1) 次の□の中にあるものを経験したことがあるか，ペアで話そう。

snowboarding	skiing	camping	horse riding	surfing
(スノーボード)	(スキー)	(キャンプ)	(乗馬)	(サーフィン)

例 *A :* Have you ever tried snowboarding?（今までにスノーボードを試したことがありますか。）
B : Yes, I have. It was difficult to balance on the board.
（はい，あります。ボードの上でバランスを取るのは難しかったです。）
[No, I've never tried it. I want to try it someday.]
（いいえ，一度もありません。私はいつか試してみたいです。）

(2) (1)で話したことをまとめて書こう。
例 I have tried snowboarding. It was difficult to balance on the board.
（私はスノーボードを試したことがあります。ボードの上でバランスをとるのは難しかったです。）

解答例 (1) *A:* Have you ever tried horse riding?（あなたは今までに乗馬を試したことがありますか。）
B: Yes, I have. I first tried it when I was 10 years old.
（はい，あります。私は 10 歳のときにそれを初めて試しました。）
[No, I've never tried it. I'm afraid of big horses.]
（いいえ，一度もありません。私は大きな馬を恐れているのです。）
(2) I have tried horse riding. I first tried it when I was 10 years old.
（私は乗馬を試したことがあります。私は 10 歳のときにそれを初めて試しました。）
I have never tried horse riding. I'm afraid of big horses.
（私は乗馬を一度も試したことがありません。私は大きな馬を恐れているのです。）

Word Bank
I first tried it when .... …のときに初めて試した
only once 一回だけ　be afraid of ... …を恐れる

語句を確かめよう (p. 172)

- ☑ *Welcome to ....* …へようこそ
- 重要 ☑ ever [évər / エヴァ] 副〔疑問文〕今までに，かつて
- 重要 ☑ seen [síːn / スィーン] 動 see（見る）の過去分詞
- 重要 ☑ single [síŋgl / スィングル] 形 たった1つ〔1人〕の
- ☑ *act out* 演じる
- 重要 ☑ conversation(s) [kɑ̀nvərséiʃən(z) / カンヴァセイション(ズ)] 名 会話，（人との）話
- ☑ represent [rèprizént / レプリゼント] 動 表す，意味する
- 重要 ☑ begin [bigín / ビギン] 動 始まる，始める
- ☑ twice [twáis / トワイス] 副 2度，2回，2倍

語句を確かめよう (p. 174〜175)

- ☑ riding [ráidiŋ / ライディング] 名 乗ること，乗馬
- ☑ balance [bǽləns / バランス] 動 バランスをとる〔保つ〕
- 重要 ☑ only [óunli / オウンリ] 副 たった，ほんの
- 重要 ☑ worn [wɔ́ːrn / ウォーン] 動 wear（着る）の過去分詞
- ☑ U.F.O. [júːèfóu / ユーエフオウ] 名 ユーフォー

Drill POINT の文を練習しよう。1 Listen / 2 Repeat / 3 Say 

Ⓐ 
climb Mt. Fuji
(富士山に登る)

Ⓑ 
travel to Australia
(オーストラリアに旅行する)

Ⓒ 
try surfing
(サーフィンを試す)

Ⓓ 
bake bread
(パンを焼く)

Ⓔ  
wear a kimono
(worn)
(着物を着る)

Ⓕ 
see a U.F.O.
(seen)
(ユーフォーを見る)

Ⓖ 
lose his wallet
(lost)
(さいふをなくす)

Ⓗ 
run a marathon
(run)
(マラソンを走る)

〈Repeatする英文〉

Ⓐ Miki has climbed Mt. Fuji twice. (美紀は二度，富士山に登ったことがあります。)
Ⓑ Miki has traveled to Australia twice. (美紀は二度，オーストラリアに旅行したことがあります。)
Ⓒ Miki has tried surfing twice. (美紀は二度，サーフィンを試したことがあります。)
Ⓓ Miki has baked bread twice. (美紀は二度，パンを焼いたことがあります。)
Ⓔ Tom has worn a kimono twice. (トムは二度，着物を着たことがあります。)
Ⓕ Tom has seen a U.F.O. twice. (トムは二度，ユーフォーを見たことがあります。)
Ⓖ Tom has lost his wallet twice. (トムは二度，さいふをなくしたことがあります。)
Ⓗ Tom has run a marathon twice. (トムは二度，マラソンを走ったことがあります。)

Ⓐ Has Miki ever climbed Mt. Fuji? (美紀は今までに富士山を登ったことはありますか。)
Ⓑ Has Miki ever traveled to Australia?
(美紀は今までにオーストラリアに旅行したことはありますか。)
Ⓒ Has Miki ever tried surfing? (美紀は今までにサーフィンを試したことはありますか。)
Ⓓ Has Miki ever baked bread? (美紀は今までにパンを焼いたことはありますか。)
Ⓔ Has Tom ever worn a kimono? (トムは今までに着物を着たことがありますか。)
Ⓕ Has Tom ever seen a U.F.O.? (トムは今までにユーフォーを見たことはありますか。)
Ⓖ Has Tom ever lost his wallet? (トムは今までにさいふをなくしたことはありますか。)
Ⓗ Has Tom ever run a marathon? (トムは今までにマラソンを走ったことはありますか。)

Ⓐ Miki has never climbed Mt. Fuji. (美紀は一度も富士山に登ったことはありません。)
Ⓑ Miki has never traveled to Australia. (美紀は一度もオーストラリアに旅行したことはありません。)
Ⓒ Miki has never tried surfing. (美紀は一度もサーフィンを試したことはありません。)
Ⓓ Miki has never baked bread. (美紀は一度もパンを焼いたことはありません。)
Ⓔ Tom has never worn a kimono. (トムは一度も着物を着たことはありません。)
Ⓕ Tom has never seen a U.F.O. (トムは一度もユーフォーを見たことはありません。)
Ⓖ Tom has never lost his wallet. (トムは一度もさいふをなくしたことはありません。)
Ⓗ Tom has never run a marathon. (トムは一度もマラソンを走ったことはありません。)

SETTING 大島希巳江（きみえ）さんが英語落語の公演後に受けたインタビューが新聞に掲載されています。

声を出して読んでみよう

❶ ***Rakugo* Goes Overseas** ❷ *I* : interviewer ❸ *K* : Kimie-san

I : ❹ I'm David Miller from the Crown News. ❺ Kimie-san, today's performance was really great!

K : ❻ Thank you, David.

I : ❼ I'd like to ask you a few questions. ❽ Why did you start performing *rakugo* in English?

K : ❾ When I lived in the United States, many people said, "I've never heard a Japanese joke. ❿ Could you tell me one?" ⓫ They didn't think the Japanese had a sense of humor.

I : ⓬ Really?

K : ⓭ Yeah. ⓮ So I wanted to share Japanese humor with people all over the world.

I : ⓯ How long have you been a performer?

K : ⓰ For about twenty-five years. ⓱ I've been to many countries to give *rakugo* shows. ⓲ These tours have been very exciting.

I'd は I would の短縮形。would like to ... は「…したい」の意味。

〈ask＋A＋B〉「AにBをたずねる」の形。youがA，a few questionsがBにあたる。

経験用法の現在完了形の否定文「一度も…ない」。

❾のa Japanese jokeを指す代名詞。

…してくださいませんか

「世界中の」の意味で，前のpeopleを修飾している。

…を～と共有する

継続の期間を〈How long ...?〉でたずねている。

⓯に対し，For ....「…の間です」と期間を答えている。

経験用法の現在完了形「…に行ったことがある」。

語句を確かめよう (p. 176)

- ☐ United States [juːnáitəd stéits / ユーナイテド ステイツ] 名 アメリカ合衆国
- ☐ joke [dʒóuk / ヂョウク] 名 冗談
- 重要 ☐ sense [séns / センス] 名 わかる心，感覚
- ☐ humor [hjúːmər / ヒューマ] 名 ユーモア
- ☐ *all over the world* 世界中で（の）
- ☐ tour(s) [túər(z) / トゥア(ズ)] 名 （公演）ツアー
- ☐ David Miller [déivid mílər / デイヴィド ミラ] 名 デイビッド・ミラー《名前》

声を出して読んでみよう ♪

経験用法の現在完了形の疑問文「…したことがありますか」。

I: ⑲ Have you had any difficulty (ディフィカルティ) with your *rakugo* performances in English?

K: ⑳ Yes, I have. ㉑ Sometimes there are cultural differences (ディファレンスィズ) between (ビトウィーン) Japan and other countries. ㉒ For example, we make sounds (音をたてる) when we eat noodles. ㉓ In other cultures, this is bad manners (マナズ). ㉔ So I have to explain (イクスプレイン) Japanese customs (カスタムズ) like this. ㉕ Then (そうすることで) everyone can enjoy the show.

「行儀」「マナー」の意味のときは複数形を使う。

前のcustomsを修飾している。

I: ㉖ What have you learned from your performances around the world?

現在完了形の完了用法。

K: ㉗ Well, in my opinion (オピニョン), we're different, but we also have things in common (カモン), like (…のように) laughter (ラフタ). ㉘ We can laugh (ラフ) together during a *rakugo* performance.

「えーと」という意味で会話をつなぐ。

I: ㉙ I see. ㉚ What's your future plan?

K: ㉛ To continue (コンティニュー) spreading (スプレディング) laughter. ㉜ I think this will make a more peaceful (ピースフル) world.

名詞用法の不定詞。㉚のWhat's ...?の問いに,「…すること(です)」と答えている。

continue ...ingで「…し続ける」。

I: ㉝ Thank you for your time. ㉞ I've enjoyed talking with you.

インタビューが終わったところなので,完了用法の現在完了形を使っている。

K: ㉟ My pleasure (プレジャ).

お礼を言われて,「どういたしまして」と答えるときの表現。

語句を確かめよう (p. 177) ♪

- ☐ difficulty [dífikəlti / ディフィカルティ] 名 難しさ
- 重要 ☐ difference(s) [dífərəns(əz) / ディファレンス〔ィズ〕] 名 違い
- 重要 ☐ between [bitwíːn / ビトウィーン] 前 …の間に
- ☐ *make sounds* 音をたてる
- ☐ manners [mǽnərz / マナズ] 名 行儀, マナー
- 重要 ☐ explain [ikspléin / イクスプレイン] 動 説明する
- ☐ custom(s) [kʌ́stəm(z) / カスタム(ズ)] 名 習慣

重要 ☐ opinion [əpínjən / オピニョン] 名 意見
☐ *in my opinion* 私の意見では
重要 ☐ common [kámən / カモン]
名〔in common〕共通の，共通して
☐ *in common* 共通して
☐ laughter [lǽftər / ラフタ] 名 笑い
☐ laugh [lǽf / ラフ] 動 笑う
重要 ☐ continue [kəntínjuː / コンティニュー]
動 続ける
☐ spread(ing) [spréd(iŋ) / スプレド〔ディング〕]
動 広める
☐ peaceful [píːsfəl / ピースフル] 形 平和な
☐ pleasure [pléʒər / プレジャ] 名 喜び
☐ *My pleasure.* どういたしまして

本文の意味をつかもう

❶落語は海を越えて ❷ *I*: インタビュアー ❸ *K*: 希巳江さん
I：❹クラウン・ニュース紙のデイビッド・ミラーです。❺希巳江さん，今日の公演は本当にすばらしかったです。
K：❻ありがとうございます，デイビッドさん。
I：❼いくつか質問をしたいと思います。❽どうして英語で落語を演じ始めたのですか。
K：❾アメリカに住んでいた時，何人もの人に言われたんです，「日本の冗談を聞いたことがない。❿ぜひひとつ聞かせてくれる？」⓫彼らは，日本人にはユーモアのセンスがないと思っていたのです。
I：⓬本当ですか？
K：⓭ええ。⓮だから，私は，日本のユーモアを世界中の人々と共有したかったのです。
I：⓯どれくらいの期間，噺家をしているのですか。
K：⓰ 25 年くらいです。⓱落語の公演をするために，これまで多くの国に行ったことがあります。⓲これらの公演旅行はずっと，とてもわくわくするものです。
I：⓳英語での落語公演で，大変なことはありましたか。
K：⓴はい，ありました。㉑日本と他の国との間には，ときどき文化の違いがあるんです。㉒例えば，私たちは，麺を食べるときに音をたてます。㉓他の文化では，これは悪いマナーです。㉔だから，このような日本の習慣を説明しなければいけません。㉕そうすることで，みなさんが公演を楽しめるのです。
I：㉖世界中での公演から何を学びましたか。
K：㉗そうですね，私の意見では，私たちは違っている，でも笑いのように共通して持っているものもあるということです。㉘落語の公演の間は，私たちはみんな一緒に笑うことができるんです。
I：㉙なるほど。㉚将来の計画は何ですか。
K：㉛引き続き笑いを広げていくことですね。㉜そうすることがより平和な世界を築くことになると考えています。
I：㉝お時間を取っていただき，ありがとうございました。㉞お話しできて楽しかったです。
K：㉟どういたしまして。

STAGE 1 Get Ready 記事を読む前に確認しよう。

(1) 誰にインタビューしてみたいですか。
(2) そのインタビューではどんなことを聞きたいですか。 解答例 (1)(2)(略)

STAGE 2 Read 記事の要点をとらえよう。

Guide 1

インタビューの内容にあてはまるものをすべて選ぼう。
☐ 英語落語をはじめた理由 ☐ 落語の修業時代の苦労 ☐ 英語落語のつくりかた
☐ 英語落語の難しい点 ☐ 英語落語をする人たち ☐ 今後の計画
解答 英語落語をはじめた理由，英語落語の難しい点，今後の計画

Guide 2

インタビュアーがたずねた５つの質問に下線を引こう。

解答 ❽Why did you start performing *rakugo* in English?（どうして英語で落語を演じ始めたのですか。）
⓯How long have you been a performer?（どのくらいの期間，噺家をしているのですか。）
⓳Have you had any difficulty with your *rakugo* performances in English?
（英語での落語公演で何か大変なことはありましたか。）
㉖What have you learned from your performances around the world?
（世界中での公演から，何を学びましたか。）
㉚What's your future plan?（将来の計画は何ですか。）

Goal 記事の要点を完成させよう。

解答

Oshima Kimie (English *Rakugo* Performer)

Kimie started English *rakugo* about twenty-five years ago. She wanted to share Japanese humor. She sometimes has difficulty with her performance because people in other countries do not know[understand] Japanese customs. She believes that we are all different, but we also have things in common, like laughter. Kimie wants to make a more peaceful world by spreading laughter through *rakugo*.

大島希巳江さん　英語落語家

希巳江さんは約 25 年前に英語落語を始めました。彼女は日本のユーモアを共有したかったのです。他の国の人々は日本の習慣を知らない[理解していない]ので，彼女はときどき公演で大変なことがあります。彼女は，私たちはみんな違っている，でも，笑いのように共通して持っているものもあるということを信じています。希巳江さんは落語を通して笑いを広げることによって，より平和な世界を築きたいと思っています。

Guide 3

希巳江さんの答えの文で，それぞれの質問に最も関係がある語句に波線を引こう。

解答 ⓮(I wanted to) share Japanese humor with people all over the world(.)
((私は，)日本のユーモアを世界中の人々と共有したかったのです。)
⓰For about twenty-five years.（25 年くらいです。）
㉑cultural differences between Japan and other countries（日本と他の国の間の文化の違い）
㉗we're different, but we also have things in common, like laughter
（私たちには違いがあっても，笑いのように共通して持っているものもあります）
㉛To continue spreading laughter.（引き続き笑いを広げていくことですね。）

STAGE 3 Think & Write

(1) 質問や感想など，大島希巳江さんにメッセージを書こう。
(2) p. 206 の英語落語をきいてみよう。 解答例 (1)(略)

Tips for Reading インタビューなどのQ&A形式の文章を読むときは，質問の趣旨は何か，その質問に直接答えている部分はどこかを確認しよう。

☑ Check

●次の語句は何を指していますか。 this (㉓)， this (㉔)， this (㉜)

解答 this (㉓)：we make sounds when we eat noodles. (㉒)(私たちは，麺を食べるとき音をたてます。)
this (㉔)：we make sounds when we eat noodles. (㉒)(私たちは，麺を食べるとき音をたてます。)
this (㉜)：To continue spreading laughter. (㉛)(引き続き笑いを広げていくこと。)

先生にインタビューしよう

英語版の学校新聞に，先生のプロフィールを載せることになりました。
情報を集めるために，先生にインタビューしよう。

1. Listen 花たちがブラウン先生にインタビューするのを聞こう。

(1) 花たちが準備していたメモを完成させよう。

Name : Lucy Brown

① Where is the best place to visit in London? ______

② What do you do in your free time? ______

Note:

名前：ルーシー・ブラウン
① ロンドンで訪れるのに最もよい場所はどこですか。______
② あなたはひまな時は何をしますか。______
メモ：

(2) 花たちの質問のうち，あらかじめ準備していなかったもの（その場で考えたもの）を書き出そう。

2. Think ペアやグループで，どんな質問をしたいか考えよう。

例 *A:* What do you want to ask Ms. Brown?（あなたはブラウン先生に何を聞きたいですか。）
B: I want to ask her about her hobbies.（私は彼女の趣味について聞きたいです。）

解答例

Name: Ron White（ロン・ホワイト）

Topic（話題）	Questions（質問）	Answers（回答）
hometown（故郷）	Where are you from? （あなたはどこの出身ですか。）	Seattle in America. （アメリカのシアトルです。）
best place （最もよい場所）	Where is the best place to visit in your hometown? （あなたの故郷で訪れるのに最もよい場所はどこですか。）	・There are a lot of places to visit. （訪れるべき場所はたくさんあります。） ・Best place：Space Needle（a famous tower in Seattle） （おすすめの場所：スペース・ニードル（シアトルの有名な塔））

best food（最高の食べ物）	What is the best food in your hometown?（あなたの故郷で最高の食べ物は何ですか。）	・Clam chowder is the best.（クラムチャウダーが一番です。） ・I often enjoyed it with special bread.（私はよくそれを特別なパンと一緒に楽しみました。）
favorite place in Japan（日本でのお気に入りの場所）	Where is your favorite place in Japan?（あなたの日本でのお気に入りの場所はどこですか。）	・I like many places in Japan.（私は日本の多くの場所が好きです。） ・Favorite place：Mt. Fuji（お気に入りの場所：富士山）
things to do in free time（ひまな時にすること）	What do you do in your free time?（あなたはひまな時は何をしますか。）	・I like *manzai* now.（私は今漫才が好きです。） ・I often enjoy watching *manzai* programs on TV.（よくテレビで漫才の番組を見るのを楽しんでいます。）

3. Speak あなたの学校の先生にインタビューしよう。また，その場で質問を考えて，詳しい情報を集めよう。

TRY Write インタビューしたことをもとに，先生のプロフィールをまとめて書こう。

解答例 Our English teacher, Mr. White, is from Seattle in America. His favorite place in his hometown is the Space Needle. It is a famous tower in Seattle, and he has been there many times. His best food in Seattle is clam chowder. He often enjoyed it with special bread.

His favorite place in Japan is Mt. Fuji. He has climbed it three times. He likes *manzai* now, so he often watches *manzai* programs on TV in his free time.

（私たちの英語の先生のホワイト先生はアメリカのシアトル出身です。彼の故郷でのお気に入りの場所はスペース・ニードルです。それはシアトルの有名な塔で，彼はそこに何度も行ったことがあります。シアトルでの彼の最高の食べ物はクラムチャウダーです。彼はよくそれを特別なパンと一緒に楽しみました。

日本で彼のお気に入りの場所は富士山です。彼はそこに3回登ったことがあります。彼は今漫才が好きなので，ひまな時はよくテレビで漫才の番組を見ています。）

Idea Box

【インタビューで使える表現】

Please tell us about .... …について教えてください。 Let's change the topic. 話題を変えましょう。

Could you say that again? もう一度言っていただけますか。

Thank you for your time. お時間をありがとうございます。

【あいづち】

Uh-huh. なるほど。 I see. わかりました。 Is that so? 本当にそうなの。 I like it, too. 私も好きです。

メンバー募集のポスターを作ろう

学校の英語掲示板に貼るメンバー募集のポスターを作ることになりました。
活動の内容を紹介するポスターを作ろう。

1. Read 陸が作ったポスターを読んでみよう。

MEMBERS NEEDED!

We are the Wakaba J.H.S. Music Club.
We are looking for new members.
We are open to beginners.

WEEKLY PRACTICE

Day: Mondays, Tuesdays, Thursdays
Time: 4:00 p.m. – 5:30 p.m.
Place: Music Room
*We have practice on Saturdays before the annual concert.

INSTRUMENTS

guitar, piano, bass, drums

CONTACT

For more information, please ask the following members.
2-A Kato Riku
2-D Yoshida Emily
1-B Brian Jones

メンバー求む！

私たちはわかば中学校音楽部です。
新しいメンバーを探しています。
初心者が自由に参加できます。

1週間の練習

曜日：月曜日・火曜日・木曜日
時間：午後4時～午後5時30分
場所：音楽室
＊年1回のコンサートの前は土曜日も練習があります。

楽器

ギター，ピアノ，ベース，ドラム

連絡先

詳しい情報は，次のメンバーまでご連絡ください。
2－A　加藤　陸
2－D　吉田　エミリー
1－B　ブライアン・ジョーンズ

2. Write あなたが参加している部活動やイベントなどのポスターを作ろう。

習い事やボランティア活動のメンバーを募集したり，地域のお祭りや行事に参加する人を探すポスターを作ってみよう。

誰が見ても読みやすい字で書こう。書き終わったら，日付・場所などの大切な情報や，つづりに誤りがないか確認しよう。

解答例

WE NEED YOU!

We are Minami City Kung Fu class.
You don't need to bring anything.
Everyone is welcome.

WEEKLY PRACTICE

Day: Wednesdays and Saturdays
Time: 3:30 p.m. – 5:00 p.m. on Wednesdays
9:30 a.m. – 11:00 a.m. on Saturdays
Place: Public hall

CONTACT

For more information, please ask the following members.
Takeda Shion (040-2232-xxxx)
Bill Hsu (040-8566-xxxx)
Sato Makoto (040-4726-xxxx)

私たちはあなたを必要としています！

私たちは南市のカンフー教室です。
あなたは何も持ってくる必要はありません。
みなさん歓迎します。

1週間の練習

曜日：水曜日・土曜日
時間：水曜日は午後3時30分～午後5時
土曜日は午前9時30分～午前11時
場所：公会堂

連絡先

詳しい情報は，次のメンバーまでご連絡下さい。
竹田　汐音　(040-2232-xxxx)
ビル・シュー　(040-8566-xxxx)
佐藤　誠　(040-4726-xxxx)

Idea Box

【募集する内容】

basketball team バスケットボールのチーム　kung fu class カンフーの教室
volunteer work ボランティア活動　committee 委員会　student council 生徒会

【時間・場所など】

on weekdays 平日に　on weekends 週末に　on Sundays 毎週日曜日に
every two weeks 隔週に　every other month 隔月に　twice a month 1か月に2回
(shopping) mall ショッピングモール　public hall 公会堂　stadium 競技場

【使える表現】

Everyone is welcome. 誰でも歓迎します。　Open to all teenagers. 10代の人すべてが参加可能。
Who wants to take part in the Wakaba Festival? 誰がわかばフェスティバルに参加したいですか。
Our team needs you. 私たちのチームはあなたを必要としています。
You don't need to bring anything. 何も持ってくる必要はありません。

語句を確かめよう (p. 182) 

- ☐ beginner(s) [bigínər(z) / ビギナ(ズ)] 名 初心者，初学者
- ☐ annual [ǽnjuəl / アニュアル] 形 毎年の，年1回の；1年の
- ☐ bass [béis / ベイス] 名 (楽器の)ベース
- ☐ following [fálouiŋ / ファロウイング] 形 次の，次に続く
- ☐ J.H.S. [dʒéi éitʃ és / ヂェイ エイチ エス] 中学校
- ☐ Emily [éməli / エミリ] 名 エミリー《名前》
- ☐ Brian Jones [bráiən dʒóunz / ブライアン ジョウンズ] 名 ブライアン・ジョーンズ《名前》

Take Action!  プレゼントの相談

話し手が伝えたいことを聞き取る

先週末に，入院していたオリビアおばあさんが退院しました。退院のお祝いに何をプレゼントするか，マットとマリアが話し合っています。

Expressions

promise to ...
…することを約束する
We should ....
…すべきである。
quality 品質
plus その上
connections with feelings
感情のつながり
both of ... …の両方

STAGE 1 Get Ready

1. 退院のお祝いはどんなものがよいか考えてみよう。

解答例

花，菓子，メッセージカード，風船，ひざ掛け，マッサージ機，など

2. 右のExpressionsを参考に，話し合いで使われる表現を確認しよう。

解答例 （略）

STAGE 2 Listen 

1st Listening 話し合いを聞いて，2つのプレゼントのアイデアについてメモにまとめよう。

Plan A（プランA）: ______________	Plan B（プランB）: ______________
Good（良い）:	Good（良い）:
Not good（良くない）:	Not good（良くない）:

2nd Listening 聞き取れなかった部分に注意しながら，もう一度聞いてみよう。

3rd Listening Audio Scriptsを見ながら音声を確認しよう。（スクリプトはp. 220） 

STAGE 3 Think & Act

あなたは，マットとマリアのどちらの案に賛成ですか。それはなぜですか。

解答例 （略）

BONUS STAGE 別の話し合いを聞いてみよう。（スクリプトはp. 223） 

語句を確かめよう (p. 184) 

重要 ☐ should [ʃúd / シュド] 助〔「義務・当然」の意味を表して〕…すべきである，…するほうがいい

重要 ☐ quality [kwɑ́ləti / クワリティ] 名 質，品質，特質

重要 ☐ plus [plʌ́s / プラス] 接 そして，さらに

☐ connection(s) [kənékʃən(z) / コネクション(ズ)] 名 関係，つながり

重要 ☐ both [bóuθ / ボウス] 代 両方，両方とも《複数として扱う》

Take Action! それもいい案だと思うけど

意見を言う　反対する

Skit 転校する友だちへのプレゼントについて，花とディヌーが話しています。 

Hana

❶ What should we get for Mayumi?

Dinu

❷ I have an idea.
❸ How about flowers?

How about ...? で，「…はどうですか。」の意味を表す。

❹ Well, that's not a bad idea, but cookies might(マイト) be better. ❺ I think she likes sweets better than flowers.

❻ You're right.
❼ Let's make them.

You are right. は「そうだね。」と相手に同意する表現。

花：❶まゆみに何をあげたらいいかな。
ディヌー：❷考えがあるよ。❸花はどうかな？
花：❹そうだね，悪くない考えだと思うけど，クッキーの方がいいかもしれない。❺彼女は花よりお菓子のほうが好きだと思うんだ。
ディヌー：❻確かにその通りだね。❼クッキーを作ろう。

Expressions

意見を言う
I think .... 私は…と思う。
I have an idea. 考えがあるよ。

反対する
That's not a bad idea, but ....
それは悪くない考えだね，でも…。
That's not bad, but ....
それは悪くないね，でも…。
You have a point, but ....
きみの言うことももっともだ，でも…。
That's a good idea, but ....
それはいい考えだね，でも…。

Work in Pairs

1. 上のスキットをペアで演じてみよう。
2. 巻末のロールプレイシートを使って，A・Bの役割をペアで演じてみよう。

B: What should we get as a present for Keiko?
(ケイコに贈り物として何をあげたらいいかしら？)
A: I think we can give her a handkerchief. She can always use it and remember us.
(私たちは彼女にハンカチをあげることができると思う。彼女はいつもそれを使って私たちを思い出すことができるよ。)
B: I like that. Oh, can we get her a sport towel? She can use it when she plays soccer.
(それはいいね。ああ，彼女にスポーツタオルをあげる？彼女はサッカーをするときにそれを使えるよ。)
A: Sure. When shall we go shopping?
(もちろん。いつ買い物に行こうか。)

語句を確かめよう (p. 185) 

☐ might [máit / マイト] 助〔可能性〕…かもしれない

文法のまとめ ❻

● 現在完了形(継続用法)を確認しよう。

現在完了形(継続用法)

→ Lesson 6 GET Part 1, 2

◆「(ずっと)…しています」と，過去のある時点から始めた動作・状態が現在も継続していることを表すときは，現在完了形〈**have[has]＋動詞の過去分詞**〉を使います。

肯定文		I have lived in this town for(…の間) many years. 私はこの町に何年も住んでいます。 Miki has lived in this town since(…から) 2016. 美紀はこの町に2016年から住んでいます。
疑問文 応答文	Have	you lived in this town for a long time? あなたはこの町に長い間住んでいますか。 — Yes, I have. / No, I have not. はい，住んでいます。／いいえ，住んでいません。
疑問文 応答文	How long(どれくらい(長く)) have	you lived in this town? あなたはこの町にどれくらい長く住んでいますか。 — For five years. / Since I was ten. 5年間，住んでいます。／10歳のときから住んでいます。

◆〈**have[has]＋動詞の過去分詞**〉の形をとる現在完了形は，物事の現在の状態・状況を表す方法の1つです。過去に始まった動作・状態が現在も続いていることを表す「継続用法」では，①始まってから現在までの期間はどれくらいか，②過去のいつの時点で始まったのかをよくいっしょに表します。①を表すにはfor ...の形を使い，②を表すにはsince ...の形を使います。

現在完了形(継続用法)	始まってから現在までどれくらいか(期間)	いつ始まったのか(スタート時点)	英文全体の意味
I have enjoyed fishing	for six months.		私は6か月間，釣りを楽しんでいます。
		since 2011.	私は2011年から釣りを楽しんでいます。
Amy has used this bag	for a long time.		エイミーはこのかばんを長い間使っています。
		since she was ten years old.	エイミーはこのかばんを彼女が10歳のときから使っています。

◆現在完了形を作るhaveやhasが主語と結びつくと，短縮形になることがあります。また，現在完了形の否定形では，have[has]とnotが結びついて短縮形になることがあります。

I	have	→	I've
we	have		we've
you	have		you've
he	has		he's
she	has		she's
it	has		it's
they	have		they've

have	not	→	haven't
has			hasn't

●for（…の間） 期間に着目

for five years / for seven months
for many years / for a long time

●since（…から） スタートの時点に着目

since May / since last summer
since 2009 / since that day
since I was ten
※〈主語＋動詞〉の形が続くこともあります。

Drill 1 日本語の意味に合うように，（　）に当てはまる語を一語ずつ答えましょう。

1. I (　　) (　　) this dictionary (　　) three years. (この辞書を3年間使っています。)
2. Riku (　　) (　　) the phone (　　) last year. (陸は昨年からその電話がほしかった。)
3. (　　) (　　) have you lived in Japan? (あなたはどれくらいの間日本に住んでいますか。)

Drill 2 次の英文を日本語にしましょう。

Have you studied English for a long time?
— No, I haven't.

Drill 3 各文に必要な語句を付け加えて，日本語の意味に合うようにしましょう。

1. I have played soccer. (私はサッカーを4年間しています。)
2. Kenji has lived in Osaka. (健二は5歳のときから大阪に住んでいます。)

──● 現在完了形(完了用法・経験用法)を確認しよう。

現在完了形(完了用法)

→ Lesson 7 GET Part 1

◆〈**have [has]+動詞の過去分詞**〉の形で，動作や行為がちょうど完了したことを表す場合があります。これが現在完了形の完了用法です。「完了している」という現状を表すので，already(すでに)，just(ちょうど)，あるいはyet(まだ，もう)といった副詞がよくいっしょに使われます。

肯定文		I	have	just (ちょうど)	finished	my homework.
		私はちょうど宿題を終えたところです。				
		I	have	already (すでに)	finished	my homework.
		私はすでに宿題を終えています。				
否定文		I	haven't		finished	my homework yet. (not ... yet =まだ…していない)
		私はまだ宿題を終えていません。				
疑問文	Have	you			finished	your homework yet? (もう，すでに)
		あなたはもう宿題を終えましたか。				

Drill 4 各文の適切な場所に[ ]内のことばを付け加えて，日本語の意味に合うようにしましょう。

1. I have arrived home. [just] (私はちょうど家に着いたところです。)
2. Have you read this book? [yet] (あなたはもうこの本を読みましたか。)

過去形と現在完了形

❶過去形の文

I was in bed four days ago. (私は4日前ベッドにいました。)

❷現在完了形(継続用法)「(ずっと)…しています」の文

I have been in bed for two days. (私は2日間(ずっと)ベッドにいます。)

◆❶の文は，4日前のことについてだけを表しています。
❷の文は，2日間という期間について表しています。

❸過去形の文

I finished my homework at three in the afternoon. (私は午後3時に宿題を終えました。)

❹現在完了形(完了用法)「…したところです」の文

I have just finished my homework. (私はちょうど宿題を終えたところです。)

◆❸の文は，午後3時に宿題を終えたことだけを表しています。
❹の文は，ちょうど宿題を終えた(今は宿題をしていない)ことを表しています。

現在完了形（経験用法）

→ Lesson 7 GET Part 2

◆「…したことがあります」のように，これまでに経験したことを表すときも，〈have [has]＋動詞の過去分詞〉を使います。

肯定文	Amy has visited Nara twice.（twice：二度） エイミーは二度，奈良を訪れたことがあります。
疑問文 応答文	Has Amy ever visited Nara?（ever：今までに） エイミーは今までに奈良を訪れたことはありますか。 — Yes, she has. / No, she has not.（has not：短縮形はhasn't） はい，あります。／いいえ，ありません。
否定文	Amy has never visited Nara.（never：一度も…ない） エイミーは一度も奈良を訪れたことはありません。

◆**〈have[has]＋動詞の過去分詞〉**の形で，これまでの経験を表す場合があります。これが現在完了形の経験用法です。過去形の文が「した」という過去の事実を表すのに対して，現在完了形の経験用法の文は「したことがある，した経験がある」という現状を表します。このとき，経験の回数などを表すことばがよくいっしょに使われます。

I visited Kyoto when I was a child.
（私は子どものとき京都を訪れました。）
→ I **have visited** Kyoto once.
（私は京都を一度訪れたことがあります。）

Riku visited Kyoto in 2014 and two year ago.
（陸は2014年と2年前に京都を訪れました。）
→ Riku **has visited** Kyoto twice.
（陸は京都を二度訪れたことがあります。）

Ms. Brown visited Kyoto in 2002, 2009 and 2016.
（ブラウンさんは2002年，2009年そして2016年に京都を訪れました。）
→ Ms. Brown **has visited** Kyoto three times.
（ブラウンさんは京都を三度訪れたことがあります。）

Drill 5 次の英文を現在完了形を使って書きかえ，(　　)内の日本語の意味に合うようにしましょう。

I saw this movie three years ago and last year.（私はこの映画を２回見たことがあります。）

ディスカッションをしよう

わかば市で行われる「わかばフェスティバル」について，市民から意見が寄せられています。市民の意見を読んで，どんなテーマでイベントを行うとよいか話し合おう。

Check 設定を確認しよう。

（何のために）「わかばフェスティバル」のテーマを決めるために

（何をする）

1. Read わかば市のウェブサイトに掲載された市民の意見を読もう。

Service / Facility | Education | Visiting | Health | Help

HOME >>Survey>> Japanese | English

001 Sports

In the past few years, Japan has hosted several international sports events. Why not in Wakaba City? Our schools' sports days are getting smaller because the number of students is decreasing. I am sure a big sports event will make students and adults happy.

002 Music

Old or young, rich or poor, everyone loves music. I used to live in a different city. It had a yearly musical festival. Musicians played all kinds of music. The festival brought people together. Let's include music in the Wakaba Festival. It will bring people together.

003 Food

Wakaba City has great food. Our farmers grow fresh and delicious vegetables. However, many people do not know this. This year, let's focus on food. The Wakaba Festival welcomes many visitors from around the country. It will be a good chance to advertise our products to them.

004 Environment

The next Wakaba Festival should be about the environment. We already know that we have to do something to solve environmental problems. We need to do more than just think. We need to take action. The Wakaba Festival will be a good opportunity to show people our grass-roots activities.

サービス／施設	教育	観光	健康	ヘルプ
ホーム≫アンケート≫				日本語｜英語

001　スポーツ ここ数年，日本はいくつかの国際スポーツイベントを主催してきました。わかば市でもぜひやりませんか。生徒の数が減っているので，わかば市の学校の体育祭はどんどん縮小しています。大きなスポーツイベントは，生徒たちや大人たちを満足させてくれると，私は確信しています。	002　音楽 高齢者も若者も，豊かな人も貧しい人も，あらゆる人々が音楽を愛しています。私は，以前違う市に住んでいました。その市は毎年，音楽フェスティバルを開催しました。音楽家たちがあらゆる種類の音楽を演奏しました。そのフェスティバルは，人々を１つにしました。わかばフェスティバルにも音楽を含めましょう。それは人々を集めることになるでしょう。
003　食べ物 わかば市には，すばらしい食べ物があります。農家は新鮮でおいしい野菜を育てています。しかしながら，多くの人々がそのことを知らないのです。今年は，ぜひ食べ物に注目しましょう。わかばフェスティバルは国中のたくさんの観光客を歓迎しています。わかばフェスティバルは，彼らに私たちの産物を宣伝するよい機会となるでしょう。	004　環境 次のわかばフェスティバルは，環境をテーマにすべきです。私たちは，環境問題を解決するために何かしなければならないということをすでに知っています。私たちは，ただ考える以上のことをする必要があります。私たちは行動を起こす必要があるのです。わかばフェスティバルは，私たちの草の根運動を人々に示すよい機会となるでしょう。

(1)　ウェブサイトに掲載された市民の意見(p. 190)を読んで，投稿した人がどんなテーマを提案しているか考えよう。

解答例

・大きなスポーツイベントの誘致
・音楽フェスティバルの開催
・わかば市の新鮮でおいしい産物[野菜]の宣伝
・環境問題についてのわかば市の草の根運動

(2) ペアやグループで市民の意見を整理しよう。

Theme（テーマ）	Strong Points（長所）	Weak Points（短所）
Sports（スポーツ）	・必要な道具を用意しやすい。 ・誰でも参加しやすい。	・たくさんの人が参加するイベントなら，チーム分けをするのが大変そう。
Music（音楽）		
Food（食べ物）		
Environment（環境）		

解答例

・Music
Strong Points：言葉がわからなくても，みんなで楽しめる。／子どもからお年寄りまで，誰でも楽しめる。
Weak Points：どんな楽器が必要なのかがわからない。／楽器を用意したり，プロのバンドを呼んだりすると多くの費用がかかりそう。

・Food
Strong Points：わかば市のよいところをアピールする絶好のチャンス。／私たちの市の名産品をたくさんの人に知ったり，食べたりしてほしい。
Weak Points：全国のスーパーで手に入る品をわざわざ買いに来てくれないかもしれない。／来てくれたとしても，遠くから来た人に持って帰ってもらうのは難しいかも。

・Environment
Strong Points：タイムリーな話題だし，これからみんなで考えていかなければならないこと，子どもからお年寄りまでさまざまな立場での意見交換ができそう。
Weak Points：具体的に何をするのかが見えてこない。／わかば市ならではの活動にするにはどうしたらいいのか難しそう。／関心のない人を巻き込むのが難しそう。

2. Listen 陸たちのグループが「わかばフェスティバル」のテーマについてディスカッションをしています。それぞれがよいと思うテーマやその理由を聞いてみよう。 ♪

	Theme（テーマ）	Reasons（理由）
Riku（陸）		
Hana（花）		
Mark（マーク）		
Jing（ジン）		

3. Think Sports・Music・Food・Environment のどれに賛成ですか。2. Listenで出た意見をふまえて，あなたの考えを整理しよう。

Theme	Sports ・ Music ・ Food ・ Environment ・ Others
Reasons	

解答例

Theme（テーマ）	Sports（スポーツ） ・ Music（音楽） ・ Food（食べ物） ・ Environment（環境） ・ Others（ほか）
Reasons（理由）	I agree with Riku. Doing sports is good for health, and everyone will join and enjoy a sport event. Our city has big gyms and swimming pools, so it's a good idea to use them. We had a big sports event two years ago, so I think that we can organize everything without big problems. （私は陸に賛成です。スポーツをすることは健康によいし，みんながスポーツイベントに参加して楽しむでしょう。私たちの市には大きい体育館と水泳プールがあるので，それらを使うのはよい考えです。私たちは 2 年前に大きなスポーツイベントを開いたため，大きな問題なくすべてを計画して準備することができると思います。）

4. Discuss どのテーマで「わかばフェスティバル」を行うとよいか，グループで話し合おう。

解答例（略）

語句を確かめよう (p. 190) 

重要 ☐ past [pǽst / パスト] 形 ここ…

☐ host(ed) [hóust(əd) / ホウスト〔テド〕] 動（会などを）主催する

重要 ☐ several [sévərəl / セヴラル] 形 いくつかの，いく人かの

☐ international [ìntərnǽʃənəl / インタナショナル] 形 国際的な

☐ decrease, decreasing [dikríːs(iŋ) / ディクリース（ィング）] 動 減る

☐ adult(s) [ədʌ́lt(s) / アダルト〔ツ〕] 名 おとな，成人

重要 ☐ poor [púər / プア] 形 貧乏な

重要 ☐ used [júːst / ユースト] 動 〔used to ...〕以前は…であった

☐ yearly [jíərli / イアリ] 形 年1回の

☐ musical [mjúːzikəl / ミューズィカル] 形 音楽の

☐ musician(s) [mjuːzíʃən(z) / ミューズィシャン〔ズ〕] 名 音楽家

重要 ☐ brought [brɔ́ːt / ブロート] 動 bring（(人を) 連れてくる）の過去形・過去分詞

☐ focus [fóukəs / フォウカス] 動（注意などを）集中する

重要 ☐ chance [tʃǽns / チャンス] 名 機会，チャンス

☐ advertise [ǽdvərtàiz / アドヴァタイズ] 動 宣伝する

重要 ☐ product(s) [prɑ́dəkt(s) / プラダクト〔ツ〕] 名 産物；製品

☐ environmental [invàiərənméntl / インヴァイアロンメンタル] 形 環境の

☐ grass-roots [grǽs rùːts / グラス ルーツ] 形 草の根の

TRY Discuss あなたの住んでいる地域に置き換えて，ディスカッションしよう。

1 あなたの町でどのようなイベントができるか考えてみよう。

●あなたの住んでいる地域の特徴は何かな。

noodles（麺）

sweets（お菓子）

landscape（景色）

building（建物）

great person（偉人）

activity（活動）

●過去にわかばフェスで開催されたテーマ。

dance （ダンス）	movie （映画）	flower （花）	art （芸術）	science （科学）	shopping （買い物）

解答例（略）

2 ディスカッションの流れを確認しよう。

Role	Idea Box
Lead a discussion（花） （議論をすすめる） 全員が発言するように話者を指名する。 **POINT**（要点） ・静かになったら話者を指名する。 ・感想や質問が出ない時は，自分の感想を言う。	What do you think, Mark? マーク，あなたはどう思いますか。 Who has a different opinion? 違う意見の人はいますか。 Why do you think so? どうしてそう思いますか。
Say an opinion（陸） （意見を言う） 自分の意見について話す。 **POINT**（要点） ・ゆっくり，はっきりと話す。 ・聞き手が理解しているか気を配る。	In my opinion, 私の意見では， I think music is a good theme. 音楽はよいテーマだと思います。 We should do a sports event. 私たちはスポーツのイベントをするべきです。
Make comments（マーク，ジン） （コメントする） 意見を言った人に質問したり，感想を言ったりする。 **POINT**（要点） ・意見の中で気になったことはメモする。 ・自分の意見と比べながら聞く。	I think so, too. そう思います。 That's a great [wonderful] idea. それはすばらしいアイデアです。 It's perfect for .... …にぴったりです。 I like the idea, but .... そのアイデアは好きですが，…。

●参加者全員が役割を意識して，ディスカッションを進めよう。

STAGE 1
ディスカッションを始める

◎ディスカッションを始めよう。

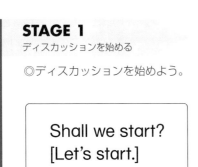

Shall we start?
[Let's start.]

始めましょう。

STAGE 2
意見を言う

Step 1 参加者に意見を聞こう。

Riku, could you tell us your idea first?

陸，まずあなたの考えを教えてくれませんか。

Step 2 自分の意見をシェアしよう。

I think we should do a sports event ....

スポーツイベントをするべきだと思います…

Step 3 あいづちをうとう。

Ah, I see.

Uh-huh.

ああ，なるほど。／
うん，うん。

STAGE 3
質問する・感想を言う

Step 1 質問や感想があるか，ほかの参加者にたずねよう。

Jing, do you have any questions for Riku?

Mark, what do you think about Riku's idea?

Step 2 出た意見について質問したり，感想を言ったりしよう。

What activities can we do?

I like your idea. But I think we did it two years ago.

Step 3 質問に答えたり，感想にあいづちをうったりしよう。

I think we can do tug-of-war.

That's true. Maybe we can choose a new theme.

ジン，陸に何か質問はありますか。　マーク，陸の考えについてどう思いますか。

どんな活動ができるでしょうか。　あなたの考えは好きです。ただ，それは２年前にやったと思います。

綱引きができると思います。　たしかにそうですね。もしかしたら新しいテーマを選ぶことができるかもしれません。

STAGE 4
ディスカッションを終える

◎多数決をとって，グループの意見をまとめよう。

Let's take a vote.
Who is for Riku's idea?

Our group chose "sports". That's it. Thank you for sharing your ideas.

多数決を採りましょう。
だれが陸の考えに賛成ですか？

私たちのグループは「スポーツ」を選びました。
以上です。
意見を出してくれてありがとうございました。

定期テスト対策 3（Lesson 6~7）

合計 /100

1 次の英語は日本語に，日本語は英語になおしなさい。（2点×6）

(1) manager ＿＿＿＿＿＿　(2) begin ＿＿＿＿＿＿　(3) sense ＿＿＿＿＿＿

(4) コピー ＿＿＿＿＿＿　(5) 会話 ＿＿＿＿＿＿　(6) だれか ＿＿＿＿＿＿

2 日本語に合うように，(　　) に適切な語を書きなさい。（2点×4）

(1) 私たちは一生懸命勉強をするべきです。

We (　　　　) study hard.

(2) その部屋にはたくさんの本がありました。

There were (　　　　) of books in the room.

(3) このようにして，パンをつくることができます。

(　　　　) (　　　　) (　　　　), you can make bread.

(4) 私と一緒に昼食をとりませんか。

(　　　　) (　　　　) you eat lunch with me?

3 次の文を指示に従って書きかえるとき，(　　) に適切な語を書きなさい。（3点×5）

(1) I know the boy.（文末にsince last monthを加えて）

I (　　　　) (　　　　) the boy since last month.

(2) He has finished his homework.（疑問文にして，Yesで答える）

(　　　　) he (　　　　) his homework? — Yes, he (　　　　).

(3) My sister has cleaned the room.（「まだ…していない」という意味の否定文にする）

My sister (　　　　) cleaned the room (　　　　).

(4) You have read the book.（疑問文に）

(　　　　) you read the book?

(5) They have stayed here for two hours.（下線部をたずねる文に）

(　　　　) (　　　　) have they stayed here?

4 日本語に合うように，(　　) 内の語(句)を並べかえなさい。（5点×4）

(1) その男性はちょうど店を出てしまったところです。(has / the store / the man / left / just).

＿＿＿＿＿＿＿＿＿＿＿＿＿＿＿＿＿＿＿＿.

(2) 私は一度も富士山に登ったことがありません。(Mt. Fuji / I've / climbed / never).

＿＿＿＿＿＿＿＿＿＿＿＿＿＿＿＿＿＿＿＿.

(3) 私たちは何度もその博物館に行ったことがあります。We (have / to / many / the museum / times / been).

We ＿＿＿＿＿＿＿＿＿＿＿＿＿＿＿＿＿＿＿＿.

(4) あなたはもうあなたの先生に話をしましたか。(to / you / your / have / spoken / yet / teacher)?

＿＿＿＿＿＿＿＿＿＿＿＿＿＿＿＿＿＿＿＿?

5 次は大島希巳江さんのインタビュー記事です。これを読んで，あとの問いに答えなさい。（5点×5）

(*I:* Interviewer　*K:* Kimie-san)

I: Have you had any difficulty with your *rakugo* performances in English?

K: Yes, I have. Sometimes there are cultural differences between Japan and other countries. For example, we make sounds when we eat noodles. In other cultures, ①this is bad manners. So I have to explain Japanese customs like this. Then everyone can enjoy the show.

I: ②(learned / what / from / you / have) your performances around the world?

K: Well, in my opinion, we're different, but we also have things (③), like laughter. We can laugh together during a *rakugo* performance.

I: I see. What's your future plan?

K: To continue spreading laughter. I think ④this will make a more peaceful world.

I: Thank you for your time. ⑤I've (　　　) (　　　) with you.

K: My pleasure.

(1) 下線部①がさす内容を日本語で答えなさい。

(2) 下線部②の(　　)内の語を，正しい英文になるように並べかえなさい。

______ your performances around the world?

(3) (③)に入れるのに適切なものを次から選び，記号を○でかこみなさい。

ア in this way　　イ all over the world

ウ in common　　エ for a long time

(4) 下線部④が指す内容を日本語で答えなさい。

(5) 下線部⑤が「あなたとお話しできて楽しかったです。」という意味になるように，(　　)に入れる適切な語を書きなさい。

I've (　　　) (　　　) with you.

6 次の(1)，(2)について説明する英文を，あなた自身の立場で１つずつ書きなさい。（10点×2）

(1) 自分が今住んでいる町にどれくらい長く住んでいるかを説明する文。

(2) 自分が訪れたことがある場所について，そこへ何回行ったことがあるかを説明する文。

教科書 122〜123ページ

The Little Prince

宇宙のある小さな星に王子さまがひとりで住んでいました。ある日，王子さまは，ほかの星のことを知りたいと思って旅に出ました。

声を出して読んでみよう 

名詞用法の不定詞。「知ること」の意味で動詞wantedの目的語になっている。

前の文を「それで」と受ける接続詞。

On the first planetが文頭に出て，主語と動詞の位置が入れかわった文。英語ではときどき，このように場所を表す語句が先に来て，動詞，主語の順に続くことがある。

❶ **The Little Prince** (リトル プリンス)

❷ The Little Prince lived alone (アロウン／ひとりで) on a very small planet (プラニト). ❸ He wanted to know more (もっと多くのこと) about space, so he went on a trip (旅に出た) to other planets.

❹ On the first planet lived a businessman (ビズネスマン).

❺ He was adding (アディング) numbers. ❻ He was so busy that (とても忙しいので…) he did not notice (ノウティス) the Little Prince.

語句を確かめよう (p. 200) 

- ☐ alone [əlóun / アロウン] 副 ひとりで
- ☐ planet [plǽnit / プラニト] 名 惑星
- ☐ businessman [bíznəsmæ̀n / ビズネスマン] 名 ビジネスマン
- 重要 ☐ add(ing) [ǽd(iŋ) / アド〔ディング〕] 動 足す
- ☐ *so ... that* 〜 とても…なので〜
- 重要 ☐ notice [nóutəs / ノウティス] 動 気がつく
- ☐ Little Prince [lítl príns / リトル プリンス] 名 王子さま《名前》

声を出して読んでみよう

会話文のあとにsay「…と言う」やask「…をたずねる」がくる場合，動詞が前に出て主語が後ろにくることがある。

❶ "Three plus five makes eight. Twelve plus four makes sixteen. In total, that makes one million."
(plus …を加えて / total トウタル / In total 合計で / million ミリョン)

❷ "One million what?" asked the Little Prince.

❸ "Stars," said the businessman. ❹ "Look! Those stars over there are all mine."
(Those あれらの / over there 向こうの)

❺のso many starsを指す。

❺ "What do you do with so many stars?"
(What do you do with …をどうする / so それほど)

名詞用法の不定詞。「…になること」の意味で動詞wantの目的語になっている。

❻ The businessman said, "Nothing. I simply own them because I want to be rich."
(Nothing ナスィング / simply スィンプリ / own 所有する)

❼ "Why do you want to be rich?" asked the Little Prince.

starsを指す。

❽ "So I can buy more stars if somebody discovers them."
(So …するように / somebody サムバディ)

「…するつもり」と主語(you)の意志を表している。

❾ "And what will you do with more stars?"

❿ "I'll count them and then count them again."

❿の英文全体の内容を指す。

⓫ "Is that all?"

⓬ "That's enough!"

語句を確かめよう (p.201)

- ☑ total [tóutl / トウタル] 名 合計
- ☑ *in total* 合計で
- ☑ million [míljən / ミリョン] 名 百万
- 重要 ☑ nothing [nʌ́θiŋ / ナスィング] 代 何もない
- 重要 ☑ simply [símpli / スィンプリ] 副 ただ単に
- 重要 ☑ somebody [sʌ́mbὰdi / サムバディ] 代 だれか

READING FOR FUN 2

声を出して読んでみよう 

❶ On the second planet lived a geographer.（geographer：ヂーアグラファ）

❷ He said, "Geographers describe the seas, rivers, mountains, and deserts of planets."（describe：ディスクライブ）

❸ "How interesting!" the Little Prince said. ❹ "Does your planet have any seas?"

〈How ＋形容詞！〉で「なんと…!」と驚きを表す。

❺ "I don't know," said the geographer.

❻ "Oh. What about rivers?"（What about：…はどうですか）

❼ "I don't know," said the geographer.

❽ "Or mountains or deserts?"

❾ "I don't know that, either," the geographer said.（either：イーザ）

否定文で「…もまた〜ない」というときにはtooではなくeitherを使う。

❿ "But you're a geographer!"

⓫ "Exactly," he said, "I'm a geographer, not an explorer. ⓬ Explorers explore seas, rivers, mountains, and deserts. ⓭ They come to my office. ⓮ I ask them questions and write down their answers. ⓯ I never go out. ⓰ Sadly, there are no explorers on my planet, so I can't answer your questions."（Exactly：イグザクトリ／explore：イクスプロー／deserts：砂漠／Sadly：サドリ／write down：書き留める／there are no：…はいない）

⓬のExplorersを指す。

「決して…ない」と強い否定を表す。

⓰の英文の内容を指している。

⓱ "I see. That's sad," the Little Prince said as he left.（as：(…)する時に，…しながら）

語句を確かめよう（p. 202） 

- ☐ describe [diskráib / ディスクライブ] 動 記述する
- ☐ *What about ...?* …はどうですか
- 重要 ☐ either [íːðər / イーザ] 副 …もまた
- 重要 ☐ exactly [igzǽktli / イグザクトリ] 副 そのとおりです
- ☐ explore [iksplɔ́ːr / イクスプロー] 動 探検する
- ☐ *write down* 書き留める
- ☐ *go out* 外出する
- ☐ sadly [sǽdli / サドリ] 副 残念ながら
- ☐ geographer [dʒiːɑ́grəfər / ヂーアグラファ] 名 地理学者

声を出して読んでみよう ♪

❶ The third planet belonged to (…のものだった) a king.

❷ "Quick! (クウィク) Come here!" the king ordered (オーダド) the Little Prince.
❸ "Good afternoon," said the Little Prince.
❹ "Stop! ❺ You mustn't (マスント) say anything without my permission (パミション)(私の許可なしに)."
❻ The Little Prince yawned (ヨーンド). ❼ He was tired.
❽ "Stop that! ❾ You can't yawn without my permission, either. ❿ Now yawn again. ⓫ It's an order!"
⓬ The Little Prince had nothing to say, so he went away (行ってしまった).

⓭ The Little Prince visited several strange planets.
⓮ He has not visited the earth (アース) yet.
⓯ What questions will he ask us?

> mustn't：must notの短縮形で，「…してはいけない」と強い禁止を表す。

> that：王子があくびをしたことを指す。

> to say：形容詞用法の不定詞。had nothing to sayで「言うことは何もなかった」の意味になる。

> has not visited … yet：「経験」を表す現在完了の文。not … yet なので「まだ…したことがない」の意味になる。

> us：地球に住んでいる「私たちに」ということ。

語句を確かめよう (p. 203) ♪

- 重要 ☐ quick [kwík / クウィク] 副 速く
- 重要 ☐ order(ed) [ɔ́ːrdər(d) / オーダ(ド)] 動 命じる
- ☐ *Good afternoon.* こんにちは
- ☐ mustn't [mʌ́snt / マスント] must notの短縮形
- ☐ permission [pərmíʃən / パミション] 名 許可
- ☐ yawn(ed) [jɔ́ːn(d) / ヨーン(ド)] 動 あくびをする
- ☐ *go away* 行ってしまう
- ☐ earth [ɔ́ːrθ / アース] 名 地球

確認しよう

- ☐ afternoon [æftərnúːn / アフタヌーン] 名 午後

本文の意味をつかもう

(教科書 p. 122，本書 p. 200)
❶王子さま
❷あるとても小さな惑星に，王子さまがひとりで住んでいました。❸王子さまは宇宙のことをもっと知りたくなったので，他の惑星へ旅に出ました。
❹ 1 つ目の星には，ビジネスマンが住んでいました。❺彼は数字を足していました。❻彼はとても忙しかったので，王子さまに気づきませんでした。

(教科書 p. 123，本書 p. 201)
❶「3 足す 5 は，8。12 足す 4 は，16。合計で百万。」
❷「百万の何ですか？」王子さまはたずねました。
❸「星だよ」とビジネスマンは言いました。❹「ほら！向こうにあるあれらの星はみんな私のものだ。」
❺「そんなにたくさんの星をどうするんですか？」
❻「何も。お金持ちになりたいから持っているだけさ。」とビジネスマンは言いました。
❼「どうしてお金持ちになりたいんですか？」と王子さまはたずねました。
❽「誰かが星を発見したら，もっとたくさん星を買えるようにね。」
❾「もっとたくさんの星をどうするんですか？」
❿「それらを数えて，それからまた数えるのさ。」
⓫「それだけ？」
⓬「それで十分！」

(教科書 p. 124，本書 p. 202)
❶ 2 つ目の惑星には，地理学者が住んでいました。
❷「惑星にある海や川，山，砂漠を詳しく説明するのが地理学者さ。」と彼は言いました。
❸「なんておもしろいんだろう！」と王子さまは言いました。
❹「あなたの惑星には，海はありますか？」
❺「わからない。」と，地理学者は言いました。
❻「あら。川はどうですか？」
❼「わからない。」と地理学者は言いました。
❽「山や砂漠は？」
❾「それもわからない」と地理学者は言いました。
❿「でも，あなたは地理学者でしょう！」
⓫「いかにも。」と地理学者は言いました。「私は地理学者で，探検家ではない。⓬探検家は海や川，山や砂漠を探検する。⓭彼らは私の事務所にやってくる。⓮私は彼らに質問をして，その答えを書き留める。⓯私は決して外出しない。⓰残念なことに，私の惑星には探検家がいない，だから君の質問に答えられないんだ。」
⓱「わかりました。それは悲しいです」とその場を離れながら王子さまは言いました。

(教科書 p. 125，本書 p. 203)
❶３つ目の惑星は，王様のものでした。
❷「早く！こちらへ参れ！」と王様は王子さまに命じました。
❸「こんにちは」と王子さまは言いました。
❹「やめろ！❺私の許可なしに何も言ってはならん。」
❻王子さまはあくびをしました。❼疲れていたのです。
❽「それをやめよ！❾私の許可なしにあくびをしてはならん。❿さて，またあくびをせよ。⓫命令だ！」
⓬王子さまは何も言うことがなかったので，その場を去りました。
⓭王子さまは奇妙な惑星をいくつか訪ねました。⓮まだ地球には訪れていません。⓯王子さまは私たちにどんな質問をするのでしょうか。

Read and Think

1．下に示す内容は，どのページで述べられていますか。ページ番号を書き入れよう。

(　　　) 王様の星　　　(　　　) ビジネスマンの星
(　　　) 地理学者の星　　　(　　　) 王子さまの星

解答

(p. 203(教科書 p. 125)) 王様の星　　　(p. 200～201(教科書 p. 122～123)) ビジネスマンの星
(p. 202(教科書 p. 124)) 地理学者の星　　　(p. 200(教科書 p. 122)) 王子さまの星

2．王子さまがたどった道のりについてまとめてみよう。

(1) なぜ彼は旅に出ましたか。
(2) 彼が１つめの星で出会った人は，どんな人でしたか。
(3) 彼が２つめの星で出会った人は，どんな人でしたか。
(4) 彼が３つめの星で出会った人は，どんな人でしたか。

解答例

(1) 宇宙のことをもっと知りたかったから。
(2) お金持ちになりたくて星の数をひたすら数えているビジネスマン。
(3) 自分の星の地理を語れない地理学者。
(4) わがままな王様。

3．あなたが印象に残った部分とその理由を話そう。 解答例 (略)

4．王子さまが地球に来たら，どんなことを聞くと思いますか。 解答例 (略)

付録3～4

English *Rakugo*

- タツ(Tatsu) …いつもえらそうで，友人たちをちょっとバカにしている。
- 友人1，2，3 (Friend 1，2，3) …いたずら好きな3人組
- ▭…場面を説明するナレーション

声を出して読んでみよう 

❶ I Hate *Manju*

Friend 1 : ❷ Hey, let's tell each other (互いに) what we hate or are scared of. ❸ See, I hate snakes. ❹ They look strange.

Friend 2 : ❺ Me? ❻ I'm scared of (…が怖い) spiders. ❼ When I see them, I get chills up my back.

Friend 3 : ❽ Well, I'm scared of my mother . . . . ❾ When she calls my name, I worry if I have done something wrong (何か悪いこと).

Friend 1 : ❿ Yeah, me too.

Friend 2 : ⓫ Ah, yes. ⓬ Me too. ⓭ Hey, Tatsu, you haven't told us yet. ⓮ What are you scared of?

Tatsu : ⓯ Me? ⓰ Oh, no, I'm not scared of anything (何も怖くない).

Friend 2 : ⓱ You must (…にちがいない) be scared of something. ⓲ Tell us!

Tatsu : ⓳ No, I have nothing to be scared of. ⓴ I'm not like any of you.

Friend 2 : ㉑ Come on, Tatsu! ㉒ That's not fair. ㉓ Tell us one thing you really hate!

〈look＋形容詞〉で「…に見える」という意味。

❻のspiders「クモ」を指す。

doneはdoの過去分詞。「完了」を表す現在完了形。

toldはtellの過去分詞。「完了」を表す現在完了形の否定文。

you really hateがone thingを後ろから修飾している。

Tatsu : ㉔ Well . . . , OK. ㉕ I hate to tell you this because it's very strange, but . . . , I'm scared of . . . *manju*.

Friend 1 : ㉖ What . . . ? ㉗ *Manju*? ㉘ You mean, that soft steamed sweet bun with sweet bean paste inside?

Tatsu : ㉙ Yes.

Friend 3 : ㉚ That most popular (最も人気のある), and everybody's favorite sweet, *manju*?

Tatsu : ㉛ Yes, yes! ㉜ And I already got a rash just by hearing the word!

hearingは動名詞。「その言葉を聞くことによって」という意味。

語句を確かめよう (p.206〜207)

- hate [héit / ヘイト] 動 嫌う
- hey [héi / ヘイ] 間 おい
- *each other* 互いに
- *what you hate or are scared of* 嫌いなものや怖いもの
- *get chills up my back* 背筋がぞっとする
- *worry if I have done something wrong* 何か悪いことをしてしまったのかどうか心配する
- told [tóuld / トウルド] 動 tell (話す) の過去分詞
- *come on* さあ来い
- *That's not fair.* そりゃずるいよ
- *one thing you really hate* 本当に嫌いなもの1つ
- OK [òukéi / オウケイ] 間 オーケー
- steamed [stíːmd / スティームド] 形 蒸した
- bun [bʌ́n / バン] 名 (菓子)パン
- *bean paste* 豆を練ったもの
- rash [rǽʃ / ラシュ] 名 湿疹

声を出して読んでみよう 

特に会話では，肯定文の語順のまま，語尾に疑問符をつけて疑問文にすることがある。文末を上げて読み，「本当に…ですか」と確認する意味合いがある。

すぐ前のmanjuを指す。

⑩の a lot of manju を指す。

buy「買う」の過去形。

throw「投げる」の過去形。

〈How＋形容詞！〉で「なんて…なんだろう！」という意味を表す。

Friend 2 : ❶ Tatsu, you're scared of *manju*? ❷ They are delicious.

Tatsu : ❸ Don't say that! ❹ I feel sick. ❺ I have to go home and lie down. ❻ Bye（バイ）.

Friend 2 : ❼ Wow . . . . Did you hear that? ❽ Tatsu is scared of *manju*. ❾ Oh, yes! ❿ Let's gather our money（マニ） and buy a lot of *manju*. ⓫ And throw them into his house! ⓬ He will be so surprised!

Friend 1 : ⓭ Yes, that sounds fun!

⓮ *So they bought a lot of manju and threw（スルー） them into Tatsu's house.*

Tatsu : ⓯ What are those? ⓰ *Manju*? ⓱ No. No!

⓲ Help me! ⓳ Oh, no, I got a headache（ヘディク）（頭が痛くなった）.

⓴ I'm dizzy（ディズィ）. ㉑ Oh, I feel sick.

Friend 2 : ㉒ Ha（ハー）, ha, ha! ㉓ Did you hear that? ㉔ Tatsu is struggling（ストラグリング） in the pile（パイル） of *manju*（…の山の中で）. ㉕ How funny!

㉖ *But, after a while, Tatsu became quiet.*

Friend 1 : ㉗ Hey, what happened? ㉘ It's quiet.

㉙ Maybe we killed（キルド） him. ㉚ Let's take a look（一目見る）.

㉛ *(Friend 1 opens the door and looks inside the house.)*

Friend 2 : ㉜ Tatsu! ㉝ You're . . . eating *manju*. ㉞ Why are you smiling(スマイリング)? ㉟ What? ㊱ You're happy? ㊲ Oh, you cheated(チーテド) us! ㊳ You're not scared of *manju*. ㊴ You love them. ㊵ You liar! ㊶ Tell us what you are really scared of.

*manju*を指す。

Tatsu : ㊷ Well, let's see . . . , now I'm scared of hot green tea.

語句を確かめよう (p.208〜209)

- ☐ *lie down* 横になる
- ☐ bye [bái / バイ] 間 じゃあね
- ☐ money [mʌ́ni / マニ] 名 お金
- ☐ threw [θrúː / スルー] 動 throw (投げる) の過去形
- ☐ headache [hédèik / ヘデイク] 名 頭痛
- ☐ dizzy [dízi / ディズィ] 形 めまいがする
- ☐ ha [háː / ハー] 間 まあ
- ☐ struggle(struggling) [strʌ́gl(iŋ) / ストラグル〔リング〕] 動 もがく
- ☐ pile [páil / パイル] 名 山
- ☐ *after a while* しばらくして
- ☐ kill(ed) [kíl(d) / キル(ド)] 動 殺す
- ☐ smile(smiling) [smáil(iŋ) / スマイル〔リング〕] 動 ほほえむ
- ☐ cheat(ed) [tʃíːt(əd) / チート〔テド〕] 動 だます
- ☐ *You liar!* うそつき！
- ☐ *what you are really scared of* 本当に怖いもの

本文の意味をつかもう

(教科書付録 3，本書 p. 206 ～ 207)

❶まんじゅう怖い

友人 1：❷ねえ，お互いに嫌いなものや怖いものを教え合おうよ。❸えーと，私はヘビが嫌い。❹見た目が気持ち悪くて。

友人 2：❺私？ ❻私はクモが怖いな。❼あれを見ると，背中がぞっとする。

友人 3：❽えーと，私は母親が怖いんだ…。❾名前を呼ばれると，何か悪いことをしたんじゃないかと心配になるんだ。

友人 1：❿そう，私もだよ。

友人 2：⓫ああ，うん。⓬私も。⓭ねえタツ，あなたはまだ何も言ってないよね。⓮あなたは何が怖い？

タツ：⓯私？ ⓰いや，何も，私は何も怖くない。

友人 2：⓱何か怖いものがあるにちがいないよ。⓲教えて！

タツ：⓳いや，何も怖いものはないよ。⓴あなたたちとは違うんだ。

友人 2：㉑おいおい，タツ！ ㉒そりゃずるいよ。㉓本当に嫌いなものを 1 つ教えてくれ！

タツ：㉔うーん，わかったよ。㉕あまり言いたくないんだ…，とても変わっているからね，でも…，私はまんじゅうが怖いんだ。

友人 1：㉖何…？ ㉗まんじゅう？ ㉘それって，中に甘い豆を練ったもの(あんこ)が入った，あのやわらかくて甘い蒸したパンのこと？

タツ：㉙そう。

友人 3：㉚あの最も人気があって，みんなが大好きなお菓子のまんじゅうのこと？

タツ：㉛そう，そうだよ！ ㉜そのことばを聞いただけで，もう湿疹が出てきたよ！

(教科書付録 4，本書 p. 208 ～ 209)

友人 2：❶タツ，あなたはまんじゅうが怖いの？ ❷とってもおいしいよ。

タツ：❸言わないでよ！ ❹気持ちが悪いよ。❺家に帰って横にならなきゃ。❻またね。

友人 2：❼へええ…。聞いた？ ❽タツはまんじゅうが怖いんだ。❾ああ，そうだ！ ❿みんなでお金を集めて，まんじゅうをたくさん買おうよ。⓫そして，タツの家にそれを投げ込もう！ ⓬きっととても驚くよ！

友人 1：⓭そうだね，それはおもしろそうだ！

⓮*そこで，彼らはたくさんまんじゅうを買って，それらをタツの家に投げ込みました。*

タツ：⓯何だこれは？ ⓰まんじゅう？ ⓱いやだ。いやだ！ ⓲助けて！ ⓳ああ，いやだ，頭が痛い。⓴めまいがする。㉑ああ，気分が悪い。

友人 2：㉒まあ，まあ，まあ！ ㉓聞こえた？ ㉔タツがまんじゅうの山の中でもがいているよ。㉕なんておもしろいんだ！

㉖*しかし，しばらくして，タツは静かになりました。*

友人 1：㉗ねえ，何が起こったんだ？ ㉘静かだよ。㉙もしかしてタツを殺してしまったかな。㉚ちょっと見てみよう。

㉛*(友人 1 がドアを開けて，家の中をのぞく。)*

友人 2：㉜タツ！ ㉝あなたは…まんじゅうを食べているんだね。㉞どうして笑っているの？ ㉟何？ ㊱うれしいの？ ㊲あっ，私たちをだましたね！ ㊳まんじゅうなんて怖くないんだね。㊴大好きなんだ。㊵うそつき！ ㊶本当に怖いものを教えてよ。

タツ：㊷うーん，えーと…，今は熱い緑茶が怖いんだ。

Houses and Lives

付録5～6

世界にはさまざまな家や暮らしがあります。ここではどのような家が紹介されているでしょうか。

声を出して読んでみよう

❶ *Ger*

❷ Traditional Mongolians have a special lifestyle. ❸ They live in *gers*. ❹ A *ger* is a round tent. ❺ They make the tent with wood and felt, both local materials. ❻ It is easy to put up and take down the tent. ❼ This is important because these Mongolians follow their animals. ❽ They ride horses and move with the seasons to find fresh grass and water. ❾ They take the *gers* with them.

❿ One family lives in each *ger*. ⓫ When children get married, they move out of the family *ger*. ⓬ They use locally available materials to make a new *ger* of their own.

⓭ The *ger* suits the traditional Mongolian way of life. ⓮ It is easy to move a *ger* and easy to make one.

(ルビ・注: ゲア Ger／マンゴウリアンズ Mongolians モンゴル人／ライフスタイル lifestyle／テント tent／丸い round／フェルト felt／put up …を張る／take down …を解体する／because …なので／ムーブ move／スィーズンズ seasons／with the seasons 季節とともに／イーチ each それぞれの／When …のとき／get married 結婚する／move out of …から引っ越す／ロウカリ locally／アヴェイラブル available／スーツ suits／way of life 生活様式)

- ❷のTraditional Mongoliansを指す。
- 材料を表して「…で」の意味。
- 副詞用法の不定詞。「見つけるために」の意味で動詞moveを修飾している。
- ⓫の結婚した子どもたちを指す。
- 副詞用法の不定詞。「作るために」の意味で動詞useを修飾している。
- *ger*を指す。
- 〈It is ... to+動詞の原形〉で「～するのは…だ」の意味。

語句を確かめよう (p.211)

- ger [géər / ゲア] 名 ゲル
- Mongolian(s) [maŋgóuliən (z) / マンゴウリアン] 名 モンゴル人
- lifestyle [láifstàil / ライフスタイル] 名 生活様式
- tent [tént / テント] 名 テント
- felt [félt / フェルト] 名 フェルト
- *put up ...* …を張る
- *take down ...* …を解体する
- move [mú:v / ムーブ] 動 移動する
- season(s) [sí:zən (z) / スィーズン(ズ)] 名 季節
- each [í:tʃ / イーチ] 形 それぞれの
- *get married* 結婚する
- *move out of ...* …から引っ越す
- locally [lóukəli / ロウカリ] 副 地元で
- available [əvéiləbl / アヴェイラブル] 形 利用可能な
- suit(s) [sú:t(s) / スート〔ツ〕] 動 …に好都合である

声を出して読んでみよう 

❶ Floating Islands

❷ The Uros people have a special way of life, too. ❸ They live high in the Andes Mountains on floating islands in Lake Titicaca. ❹ They build the islands of *totora* grass. ❺ It grows along the shore of the lake. ❻ The Uros also use *totora* to build their houses, furniture, and boats because there are no trees in the high mountains.

❼ *Totora* is not just for building. ❽ They make sweets from its roots and tea from its flowers. ❾ They also use the grass to make medicine.

❿ *Totora* grass is essential for the Uros people's life. ⓫ They have learned to live in harmony with nature on the lake.

フロウティング Floating / アイランド Islands / ウロス族の The Uros / アンディーズ Andes / マウンテンズ Mountains / 特別な生活様式 a special way of life / ショー shore / ファーニチャ furniture / …なので because / ただ…ではない not just / …から～をつくる make ～ from … / イセンシャル essential / …にとって必要不可決な is essential for / …と調和して in harmony with

このofは「材料・原料」を表す前置詞。「トトラを使って」の意味になる。

❹ の*totora* grassを指す。

副詞用法の不定詞。「建てるために」の意味で動詞useを修飾している。

数えられない名詞なので，複数形になっていない。

*totora*を指す。

副詞用法の不定詞。「作るために」の意味で動詞useを修飾している。

「継続」を表す現在完了形の文。

「暮らすこと」の意味でlearnedの目的語になっている。

チチカカ湖の浮島

トトラ

トトラで作られた舟

語句を確かめよう (p.212)

- floating island [flóutiŋ áilənd / フロウティング アイランド] 名 浮島
- the Uros people 名 ウロス族の人々
- Andes Mountains [ǽndiːz máuntənz / アンディーズ マウンテンズ] 名 アンデス山脈
- Lake Titicaca 名 チチカカ湖
- totora 名 トトラ (湿地に生える植物の一種)
- shore [ʃɔ́ːr / ショー] 名 岸
- furniture [fə́ːrnitʃər / ファーニチャ] 名 家具
- essential [isénʃəl / イセンシャル] 形 必要不可欠な
- *in harmony with ...* …と調和して

本文の意味をつかもう

(教科書付録 5，本書 p. 211)

❶ゲル

❷伝統的なモンゴル人は，特別な生活様式を持っています。❸彼らは「ゲル」に住んでいます。❹ゲルとは丸いテントのことです。❺彼らは木材やフェルトでテントを作りますが，両方とも現地の材料です。❻テントを張ったり，解体したりするのは容易です。❼モンゴル人は動物を追って移動するので，これは重要なことです。❽彼らは新鮮な草や水を見つけるために，馬に乗り，季節とともに移動します。❾彼らはゲルを一緒に持ち歩くのです。

❿1つの家族が，それぞれのゲルに住んでいます。⓫子どもたちが結婚すると，(それまでいた)家族のゲルから引っ越します。⓬彼らは地元で利用可能な材料を使って，自分たち自身の新しいゲルを作ります。

⓭ゲルは，伝統的なモンゴル人の生活様式に好都合です。⓮ゲルを移動させるのが容易だし，作るのも容易なのです。

(教科書付録 6，本書 p. 212)

❶浮島

❷ウロス族も，特別な生活様式を持っています。❸彼らはアンデス山脈の高地にあるチチカカ湖の浮島に住んでいます。❹彼らは「トトラ」という草の島を造っています。❺その草は，湖の岸沿いに生育します。❻高山には木がないため，ウロス族の人々はトトラを使って自分たちの家や家具，ボートも作るのです。

❼トトラは，ものを建てるためだけではありません。❽彼らはその根からお菓子を作り，その花からお茶を作ります。❾彼らはまた，薬を作るためにその草を使います。

❿トトラは，ウロス族の人々の生活にとって，必要不可欠なものです。⓫彼らは，湖上で自然と調和して生きる術を身につけているのです。

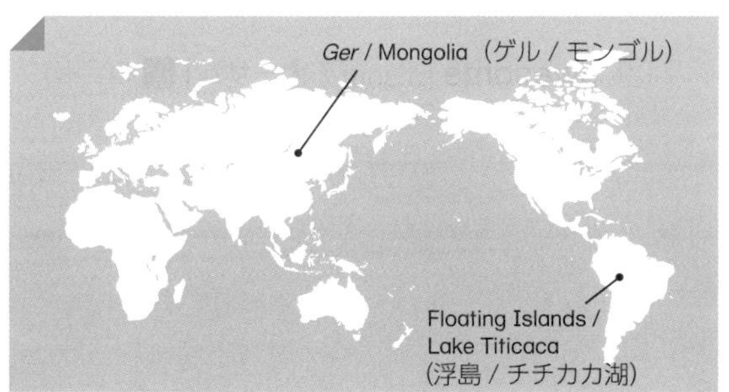

Further Reading 2

付録 7〜10

Courage

人は生きていくうえでさまざまな勇気を求められます。あなたにとって勇気とは何か考えてみよう。

声を出して読んでみよう

❶ Courage（カーリヂ）

❷ There are many kinds of courage.
（There are: …がある／many kinds of: たくさんの種類の）

❸ Awesome kinds.
（Awesome（オーサム）: すごい）

「ありふれた，日常の」という意味。❸のAwesomeとの対比になっている。

❹ And everyday kinds.

語句を確かめよう (p.214)

☐ courage [kə́:ridʒ / カーリヂ] 名 勇気　　☐ awesome [ɔ́:səm / オーサム] 形 すごい

本文の意味をつかもう

❶勇気
❷勇気にはたくさんの種類がある。
❸すごい勇気。
❹そして，ありふれた勇気。

声を出して読んでみよう 

前ページ❸，❹の文を「そうだとしても」と受けている。「すごい勇気」も「ありふれた勇気」もどちらも勇気には変わりないということ。

❶ Still, courage is courage — whatever （(ホ)ワテヴァ／どんな…でも） kind.

❷ Courage is two candy bars （キャンディ バー） and saving one for tomorrow. （saving ... for：…のためにとっておく）

two candys bars のうちの１つということ。

on the block「街区の」が後ろから new kid を修飾している。

❸ Courage is being the new kid on the block and saying, flat out （はっきりと）, "Hi, my name is Wayne. What's yours?"

your name ということ。

❹ Courage is being the first （最初の人） to make up after an （言い争いのあと） argument （アーギュメント）.

形容詞用法の不定詞。前の the first を修飾している。

語句を確かめよう（p.215） 

- ☐ whatever [*h*wɑtévər / (ホ)ワテヴァ] 形 どんな…でも
- ☐ candy bar [kǽndi bɑ́ːr / キャンディ バー] チョコバー
- ☐ *new kid on the block* 街に新しく来た子ども
- ☐ *flat out* はっきりと
- ☐ Wayne 名 ウェイン（名前）
- ☐ *make up* 仲直りする
- ☐ argument [ɑ́ːrgjəmənt / アーギュメント] 名 言い争い

本文の意味をつかもう

❶それでも，勇気は勇気。どんな種類でも。
❷勇気とは，２つのチョコバーのうち，１つを明日のために取っておくこと。
❸勇気とは，街に新しく来た子が，はっきりと，「やあ，ぼくの名前はウェイン。君の名前は？」と言うこと。
❹勇気とは，言い争いのあとで，仲直りするための最初の人になること。

Further Reading 2

付録 7～10

声を出して読んでみよう

❶ Courage is
the bottom(バトム) of the ninth,(9回裏)
tie score,(同点)
two outs(アウツ),
bases loaded,
and your turn to bat(バト).

> loadは「(3つの塁)を埋める」の意味。「埋められた塁」つまり「満塁」ということ。

> 形容詞用法の不定詞。「打者になる」の意味で前のyour turn「あなたの順番」を修飾している。

❷ Courage is exploring heights(ハイツ) —
and depths(デプスス).

❸ Courage is a blade of grass(一枚の草の葉)
breaking through the icy snow.

> すぐ前のa blade of grassを修飾している。

語句を確かめよう (p.216)

- ☐ bottom [bátəm / バトム] 名 (野球のイニングの)裏
- ☐ *tie score* 同点
- ☐ out(s) [áut(s) / アウト〔ツ〕] 名 (野球の)アウト
- ☐ *bases loaded* 満塁
- ☐ bat [bǽt / バト] 動 打者になる
- ☐ height(s) [háit(s) / ハイト〔ツ〕] 名 高い場所
- ☐ depth(s) [dépθ(s) / デプス(ス)] 名 深い場所
- ☐ *a blade of grass breaking through the icy snow* 氷のように冷たい雪を突き破っている一枚の草の葉

本文の意味をつかもう

❶勇気とは，9回の裏，同点，ツー・アウト，満塁でバッターボックスに立つこと。
❷勇気とは，高い場所，そして深い場所の探検をすること。
❸勇気とは，氷のように冷たい雪を突き破っている一枚の草の葉。

声を出して読んでみよう 

❷ Courage is holding on to your dream.
（holding on to：…を手放さないでいること）

❶ Courage is starting over.
（starting over：やり直すこと）

動名詞。文の補語になっている。❷のholding，❸のhavingも動名詞。

have to ... で「…しなければならない」の意味。

❸ Courage is sometimes having to say goodbye.
（having to say：…を言わなければいけないこと）

語句を確かめよう（p.217） 

☐ *starting over* （最初から）やり直す

☐ *hold on to ...* …を手放さないでいる

本文の意味をつかもう

❶勇気とは，やり直すこと。
❷勇気とは，夢を手放さないでいること。
❸勇気とは，ときどき，お別れを言わなければならないこと。

Audio Scripts スクリプト

Listen❶ 図書館の案内  p. 24

Staff:

Welcome to Crown Library. We're open from nine a.m. to seven p.m. You can come any day of the week, but we're closed on Wednesdays and national holidays.

You can borrow our books for three weeks, CDs and DVDs for one week, and magazines for four days. Bring them back in time, or you will pay a fine of five dollars a day. The library website has more information. Please read it.

Come over to this machine. You can use it when you borrow books. Put the books on the machine, and scan your card here. Press the button. Then take your books off the machine.

That's about it. Please ask me if you have any questions.

〔website ウェブサイト　come over to ... …へ近づいていく〕

スタッフ：

クラウン図書館へようこそ。本図書館は午前９時から午後７時まで開いています。１週間のうちどの日でも利用できますが，毎週水曜日と国の祝祭日は閉館しています。

書籍は３週間，CDやDVDは１週間，雑誌は４日間借りることができます。期日内に返却してください。そうしなければ１日５ドルの罰金を払うことになります。図書館のウェブサイトにさらに詳しい情報があります。読んでください。

この貸出機のところにおいで下さい。本を借りるとき，それを使うことができます。本を機械の上に置いて，ここでカードを読み取って下さい。ボタンを押して下さい。それから機械から本を取って下さい。

以上です。もし質問があればどうぞおたずね下さい。

Listen❷ チャリティーのお知らせ  … p. 50

Lisa Smith:

Good morning. I'm Lisa Smith, the president of Crown Charity Club. I have an announcement for you.

"Charity Day" is coming soon. We're going to collect books, games, and toys for children in the city hospital. The children are from ages one to fifteen. Many of them cannot go outside, so they study in the hospital.

Please join the event. You can bring novels, popular magazines, and comic books. Many children like games, such as cards, board games, and puzzles. Toys need to be safe for all ages. Anything is fine if it's new and clean.

Look around your house. Do you have something to give? This week, we're collecting everything in the gym. We're taking it to the hospital next Friday. You can help!

〔everything すべてのもの〕

リサ・スミス：

おはようございます。私はリサ・スミス，クラウンチャリティークラブの代表です。みなさんにお知らせがあります。

まもなく「チャリティーデー」がやってきます。私たちは，市立病院に入院している子どもたちのために本や，ゲーム，おもちゃを集める予定です。子どもたちは１歳から15歳までいます。多くの子どもは外に出ることができないため，病院で勉強をしています。

どうかこのイベントに参加して下さい。小説や人気のある雑誌，漫画の本をお持ちいただけます。多くの子どもたちはトランプやボードゲーム，パズルのようなゲームが好きです。おもちゃはどの年齢の子どもにも安全である必要があります。新しくて清潔なものであればどんなものでもすばらしいです。

家の中を見回して下さい。何かあげるものはありませんか。今週，体育館であらゆるものを集めています。次の金曜日にそれを病院に持っていきます。ご協力をお願いします。

Listen❸ 空港のアナウンス  p. 96

Ground Staff:

Attention, please. King Air Flight 267 to London is now boarding at Gate B5. Passengers on King Air Flight 267 to London, please go to Gate B5 now.

May I have your attention, please? The gate for Air Crown Flight 557 to San Francisco is now changed from Gate B19 to Gate B13. Passengers on Air Crown Flight 557 to San Francisco, please go to Gate B13.

Paging Mr. Green, paging Mr. David Green. Please come to Gate C19 immediately. Your daughter is waiting for you there.

Attention, please. Air Crown Flight 557 to San Francisco has a new boarding time. The new boarding time is now at nine p.m. Passengers on Air Crown Flight 557 to San Francisco, please go to the gate before nine p.m.

〔Attention, please. お客様にご案内申し上げます。
Green グリーン《姓》　daughter 娘〕

グランドスタッフ：

お客様にご案内申し上げます。キング航空ロンドン行き267便は，現在搭乗口B5で搭乗を開始しております。キング航空ロンドン行き267便のお客様は，搭乗口B5へお進みください。

お客様にご案内申し上げます。クラウン航空サンフランシスコ行き557便の搭乗口が現在B19からB13に変更されました。クラウン航空557便サンフランシスコ行きのお客様は，搭乗口B13にお進みください。

グリーン様をお呼び出し申し上げます。ディヴィッド・グリーン様をお呼び出し申し上げます。直ちに搭乗口C19までお越しください。お嬢様がそちらでお待ちです。

お客様にご案内申し上げます。クラウン航空サンフランシスコ行き557便は，搭乗時刻が変更となりました。現在の新しい搭乗時刻は，午後9時でございます。クラウン航空サンフランシスコ行き557便のお客様は，午後9時より前に搭乗口に進んでください。

Listen❹ イベントの紹介

p. 130

Narrator:

Visit Crown Land and join the Autumn Festival! You can do many cooking activities at Crown Land during the Autumn Festival. You can enjoy delicious snacks, too.

We have two autumn programs. Season one goes from September 10 to October 10. During this season, you can learn to make a pumpkin pie. At the food stand, we'll have six different flavors of popcorn. You can buy a special T-shirt at the souvenir shop.

During Season two, October 11 to November 10, you can make traditional meat pies. You can eat fresh fruit at the food stand, too. You should buy the tenth anniversary hat. It'll be a great souvenir of your visit.

Come to Crown Land for a lovely autumn weekend of fun activities. We're looking forward to seeing you.

〔should …すべきである〕

ナレーター：

クラウンランドを訪れて，オータム・フェスティバルに参加しましょう。オータム・フェスティバルの間じゅうずっと，クラウンランドでは，たくさんの料理のアクティビティをすることができます。おいしい軽食を楽しむこともできます。

秋のプログラムは2つあります。シーズン1は，9月10日から10月10日までです。この間，カボチャのパイの作り方を学べます。屋台には，6種類の異なる味のポップコーンがあります。みやげ物店では，特別なTシャツを買うことができます。

10月11日から11月10日までのシーズン2の間は，伝統的なミートパイを作ることができます。屋台で新鮮な果物を食べることもできます。10周年記念帽子を買うとよいでしょう。来園のすばらしいおみやげになります。

クラウンランドに来て，楽しいアクティビティのある，すてきな秋の週末を楽しんでください。あなたにお会いするのを楽しみにしています。

Listen❺ ラジオニュース

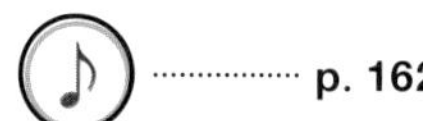

p. 162

David (newscaster): This is Crown Evening News. We have big news from Crown Zoo. A capybara is missing! This morning, the staff found that a young capybara is missing. Her name is June. She came to Crown Zoo last winter. She is about one meter long and 50 centimeters tall. She is the size of a large dog. Let's hear from Emily at the Crown Zoo. Emily?

Emily: This is Emily reporting from Crown Zoo. I have new information. The staff found a small hole under the wall. They think June used it to escape from her field. They think she's still on the zoo grounds. So, the zoo is closed today. Many staff members are walking around the zoo and looking for June. It's getting cold, so we're very worried.

David: Thank you, Emily. We all hope they can find her soon.

デイヴィッド（ニュースキャスター）：クラウン・イヴニング・ニュースです。クラウン動物園から大ニュースがあります。カピバラが一頭行方不明になっています！今朝，若いカピバラが行方不明になっていることを，スタッフが発見しました。カピバラの名前はジューンです。ジューンは去年の冬に，クラウン動物園にやって来ました。体長およそ1メートル，体高50センチです。大型犬のサイズです。クラウン動物園にいるエミリーから話を聞きましょう。エミリー？

エミリー：こちらクラウン動物園からリポートしています，エミリーです。新しい情報があります。スタッフが壁の下に小さな穴を見つけました。ジューンが，自分の場所から脱走するためにこの穴を使った，とスタッフは考えています。彼らは，彼女がまだ動物園の敷地にいると考えているのです。そのため，動物園は本日閉園です。多くのスタッフが，動物園内を歩き回ってジューンを探しています。寒くなってきているので，私たちはとても心配しています。

デイヴィッド：ありがとう，エミリー。スタッフがすぐにジューンを見つけられるよう，みんな願っています。

Listen❻ プレゼントの相談 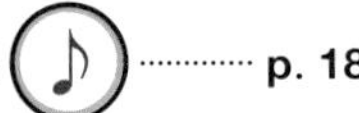 ………… p. 184

Father: Grandma is leaving from the hospital soon. I'm so glad. And I know she is, too.

Maria: Yes, and we promised to get a dog for her.

Matt: I remember. How about this? I think we should get a dog-like robot instead of a real dog.

Maria: Interesting. Why do you say that?

Matt: Well, she's in a wheelchair. That means she can't walk a dog. Pet robots don't need care like that. And recently their quality has really improved. With AI, they can learn just like a real dog. You can even talk with them.

Maria: I see your point, but robot dogs are expensive. I still think a real dog is better. Grandma lives with Aunt Lisa, so walking the dog is not a problem. Plus, real dogs can make real connections with feelings. Robot dogs can't.

Father: Hmmm. Both of you make excellent points. Well, Natsumi, what do you think?

〔grandma おばあちゃん　care 世話　AI 人工知能〕

父：おばあちゃんが，もうすぐ退院する。とても嬉しいよ。おばあちゃんも喜んでいると思う。

マリア：そうね。私たちは，おばあちゃんにイヌをあげると約束したよね。

マット：覚えているよ。これはどうかな。本物のイヌの代わりに，イヌに似たロボットをあげるべきだと思うんだ。

マリア：おもしろいね。なぜ，そう思うの？

マット：ええと，おばあちゃんは車いすに座っている。ということはおばあちゃんはイヌを散歩させられないよね。ロボットのペットなら，そういう世話は必要ない。そして最近は，性能も本当によくなっているんだ。それに人工知能（AI）が搭載されているから，本物のイヌと同じように学習する。話をすることさえできるんだ。

マリア：言いたいことはわかったけれど，ロボットのイヌは高価だわ。やっぱり本物のイヌのほうがいいと思うの。おばあちゃんはリサおばさんと暮らしているから，イヌの散歩は問題ないわ。それに，本物のイヌとなら，本当の気持ちのつながりができる。ロボットのイヌにはできないことよ。

父：うーむ。2人ともすばらしい意見だ。ええと，夏海，どう思う？

BONUS STAGE スクリプト

Listen❶ 図書館の案内  ……………… p. 24

Staff:

Welcome to the school library. We're open from seven thirty a.m. to six p.m. You can come any weekday, but we're closed on weekends and national holidays.

You can borrow our books for two weeks, CDs and DVDs for four days, and magazines for two days. Bring them back in time, or you'll pay a fine of two dollars a day. The school website has more information. Please read it.

Come over to this machine. You can use it when you borrow books. Scan your card first. Then put the books on the machine. Press the button. Then take your books off the machine.

That's about it. Please ask me if you have any questions.

スタッフ：

学校図書館へようこそ。本図書館は午前７時半から午後６時まで開いています。平日はいつでも利用できますが，週末と祝祭日は閉館しています。

書籍は２週間，CDやDVDは４日間，雑誌は２日間借りることができます。期日までに返却してください。そうしなければ１日２ドルの罰金を払うことになります。学校のウェブサイトにはさらに詳しい情報があります。読んでください。

この貸出機のところにおいで下さい。本を借りるとき，それを使うことができます。最初にカードを読み取って下さい。それから機械に本を置いて下さい。ボタンを押してください。それから機械から本を取って下さい。

以上です。もし質問があればどうぞおたずね下さい。

Listen❷ チャリティーのお知らせ  … p. 50

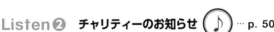

John Green:

Hello. I'm John Green. I'm a member of Crown Charity Club. I do volunteer work at an elementary school. I play with children there on the weekend. The school's books and toys are getting old, so we want to collect new ones for the children.

We're going to hold a "Charity Festival" next Saturday and Sunday. If you bring books and toys, you can get some food and drinks. You can also join the games.

We usually play outside when it's sunny. If you have any kinds of balls or jump-ropes, please bring them. The children will love them. Anything is fine if it's clean and in good condition.

The festival will be in the gym. Join us with your books and toys.

ジョン・グリーン：

こんにちは。私はジョン・グリーンです。私はクラウンチャリティークラブの一員です。私は小学校でボランティア活動をしています。私は週末にそこで子どもたちと遊びます。学校の本やおもちゃは古くなってきています。それで，私たちは子どもたちのために新しいものを集めています。

私たちは次の土曜日と日曜日に「チャリティーフェスティバル」を開く予定です。もし，本やおもちゃをお持ちいただければ，食べ物や飲み物を差し上げます。ゲームに参加することもできます。

私たちは晴れたときはたいてい外で遊びます。もしあなたがボールや縄跳びを持っていたら，持ってきてください。子どもたちはそれらがとても気に入るでしょう。清潔でよい状態であればなんでもよいです。

そのフェスティバルは体育館であります。あなたの本やおもちゃを持ってきて参加してください。

Listen❸ 空港のアナウンス  ………… p. 96

Ground Staff:

Attention, please. The gate for Air Crown Flight 557 to San Francisco is now changed from Gate B13 to Gate D3. Passengers on Air Crown Flight 557 to San Francisco, please go to Gate D3.

Attention, please. Air Crown Flight 156 to Edinburgh is now boarding at Gate A17. Passengers on Air Crown Flight 156 to Edinburgh, please go to Gate A17 now.

Paging Mrs. Brown, paging Mrs. Lisa Brown. Please come to Gate C15 immediately.

Attention, please. Air Crown Flight 557 to San Francisco has a new boarding time. The new boarding time is at ten p.m. Passengers on Air Crown Flight 557 to San Francisco, please go to the gate before ten p.m.

グランドスタッフ：

お客様にご案内申し上げます。クラウン航空サンフランシスコ行き557便は，現在搭乗口がB13からD3に変更されました。クラウン航空サンフランシスコ行き557便のお客様は搭乗口D3にお進みください。

お客様にご案内申し上げます。クラウン航空エジンバラ行き156便は現在搭乗口A17で搭乗を開始しております。クラウン航空エジンバラ行き156便のお客様は搭乗口A17へお進みください。

お呼び出し申し上げます。ブラウン様，リサ・ブラウン様。今すぐ搭乗口C15までおいでください。

お客様にご案内申し上げます。クラウン航空サンフランシスコ行き557便は搭乗時間が変更となりました。新しい搭乗時間は午後10時です。クラウン航空サンフランシスコ行き557便のお客様は午後10時前に搭乗口に進んでください。

Listen❹ イベントの紹介

p. 130

Narrator:

Visit Crown Land and join the Winter Festival! You can join many sports activities during the Winter Festival.

We have two winter programs. Season one goes from December 9 to December 24. During this season, you can do ice skating. At the drink stand, we'll have some hot drinks like maple tea, hot chocolate, and warm honey milk. You can buy a red or green scarf at the souvenir shop.

During Season two, January 5 to January 19, you can join a snowball fight. You can eat fish and chips or butter chicken pizza inside the shop. You should buy the special New Year's T-shirt. It'll be a great souvenir of your visit.

Come to Crown Land for an exciting winter weekend. We're looking forward to seeing you.

ナレーター：

クラウンランドを訪れて，ウインター・フェスティバルに参加しましょう。ウインター・フェスティバルの間中ずっと，たくさんのスポーツのアクティビティに参加することができます。

冬のプログラムは2つあります。シーズン1は12月9日から12月24日までです。その間，アイススケートをすることができます。飲み物の屋台では，メープルティー，ココア，温かいはちみつミルクのような温かい飲み物を販売します。土産物店では赤や緑のスカーフを買うことができます。

1月5日から1月19日までのシーズン2の間は，雪合戦に参加することができます。店内でフィッシュ・アンド・チップスやバターチキンピザを食べることができます。特別な新年のTシャツを買うとよいでしょう。それは来園のすばらしいおみやげになります。

わくわくする冬の週末にクラウンランドに来てください。私たちはあなたにお会いするのを楽しみにしています。

Listen❺ ラジオニュース

p. 162

David: This is Crown Morning News. We have big news from Crown Aquarium. Penguins are missing! Last night, the staff found that two young penguins are missing. Their names are May and Sky. They were both born in Crown Aquarium three years ago. They are about 70 centimeters tall. Let's hear from Emily at Crown Aquarium. Emily?

Emily: This is Emily reporting from Crown Aquarium. I have new information. The staff found some footprints near the food stand. They think the penguins are near the area. Wait, I'm getting more information. They found the penguins! Yes! Breaking news. The staff just found the penguins in the food area. Everyone is really glad. The aquarium will be open this afternoon.

David: That was amazing. Thank you, Emily.

ディヴィッド：クラウン・モーニング・ニュースです。クラウン水族館から大ニュースがあります。ペンギンが行方不明になっています！ 二羽の若いペンギンが行方不明になっていることを，昨夜スタッフが発見しました。ペンギンの名前はメイとスカイです。二羽とも，3年前にクラウン水族館で産まれました。体長およそ70センチメートルです。クラウン水族館にいるエミリーから話を聞きましょう。エミリー？

エミリー：こちらクラウン水族館からリポートしています，エミリーです。新しい情報があります。スタッフが食べ物の屋台の近くにいくつか足跡を見つけました。スタッフは，ペンギンたちはその地域の近くにいると考えているのです。待ってください，さらに情報が入ってきました。彼らはペンギンを見つけました！ はい！ 速報です。スタッフは食べ物の区域でちょうどペンギンを見つけました。みんなとても喜んでいます。水族館は今日の午後に開館するでしょう。

ディヴィッド：それはすばらしかったです。ありがとう，エミリー。

Listen 6 プレゼントの相談

p. 184

Mother: It's almost Dad's birthday. What should we get for him?

Matt: Right. It's his fiftieth birthday, so we should get something special.

Maria: I think we should get him nice pajamas. He spends most of the weekend in his pajamas.

Matt: Hmmm, I see your point.

Maria: In fact, his pajamas are getting old. He needs a new pair.

Matt: I agree, but he always wears the same brand. It's not special. It's not a present. I think we should get him something for his camping hobby. Like a new lantern.

Maria: It's just something more to carry. His backpack is already full.

Matt: The new ones are light and small.

Mother: Both of you make excellent points. Well, Natsumi, what do you think?

母：もう少しでお父さんの誕生日ね。私たちは彼のために何を手に入れるべきかしら。

マット：そうだね。彼の50歳の誕生日だから，ぼくたちは何か特別なものを手に入れるべきだね。

マリア：私たちは彼にすてきなパジャマを買ってあげるべきだと思うわ。彼は週末のほとんどをパジャマで過ごしているし。

マット：うーん，きみが言いたいことはわかるよ。

マリア：実際，彼のパジャマは古くなってきているわ。彼には新しいパジャマが必要よ。

マット：賛成だ，けれど彼はいつも同じブランドを着ているよ。それは特別なものではない。それは贈り物ではないよ。私たちは彼のキャンプの趣味のためになる何かを買ってあげるべきだと思うよ。新しいランタンのような。

マリア：それはもっと運ぶものを増やすだけだわ。彼のバックパックはすでにいっぱいよ。

マット：新しいものは軽くて小さいさ。

母：二人ともすばらしい指摘をしているわね。それでは，夏海，あなたはどう思う？

文法のまとめ Drill の解答

文法のまとめ❶ (p. 28～29)

Drill 1
1. John was studying math when his brother came home.[When his brother came home, John was studying math.]
2. I was playing the guitar when Kumi visited me.[When Kumi visited me, I was playing the guitar.]
3. I will go shopping if it rains.[If it rains, I will go shopping.]
4. Tom is sick because he ate too much.[Because he ate too much, Tom is sick.]

Drill 2 ②

文法のまとめ❷ (p. 54～55)

Drill 1 1. to drink　2. to watch[see]　3. to play　4. to be[become]　5. to speak

文法のまとめ❸ (p. 78～79)

Drill 1 1. is　2. are　3. cat　4. girls

Drill 2
1. I like reading books.
2. Watching baseball is fun.

文法のまとめ❹ (p. 100～101)

Drill 1
1. Kumi showed me a picture.
2. My father bought a pen for me.

Drill 2 1. sad　2. named

文法のまとめ❺ (p. 134～135)

Drill 1
1. This question is easier than that one.
2. The pencil is the longest of the five.

Drill 2
1. Your bag is as heavy as mine.
2. Your bag is not as heavy as mine.

Drill 3 1. what to　2. when to

文法のまとめ❻ (p. 186～189)

Drill 1 1. have used, for　2. has wanted, since　3. How long

Drill 2 あなたは英語を長い間勉強していますか。―いいえ，していません。

Drill 3
1. I have played soccer for four years.
2. Kenji has lived in Osaka since he was five years old.

Drill 4
1. I have just arrived home.
2. Have you read this book yet?

Drill 5 I have seen this movie twice.

定期テスト対策の解答

定期テスト対策 1 （Lesson 1~2） (p. 58〜59)

1 2点×6，**2** 2点×5，**3** 3点×6，**4** 5点×5，**5** 6点×4，**6** 11点

1 (1) 近ごろ，最近　(2) 売る，売っている　(3) 理由，わけ　(4) happen　(5) grow
(6) health

2 (1) in　(2) for　(3) as　(4) in　(5) other

3 (1) If, rains　(2) to visit　(3) to listen　(4) for, to　(5) to be［become］
(6) to do

4 (1) (My sister) was having breakfast when I got up(.)
(2) I think that she is right(.)
(3) (Ken) visited many places to see fireworks(.)
(4) Do you have anything to drink(?)
(5) It's important for us to save (the environment.)

5 (1) reasons
(2) ・作物を監視するためにドローンを使う。
・1日24時間のデータを集めるためにセンサーを使う。
(3) (I) want to learn technology to improve farming(.)
(4) Her dream is to be a farmer.

6 例 ・I want to be an English teacher.（私は英語の先生になりたいです。）
・I want to be a baseball player.（私は野球の選手になりたいです。）
・I want to be a vet and help sick animals.（私は獣医になって病気の動物たちを助けたいです。）

〈解説〉

1 (2) 反対の意味の語「買う」buyと合わせて覚えるとよい。
2 (1) 「あなたは英語の本を読むことができますか。」
(2) 「あなたは何をさがしているのですか。」
(3) 「私は，リンゴやバナナのような果物が好きです。」
(4) 「あなたは日本の歴史に興味がありますか。」
(5) 「私は今，プレゼントを2つ持っています。1つは母から，もう1つは兄〔弟〕からです。」
3 (1) 「もし…」はIf ...で表す。
(2) 「…するために」は〈to＋動詞の原形〉で表す。
(3) 「…することが好き」＝like to ...は不定詞の名詞用法。
(4) 〈It is ... for＋人＋to＋動詞の原形 ...〉の文。
(5) 〈to＋動詞の原形〉が補語になる形。不定詞の名詞用法。
(6) 「…しなければならない」は〈to＋動詞の原形〉で表す。homeworkを修飾する不定詞の形容詞用法。

4 (1) 「…したとき」はwhen ...で表す。whenのあとには〈主語＋動詞〉を続け,〈when＋主語＋動詞 ...〉を文の後半に置く。
(2) 「私は…だと思う」はI think that ....で表す。thatのあとには〈主語＋動詞〉を続ける。
(3) 「花火を見に」の部分を不定詞の副詞用法で表し，to see fireworksとする。
(4) 不定詞の形容詞用法。「何か飲むもの」は，anythingを後ろからto drinkが修飾する形。
(5) 〈It ... for＋人＋to＋動詞の原形～.〉の文。

5 (1) 「理由」はreasonで，前にthree「３つの」があるため，sをつけて複数形にする。
(2) For exampleのあとの文の内容をまとめる。
(3) 「よりよくするために」は副詞用法の不定詞to improve,「学びたい」は名詞用法の不定詞to learnで表す。
(4) 「花の夢は何ですか。」という問い。本文１行目, I want to be a farmer.から判断する。答えの文はHer dreamを主語にして，isのあとに名詞用法の不定詞を続ける。

6 質問文は「あなたは将来,何になりたいですか」。I want to be ...「私は…になりたいです」に続けてa teacher「先生」やa baseball player「野球選手」など，なりたい職業を答えるとよい。

定期テスト対策２（Lesson 3~5） (p. 144～145)

1 2点×6，**2** 2点×5，**3** 2点×6，**4** 4点×5，**5** 5点×7，**6** 11点

1 (1) 大きい，広い：大規模な (2) 社会 (3) 娘 (4) build (5) spend
(6) country

2 (1) of (2) wasn't (3) like (4) had (5) for

3 (1) There is (2) enjoyed playing (3) call me (4) give you (5) tallest in
(6) more, than

4 (1) Reading books makes me happy(.)
(2) Are there a lot of flowers in the park(?)
(3) I'll show you the book about (animals.)
(4) (My brother) gets up the earliest in my family(.)
(5) (I) am looking forward to seeing you(.)

5 (1) ① wearing ③ harder
(2) 空手の活動を選んだ（８人の）生徒。
(3) (They think) Japanese writing is the most beautiful(.)
(4) (a) ○ (b) × (c) ○

6 ㊞ · I like curry the best because I like spicy food.
（私は辛い食べ物が好きなので，カレーがいちばん好きです。）
· I like sushi the best because I like seafood.
（私は魚介が好きなので，すしがいちばん好きです。）
· I like cakes the best. Sweets make me happy.
（私はケーキがいちばん好きです。甘い菓子は私を幸せにします。）

〈解説〉

1 (1) 反対の意味の語「小さい」smallと合わせて覚えるとよい。

(3) 家族を表す語をまとめておこう。father（父），mother（母），daughter（娘），son（息子）など。

2 (1) 「バスは交通事故のために遅れました。」

(2) 「今朝は雨が降っていましたね。」

(3) 「あの雲はパンダのように見えます。」

(4) 「私たちはパーティーで楽しみました。」

(5) 「メールをありがとう。」

3 (1) 「…がある」はThere is[are] .... で表す。a book「(１さつの)本」なのでbe動詞はis 。

(2) 「…することを楽しむ[…して楽しむ]」は〈enjoy＋動詞のing形〉で表す。enjoy playやenjoy to playなどとしないように注意。

(3) 「AをBと呼ぶ」は〈call＋A＋B〉の形で表す。Aに代名詞がくるときは目的格になる。

(4) 「(人)に(もの)をあげる」は〈give＋人＋もの〉の形で表す。

(5) 「いちばん背が高い」はtallの最上級tallestを使って表す。「私たちのクラスの中で」はin our class 。

(6) interestingの比較級は前にmoreをつけて表す。「…よりも」はthan ... 。

4 (1) 〈主語＋make(s)＋人＋形容詞〉の語順にする。主語は「本を読むこと」でreading books 。

(2) 「…がありますか」はAre there ...?で表す。「たくさん」はa lot of で，flowersの前に置く。

(3) 「(人)に(もの)を見せる」は〈show＋人＋もの〉の語順。「動物の本」は「動物についての本」と考えてthe book about animalsとする。

(4) 「いちばん早く」はthe earliestで，「起きる」gets upのあとに置く。

(5) 「…を楽しみに待つ」はlook forward to ...の語順。amがあるので進行形の文と考え，動詞の部分は〈am＋動詞の-ing形〉とする。

5 (1) ① asのあとには名詞がくる。wearは動詞なのでingをつけて動名詞にする。

③ うしろにthan「…よりも」があるので，erをつけて比較級にする。

(2) 前の２つの文からどんな生徒かを具体的に書く。

(3) 「彼らは日本語で書かれたものは最も美しいと思っています。」という文にする。thinkのあとにはthatが省略されており，〈主語＋動詞〉を続ける。

(4) (a) 「８人の生徒が着物の活動を選びました。」２文目のanother eight「別の８人」から，着物の活動を選んだ生徒は８人いたことがわかる。

(b) 「オークランドの空手道場のメンバーは，ニュージーランドで日本の生徒たちと空手の練習をしたいと思っています。」４文目から「ニュージーランドで」ではなく「日本で」練習したいことがわかる。

(c) 「書道を選んだ生徒もいました。彼らは日本語で自分の名前を書きたいと思っています。」第２段落の内容と一致する。

6 質問文は「あなたはどんな食べ物がいちばん好きですか」。まずI like curry[ramen, sushi] the best.「私はカレー[ラーメン，すし]がいちばん好きです。」と食べ物を答え，続けて接続詞because「なぜなら」を使って，その食べ物が好きな理由などを答えるとよい。becauseは，１つの文の中で理由について補うはたらきをする。

定期テスト対策 3（Lesson 6~7）(p. 198〜199)

1 2点×6，**2** 2点×4，**3** 3点×5，**4** 5点×4，**5** 5点×5，**6** 10点×2

1 (1) 管理する人，監督 (2) 始める，始まる (3) わかる心，感覚 (4) copy (5) conversation
(6) someone

2 (1) should (2) plenty [lots] (3) In this way (4) Why don't

3 (1) have known (2) Has, finished / has (3) hasn't, yet (4) Have (5) How long

4 (1) The man has just left the store(.)
(2) I've never climbed Mt. Fuji(.)
(3) (We) have been to the museum many times(.)
(4) Have you spoken to your teacher yet(?)

5 (1) 麺を食べるときに音をたてること。
(2) What have you learned from (your performances around the world?)
(3) ウ
(4) 笑いを広め続けること。
(5) enjoyed talking

6 (1) 例 · I have [I've] lived in my town for ten years.（私は自分の町に10年間住んでいます。）
·I have [I've] lived in this city since I was five years old.（私は5歳のときからこの市に住んでいます。）
(2) 例 · I have [I've] visited Hokkaido once.（私は一度北海道を訪れたことがあります。）
· I have [I've] been to Toba Aquarium three times.（私は鳥羽水族館に3回行ったことがあります。）

〈解説〉

2 (4) 「なぜ…しないのか（当然するだろう）」という意味で，「…しませんか」と相手を誘う言い方。

3 (1)〜(4) 現在完了形の文。〈have [has]＋動詞の過去分詞〉の形にする。
(5) 「どのくらいの間〜」と尋ねるときは，How long ...を文の先頭に置き，現在完了形の疑問文の形〈have [has]＋主語＋動詞の過去分詞 ...?〉を続ける。

4 (1) 現在完了形の文でjust「ちょうど」，already「すでに」のような副詞はhave [has] のあとに置く。

5 (1) 直前の文の内容を指す。
(4) 直前の文の内容を指す。

6 自分が継続していること，経験したことを表すので，現在完了形を用いて表す。

MEMO

Role-Play Sheet ロールプレイシート

Take Action! Talk 4 (p.131)

あなたとBはクラスメイトです。あなたは，お父さんに遊園地のチケットを２枚もらったので，週末の三連休にBと一緒に行きたいと考えています。Bに電話をかけて，どの日に出かけるか相談をしましょう。

3 Wed.（水） Today（今日）
4 Thu.（木）
5 Fri.（金）
6 Sat.（土）
7 Sun.（日）

誘う Why don't we ... ?（…しませんか。）
Shall we ... ?（…しましょうか。）
Let's ....（…しましょう。）

Idea Box
amusement park（遊園地）

Take Action! Talk 5 (p.163)

あなたはわかば市の市民です。Bはわかば市を観光中の海外からの旅行者です。
道で困っている様子のBを見かけました。Bに話しかけて，助けを申し出ましょう。

申し出る
What's the matter with you?
（いったいどうしたの。）
Do you need some help?
（何か助けが必要ですか。）
Can I help you?（お手伝いしましょうか。）
Shall I ... ?（…しましょう。）

Idea Box
call ...（…に電話をかける）
ask for ...（…に助けを求める）
go to ... with you（…に一緒に行く）
look for ... together（…を一緒に探す）
police station（警察署）
station staff（駅員）
lost and found（遺失物取扱所）

Take Action! Talk 6 (p.185)

あなたとBはクラスメイトです。同じクラスのKeikoが転校することになったので，二人でプレゼントをあげようと考えています。Bに意見を聞かれたらあなたのアイディアを伝え，二人でよいと思うプレゼントを決めましょう。

意見を言う I think ....（私は…と思います。）
I have an idea.
（私は考えがあります。）

Idea Box
handkerchief（ハンカチ）
cookie（クッキー）
flower（花）

B あなたと A はクラスメイトです。下のスケジュールはあなたの週末の予定です。
A から電話がかかってきたら適切に応答しましょう。

3	Wed.（水）	Today（今日）
4	Thu.（木）	
5	Fri.（金）	
6	Sat.（土）	piano lesson（ピアノのレッスン）
7	Sun.（日）	

誘いに応じる Yes, let's. / Sure.
（はい，しましょう。／もちろん）
誘いを断る Next time. / I'd like to, but ....
（次の機会にね。／…したい，でも。）
I'm sorry, I can't. I have ....
（すみません，できません。私は…があって）

Idea Box
How about ... ?（…はどうですか。）
I'm free on ....（…は予定がない。）

B あなたは，わかば市を観光中の海外からの旅行者です。A はわかば市の市民です。
あなたは，観光中に携帯電話をなくしてしまい困っています。A に話しかけられたら，
Ⓐ Ⓑからなくした心当たりがある場所を選び，それを A に説明して助けてもらいましょう。

Ⓐ On the train（電車で）

Ⓑ At the park（公園で）

困っていることを伝える
I have a problem.
（私は問題があるのです。）
I'm in trouble.
（私はトラブルに巻き込まれています。）

Idea Box
use my phone（電話を使う） check on the train schedule（電車の時刻表を確認する）
take pictures of ...（…の写真を撮る） leave（置き忘れる） lose（なくす）

B あなたと A はクラスメイトです。同じクラスの Keiko が転校することになったので，二人でプレゼントをあげようと考えています。まず A に意見を聞き，その後 Keiko のプロフィールをもとに，よりよいものを提案しましょう。

- She likes sports.
（彼女はスポーツが好きです。）
- She belongs to a soccer team.
（彼女はサッカー部に所属しています。）
- She likes music, too.
（彼女は音楽も好きです。）
- She often listens to rock music.
（彼女はしばしばロックを聞きます。）

Keiko

反対する
That's not bad, but ....
（それは悪くないね，でも…。）
You have a point, but ....
（きみの言うことにも一理ある，でも…。）
That's a good idea, but ....
（それはいいアイディアだね，でも…。）
That's not a bad idea, but ....
（それは悪くないアイディアだね，でも…。）

Idea Box
towel（タオル） concert ticket（コンサートのチケット）

【編集協力】株式会社カルチャー・プロ

出典
"The Tale of Peter Rabbit"
By Beatrix Potter ©Frederick Warne & Co Ltd, 2002

"The Little Prince"
図版は，サン＝テグジュペリ権利承継者から原版を提供され，複製されたものです。

"Courage"
©2002 by Bernard Waber
used by permission of Curtis Brown, Ltd. through Japan UNI Agency, Inc., Tokyo.

15	三省堂	英語 803

NEW CROWN English Series 2

三省堂 ニュークラウン 完全準拠 **教科書ガイド**

2

編　者　　三省堂編修所

発行者　　株式会社　三省堂
　　　　　代表者　瀧本多加志
印刷者　　三省堂印刷株式会社
発行所　　株式会社　三省堂
〒102-8371 東京都千代田区麴町五丁目7番地2
電話　(03) 3230-9411
https://www.sanseido.co.jp/

Printed in Japan

〈03 中英ガイド2〉④

ISBN978-4-385-58961-9